U0910932

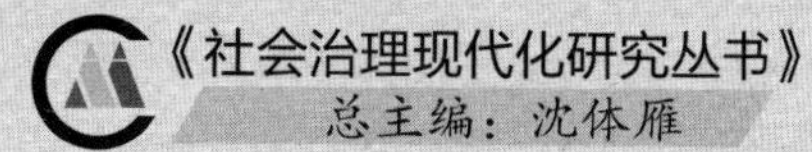

本书为教育部人文社会科学研究一般项目（青年基金项目）“全面二孩时代中国的儿童照顾问题：福利国家的政策经验及其启示”（编号：16XJC840001）、2020年重庆市教育委员会人文社会科学重点研究基地项目“政府购买青少年社会工作服务的风险识别和防控策略研究”（编号：20JD008）的研究成果；本书也受到重庆市“十四五”重点一级学科公共管理学科的资助。

儿童照顾政策变迁：

制度、话语与性别

Child Care Policy Change: Institutions, Discourse and Gender

刘云香　著

图书在版编目（CIP）数据

儿童照顾政策变迁：制度、话语与性别 / 刘云香著
. —北京：中国商务出版社，2021.12
ISBN 978-7-5103-4128-1

Ⅰ.①儿… Ⅱ.①刘… Ⅲ.①儿童福利—福利政策—研究—中国 Ⅳ.① D632.1

中国版本图书馆 CIP 数据核字（2021）第 237887 号

儿童照顾政策变迁：制度、话语与性别
ERTONG ZHAOGU ZHENGCE BIANQIAN：ZHIDU、HUAYU YU XINGBIE

刘云香 著

出　　版：中国商务出版社
地　　址：北京市东城区安定门外大街东后巷 28 号　邮编：100710
总 发 行：中国商务出版社发行部（010-64266119 64515150）
网购零售：010-64269744
网　　址：http://www.cctpress.com
邮　　箱：cctp@cctpress.com
印　　刷：廊坊市海涛印刷有限公司
开　　本：787 毫米 × 1092 毫米 1/16
印　　张：12.5　　字　　数：220 千字
版　　次：2022 年 1 月第 1 版　　印　　次：2022 年 1 月第 1 次印刷
书　　号：ISBN 978-7-5103-4128-1
定　　价：55.00 元

前　言

20世纪后半期，基于促进职业人士工作—家庭之间的平衡、提升女性就业空间、补偿育儿家庭的额外花费、增加孩童的生活机会、企图鼓励生育等原因，传统福利国家渐渐认可通过集体制度干预家庭对儿童的照顾，现在对儿童照顾已经成为福利国家的干预重点之一。与西方福利国家相比，我国的儿童照顾政策体系发展滞后。然而，历史并非一贯如此。自新中国成立后，我国曾有丰富的儿童照顾政策实践，只是这一政策在后来的改革过程中逐渐变化甚至消失。

对于新中国历史上的儿童照顾政策实践，我国学界缺乏关注。在我国儿童照顾问题愈加突出的今天，这种学术探索的空白和社会现实需要之间形成了巨大反差。本书通过对新中国成立以后我国儿童照顾政策的演进过程的考察，推动我国社会政策研究的儿童维度和中国儿童照顾的发展，具体地研究以下三个问题：①中国改革开放前后儿童照顾制度的模式为何？儿童照顾是谁的责任，国家、市场或家庭？②改革开放前后，我国的儿童照顾政策分别塑造什么样的角色轮廓，并对我国的妇女地位造成何种影响？③中国儿童照顾政策发展变迁的动力为何？

使用话语分析的办法，通过检视新中国成立以后儿童照顾政策的制度文件、档案资料、领导讲话、年度总结、年鉴数据、报章杂志讨论、部门工作日志等，本书将我国儿童照顾政策分为两个阶段：改革开放前的“去家庭化”阶段和改革开放后的“再家庭化”阶段。①改革开放之前，我国在城市建立了比较健全的儿童照顾制度。该政策体系的目标是帮助妇女参加就业进而获得解放，因此政策侧重点放在产假和托育服务方面。儿童照顾政策具有较强的“妇女友好”和“去商品化”特征，它增加了城市职业妇女照顾子女的选择弹性，调和了母职责任与劳动力市场之间的紧张关系，使妇女跟男性一样取得经济自主权利和职业生涯发展的机会，对于妇女社会地位的提高具有积极意义。同时，由于该政策服务对象主要是城市中的职业妇女，制度之外尚有大量女性未能享受该服务，它亦导致了性别平等的社会分层。②改革开放以后，我国政府和企业对妇女就业的态度急转直下，社会上“妇女回家”的讨论高潮迭起，它们之间的话语联盟消解了儿童照顾政策的合法性。在市场经济取得整合社会的力量之后，市场话语、政府话语、社会话语之间的再次联盟促使我国儿童照顾政策崩溃，儿童照顾责任重新回归家庭。职业女性在育儿责任无法有效转化的情况下，职业发展受限，市场地位下降。

研究还发现，我国的儿童照顾政策的演进变迁动力具有自己的独特特征。我国儿童照顾政策的变革力量以内生为主，政治和经济变革几乎主导了儿童照顾政策变迁。我国将儿童照顾政策上升到事关妇女解放的高度，这对我国儿童照顾政策的建立起到决定性的作用。经济因素对于我国儿童照顾政策的影响贯穿始终，改革开放之前对经济生产的追求，有效遏制了儿童照顾政策的扩大，改革开放以后市场力量主导了我国儿童照顾政策的变迁过程。发起于 20 世纪 70 年代末期的独生子女政策因降低了家庭儿童数量，为儿童照顾政策的家庭化提供了可能性。家庭照顾的传统文化遗产对儿童照顾政策走向的影响十分突出，由于我国家庭照顾（更准确地说，是母亲照顾）传统从未中断，这为国家和单位退出儿童照顾领域提供了空间和可能性。

目　录

第一章 绪 论

第一节 研究背景

传统福利国家的建设主要是为了对抗养老、疾病、失业等社会风险，福利的分配以工作人口为焦点，儿童并非福利国家的主要关注对象。儿童照顾被定位为私领域（Private Sphere）的事务，主要由女性扮演照顾者的角色。20 世纪 60 年代以后，随着人口出生率不断下降，少子化已经成为福利国家新的风险领域。同时，妇女就业使“男主外，女主内”的传统性别分工遭遇挑战，取而代之的是双薪、单亲、同居与离婚家庭，过往由妇女承担的儿童照顾责任因而亮起红灯。对新风险及其带来的新需要的讨论，是当代福利国家制度化的一个重要途径（Fraser，1994）。低生育率以及妇女就业带来的儿童照顾难题迥异于传统福利国家的社会风险，对现行福利体制产生重大冲击。由此福利国家纷纷调转方向，将儿童照顾政策成为福利国家新的干预重点。

一、福利国家：儿童照顾责任的公共化

（一）从超低生育率谈起

少子化几乎成为今天所有先进的工业国家面临的挑战。以经济合作与发展组织（OECD）国家为例，1970 年 OECD 国家的平均生育率约为 2.76，1980 年下降到 2.17，1982 年首次跌破人口更替水平（2.1），20 世纪 90 年代生育率继续下降到 1.78 左右，到了 2000 年则下降为 1.64。除了冰岛、墨西哥、新西兰等保持了较高生育率的国家以外，绝大部分的 OECD 国家生育率在人口更替水平（2.1）以下，不少国家生育率跌到 1.5 以下，如中欧国家的德国、奥地利，南欧国家的意大利、西班牙，其总和生育率徘徊在 1.3 左右。（OECD，2015）

超低生育率具有人口学、社会学和经济学三个自我强化机制（靳永爱，2014），一旦陷入很难回升，因此又被称为“低生育率陷阱”。然而，令人惊讶的是，在经历了长达30多年的生育率下降之后，OECD国家的总体生育率出现“触底反弹”趋势。该组织平均生育率自2000年左右跌入谷底，仅为1.64，此后10年却保持了上升态势，2010年生育率升至1.75。究其原因，发现是部分OECD国家的生育率回升态势明显，如法国、瑞典、英国的生育率分别从2000年的1.87、1.55、1.64回升至2.02、1.98、1.92，丹麦、芬兰、挪威、捷克共和国、荷兰等国的生育率也出现明显回升。但是，在另一些国家如南欧国家的葡萄牙、西班牙、意大利，东亚的日本和韩国，以及欧洲大陆国家的德国、奥地利的生育率则持续低迷，触底反弹趋势并不明显。

（二）生育、妇女就业和儿童照顾支持方案

生育率“触底反弹”的成因为何？学界众说纷纭。一般来说，影响生育率的因素有死亡率下降、初婚年龄推迟、避孕技术革新、抚养孩子的经济成本和妇女就业等方面。前三个因素是不可逆的，很少有国家针对它们出台公共政策。后两个因素是福利国家的关注重点。20世纪以后，几乎所有的福利国家都通过某种儿童津贴或家庭资助计划，将现金直接转移到有子女的家庭，这说明福利国家对家庭抚养儿童的成本予以补偿形成了普遍的共识。由此可知，福利国家针对低生育率出台的儿童照顾暨妇女就业支持政策是OECD国家生育率出现分化的根本原因。

1. 妇女就业率显著上升

妇女就业率的显著上升源于国际女权运动的推动。第一次女权运动开始于19世纪中期，一直持续到20世纪早期，该次运动以中产阶级妇女为主，目标是争取选举政治权利，俗称“妇女普选运动”。第二次妇女运动发生在20世纪60—80年代，这一次的妇女运动争取的权益十分广泛，旨在彻底消灭两性差别，妇女政治、经济、文化教育权益均在其斗争范围之内。第二次女权运动为妇女角色和妇女平等权利所做的斗争，使妇女权利获得长足进步，妇女的形象获得了彻底的改变。欧美多国出台关于妇女平等就业的法案，也使得20世纪60年代以后出现了一个劳动力变化的显著趋势——妇女大量进入劳动力市场，包括有年幼子女的母亲。自20世纪70年代起，OECD国家的女性劳动参与率逐渐

上升，多数国家的女性劳动参与率从 20 世纪 70 年代中期 40% 左右，升至 2014 年 60% 左右。（OECD，2011）

各国女性就业率上升的时间不同。20 世纪 60 年代北欧和美国等国已经允许并鼓励妇女就业，而直到 80 年代以后，荷兰、西班牙、葡萄牙等国的妇女就业才有所增加。早在 20 世纪 30 年代，北欧国家的妇女就业受到国家权力机构和妇女组织、工会组织的多方关注，因此其妇女就业率历来在 OECD 国家中处于较高水平，2014 年挪威、瑞典的妇女就业率均接近 70%，远超过欧盟平均 57.55% 的水平。相对来说，比利时、希腊、意大利、荷兰、墨西哥、西班牙和土耳其在 OECD 国家中的妇女就业率是最低的，且增长较为缓慢。20 世纪 80 年代初期仅有不到 40% 的妇女参加就业，到了 2014 年荷兰、比利时和爱尔兰等国的妇女就业率有较大上升，其中，荷兰的妇女就业已经达到了 63%，爱尔兰和比利时分别已经上升到 55.8% 和 53.05%，但是希腊、意大利和墨西哥等国的就业率仅缓慢爬升了几个百分点，土耳其的妇女就业率甚至下降到 30% 以下（见图 1–1）。

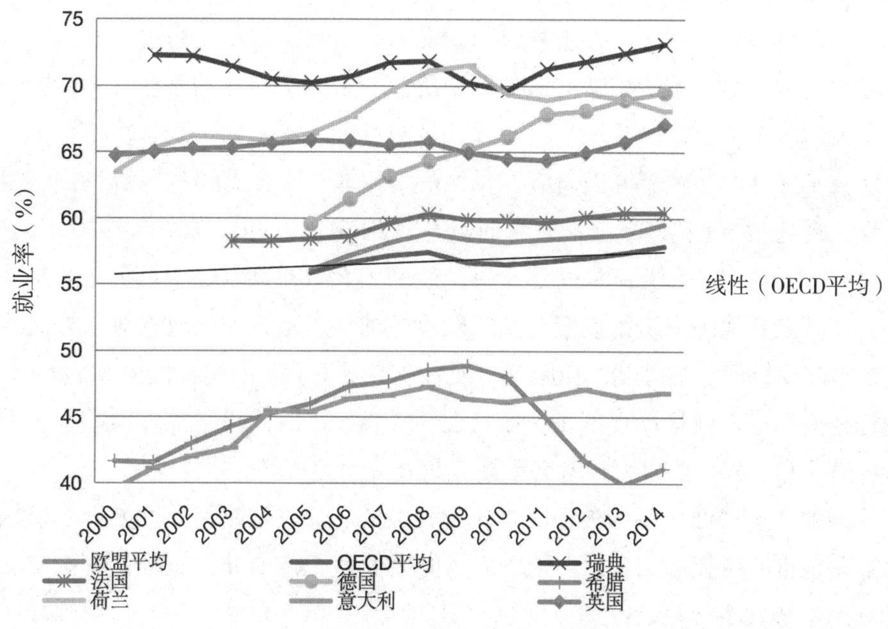

图 1–1 部分 OECD 国家的妇女就业率

资料来源: OECD（2015）, Employment rate（indicator）, doi: 10.1787/1de68a9b-en（Accessed on 09 December 2015）.

2. 女性就业是否是生育率下降的罪魁祸首？

妇女广泛就业是否导致生育率下降？从事实来看，妇女就业升高和生育率降低几乎同时发生，且相伴相随几十年。在妇女就业率逐步提高的同时，福利国家的生育率纷纷跌破人口更替水平。这导致一部分学者认为，妇女生育与就业之间有着强烈冲突，“女性就业和生育率之间被视为跷跷板关系”（王舒芸，2009），妇女就业被看成是生育率下降的罪魁祸首。这是因为：第一，生育有较大的机会成本。根据标准的经济模型假设，养育孩子所需要密集母职会使就业女性面临较大的收入和机会成本，这会影响妇女的生育决定。教育程度越高的妇女，面临的收入和机会损失越大，其生育的意愿将会越低。（D'Addio & d'Ercole，2005）第二，生育之后女性将面临严峻的工作和生活冲突。20 世纪 60 年代，女性就业角色的转变并没有带来其在家庭角色的转变。女性在养家的同时仍需承担家务劳动，尤其是生育之后的几年，就业和密集母职带来的冲突导致妇女难以兼顾，为了趋避风险，女性选择延后组成家庭或生育较少子女。（McDonald，2006）

以德国为首的一些国家主张鼓励妇女回归家庭扮演传统角色，通过扩大向家庭的财政转移，承认妇女的家务劳动价值，来抑制妇女的就业行为，进而维持国家的生育率。德国传统上有很强的“男主外、女主内”观念，认为母亲是年幼孩子最好的照顾者和教育者，母亲的作用非社会托育机构可以替代。德国在公共政策选择上固守此亲职教育的假设。（Nill & Shultz，2010）1970 年以后，德国扩大了对家庭和儿童的转移支付，鼓励妇女留在家庭之中承担儿童照顾责任，在欧洲其他国家纷纷设置公共托幼设施的情况下，德国政府对这方面的投入持极其谨慎保守的态度，德国基本没有 3 岁以下幼儿的托育机构，3 岁 ~ 6 岁的托育机构不仅数量严重不足，而且在门槛设定、时间设置等方面都不利于父母托送儿童。妇女要生育，就必须被迫离开劳动力市场。

德国的这种做法最后被证明是非常失败的。最终结果是德国妇女宁愿牺牲生育角色也要保证职场生涯。德国的妇女就业率一路飙升，2014 年德国妇女的就业率超过 65%，接近欧洲妇女就业率的第一梯队，而生育率却一路骤降，目前仅维持 1.4 的水平（见图 1–1），在欧洲国家名列倒数。

艾斯平·安德森（Gøsta Esping-Andersen，2005）对女性就业和生育率之间的关系有一段深刻的论述，若女性的工作与家庭不能有效调和，可能产生的情况有两种：一是选择就业，延迟或放弃生育，这样社会将面临“低生育率”。尤其是对那些高学历的年轻妇女来说，不想放弃自己积累的职场资本，不得已只有推迟婚育年龄，这可能导致她们最终不生育子女。二是选择回归家庭，放弃劳动力市场竞争，这将造成女性“低就业、低收入”，进而可能恶化国家与家庭的整体经济条件。对应上述两种情况，第一种是德国模式，女性保持了较高的就业率，但是生育率让人心忧；第二种是南欧模式，同时出现就业率和生育率的“双低”局面，国家面临最不乐见的双输局面。

意大利、西班牙、希腊、葡萄牙四个南欧国家，不管是托育照顾设施还是儿童福利津贴相较于其他欧洲国家都明显不足。现代化过程中逐渐消失的亲属依赖关系在南欧国家仍然非常流行，家庭与亲属间在经济与福利输送仍然非常频繁，国家将照顾责任归于家庭之后，对家庭的照顾需求长期漠视（王舒芸，2009），家庭政策上的支出在欧洲相对较低（见图 1–2），国家同时出现低生育率与低女性就业率。

社会民主主义福利体制的北欧国家，在保障了妇女的就业率的同时，也保证了国家获得较高的生育率。学界对于北欧“双高”局面的一个重要解释就是发达的“儿童照顾政策”。北欧国家长期坚持劳动力市场调和政策，国家通过提供慷慨的、普遍化的儿童照顾支持制度，积极为妇女将家庭和就业相结合创造机会。（Ahn & Mira，2002； D’Addio & d’Ercole，2005； Anne H Gauthier，2007； McDonald，2006； Neyer，2006）一方面，国家通过增加有薪假期（如产假与亲职假等）为育有子女的家庭提供工具性协助（如托育服务），增加父母照顾子女的选择弹性，调和亲职责任与劳动力市场之间的紧张关系；另一方面，在妇女“去家庭化”的同时，通过立法引导男子“再家庭化”，鼓励男女共担照顾责任，促进妇女同男子获得同样的兼顾家庭和就业的机会，最大限度地减轻劳动力市场对女性的歧视。

（三）儿童照顾责任的公共化：当代福利国家的主要议题

欧洲国家间的这种发展差异说明，制度差异是导致生育率和女性就业之间出现巨大出现主因。（D’Addio & d’Ercole，2005； Neyer，2006）女性参与劳动力市场不应该被视为提高生育率的障碍，能否平衡工作和家庭生活是改善生育率的关键。女性就业和生育率之间的关系完全可以获得相当程度的调和。儿童照顾政策虽然并不能达成直接提高生育率的目标，但因在调和母亲工作和家庭平衡方面成绩斐然，进而可能对生育率造成影响，可以看成是融合妇女就业和生育之间紧张关系的重要路径。

北欧模式有强烈示范效应，各国或多或少都已经走上了北欧式的“去家庭化”的道路。欧盟、世界银行等国际组织纷纷仿效欧盟在20世纪90年代过后，陆续通过多条协调工作与育儿指令，如1992年《怀孕受雇者指令》、1996年的《亲职假指令》、1997年《部分时间工作指令》，强调职场上给予妇女平等机会与平等对待，并鼓励各国根据欧盟法令修订本母亲职假与托育政策实施，使男性可以与女性共同承担养儿育女的责任。2000年，《里斯本战略》提出了妇女就业的提升目标，表示到2010年，应将欧盟妇女就业率从2000年的51%提高到2010年的60%，通过弹性的工作安排，以及在托育政策和老人政策上的改善，保障妇女的平等就业权益，欧盟将在妇女就业、托育政策等方面评估成员国的表现。世界银行2006年的一份报告指出，要善用财务策略来加速推动性别平等，通过推动女性劳动参与来最终降低贫穷，发展经济。而要女性参与经济，则必须配套儿童托育服务及生育健康服务。（刘梅君，2008）2007年，作为保守主义势力代表的德国出现政策转向，德国政府大张旗鼓地引入北欧的托育模式，出台鼓励双职工夫妇多生育、促进家庭人口增长的法律法规。

当前，儿童照顾责任是当代福利国家的主要议题之一（Leitner，2003）。福利国家普遍通过集体制度增加对儿童照顾的投资与保障，达成了人口增长、性别平等、家庭维系等目标，促进了社会整体福祉。儿童照顾在当代的发达国家已经不再是私人的家务事，有关国家与社会应该如何分担育儿责任的话题跃上了政治舞台，现已成为备受关注的政策议题（Björklund，2006）。

图1-2显示了部分OECD国家的家庭政策支出。20世纪90年代以来，OECD国家的家庭支出呈现增长趋势。1990年，OECD国家的家庭支出占GDP的比例为1.64%，2011年上升至2.30%。在福利国家的多种保障项目中，相对于老年、医疗卫生等社会支出的停滞局面，家庭支出是少见的连续增长项目。过去因为老年经济安全项目的比重超过60%，所以福利国家被称为“老人的福利国家”（林闽钢、吴小芳，2010），而在20世纪90年代以后，在老年社会支出保持不变的情况下，儿童社会支出保持了长达20年的增长态势，儿童社会政策作为一种新的社会风险议题，在福利国家受到前所未有的关注，福利国家

朝着“儿童福利国家”的方向转变。

不同福利体制的国家儿童投资均获得增长。社会民主主义国家由于有较强的性别干预传统，出于支持女性就业和促进性别平等的目标，国家通过提供慷慨的、普遍化的儿童照顾支持制度，政府将大量的资源投入到儿童照顾之中，儿童津贴、育儿假期津贴和托育服务的普及程度均相对较高，这样其儿童社会支出的比重一直维持在较高水平，属于福利国家儿童社会支出的“领头羊”。2011 年北欧四国的家庭支出比例均达到了 GDP 的 3% 以上，其中丹麦的家庭政策支出占 GDP 的比重达到 4%，瑞典、芬兰、挪威分别为 3.64%、3.23%、3.08%（见图 1–2）。

保守主义国家的儿童社会支出比例处于中游水平，约占 GDP 的比例在 2%~3% 之间。2011 年德、法两国的家庭政策支出占 GDP 的比例为 2.93% 和 2.22%。欧洲大陆国家的儿童社会支出具有儿童津贴发展较早，津贴支付比较慷慨的特征。法国、德国分别在 1930 年、1954 年就开始提供儿童津贴，均是世界上最早提供儿童津贴的国家之一。然而在儿童照顾服务的供给上，欧洲大陆的步调并不一致。仍以德国和法国为例，法国托育设施的普及程度仅次于北欧，而德国长期奉行“男主外、女主内”模式，家庭和母亲的看护被看作是孩子成长的最佳保证（Nill & Shultz，2010），这使德国的政策偏重于收入支持和假期保障，但忽视对可替代母亲照顾的儿童托育设施的投入。近年，日益严峻的人口形势让德国开始重视儿童照顾政策的发展，上台的红绿联合政府出台了一系列效仿北欧国家的家庭计划，以帮助国民协调就业和育儿生活，但总体来说，家庭政策支出的增长有限。

自由主义国家在儿童投资方面政策分化严重。以两个自由主义国家的典型代表——英国和美国为例，前者儿童社会支出水平早年维持在低位水平，过去的十年，英国的儿童社会支出一路高歌，几乎翻了一番，2011 年儿童社会政策的支出比例为 GDP 的 3.97%，现已成为 OECD 国家中儿童社会支出最高的国家之一。而美国儿童照顾责任仍然主要归之于家庭，儿童社会支出的比例略有增长，但是仍维持在低位水平，仅有 0.72%，美国可以说是 OECD 国家中的特例，其他自由主义国家如新西兰、澳大利亚家庭政策的支出增长也相当迅速。

意大利、西班牙、希腊、葡萄牙四个南欧国家，不管是托育照顾设施还是儿童福利津贴相较于欧洲其他国家都明显不足。“现代化过程中逐渐消失的亲属依赖关系在南欧国家仍然非常流行，家庭与亲属间在经济与福利输送仍然非常频繁，国家将照顾责任归于家庭之后，对家庭的照顾需求长期漠视”（王舒芸，2009），家庭政策上的支出在欧洲相对较低（见图 1-2）。但是，当南欧国家深陷女性就业率和生育率的“双低”泥潭，从 20 世纪 90 年代后半期，南欧国家的家庭政策支出开始快速增长，1990—2010 年，南欧国家的家庭政策支出几乎翻了一番，2011 年意大利和西班牙的家庭社会支出水平均达到 GDP 的 1.5%，与其他 OECD 国家的差距逐步缩小。

东亚国家被称为“生产主义的福利体制”（Holliday，2000）。这种体制有较强的教育投资传统，儿童教育支出比例较高，但儿童照顾属于家庭的责任，因此家庭支出长期在低位徘徊。2005 年以后，在低生育率的压力之下，日本和韩国开始颁布家庭政策，家庭政策支出出现增长，两国均希望通过分担家庭在养育儿童方面的负担，帮助家庭减轻育儿压力，进而提高生育率。2005—2011 年日韩两国的家庭政策支出从 0.81% 和 0.25%，增长到 1.35% 和 0.94%。虽然增长速度惊人，但与其他 OECD 国家比较，仍处于低位水平。

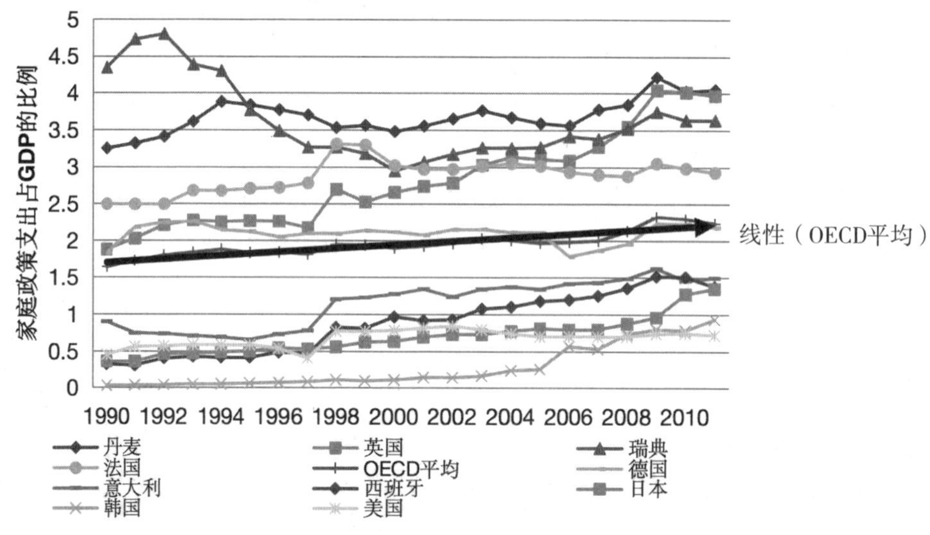

图 1-2 部分 OECD 国家 1990—2011 年的家庭政策支出

资料来源：OECD 官网。

注：家庭福利支出包括专为家庭和儿童设立的财政支持。包括与儿童有关的给予家庭的现金转移、与儿童相关的家庭服务（实物福利）的支出、通过税收制度给予家庭的支持三大类。

二、当代中国：儿童照顾问题日益严峻

（一）家庭结构变迁和传统照顾网络的消弭

1. 家庭人口规模缩小

新中国成立以后，在人口出生率极高的情况下，我国的家庭规模保持了多年不下降，1953 年、1964 年和 1983 年，我国的家庭人口户均规模都达到 4.3 以上。1982 年以后，我国家庭规模日渐小型化。根据全国人口普查的数据，1982 年我国的家庭户均人口规模为 4.41 人，1990 年下降为 3.96 人，2000 年继续下降为 3.44 人，2010 年则变为 3.10 人（见表 1–1），现在我国的家庭格局"已呈现出核心家庭为主、直系家庭居次、单人家庭为补充的家庭格局"。（王跃生，2006）

表 1–1 我国家庭人口规模变迁

年份	1953	1964	1982	1990	2000	2010
家庭户规模（人 / 户）	4.33	4.43	4.41	3.96	3.44	3.10
一代户（%）	—	—	—	—	21.7	34.2
二代户（%）	—	—	—	—	59.3	47.8
三代及以上户（%）	—	—	—	—	19.0	18.0

资源来源：根据 2011 年《中国统计年鉴》和 1982 年以来历次人口普查数据编制而成。

2. 家庭离散化和照顾网络的消失

乡土社会的中国家庭，讲究"父在世，不分家"，因此中国自古以来"三代同堂"的家庭比例较高。对于养育子女而言，这是一个非常巩固的照顾网络。在中国的文化中，有着孙辈是血脉的再次延续，祖父母帮助抚养孙辈的传统。照顾儿童的责任在祖代、父代以及尚未分家的子代兄弟姐妹之间分摊。子代若有多个兄弟，待到父代兄弟均结婚以后，父母一般选择和长子同住，其余分家的兄弟虽然各自单独居住，然而分家并不意味着照顾网络的废除，因居住距离局限在一个村庄的范围之内，分家的子代家庭仍可借用父母的照顾力量。

教育机会的扩张以及城市就业机会增加，当前我国的人口流动频繁，人们不断离开原有的家庭而另立门户。2000 年以来，我国出现三代户和二代户家庭比例明显下降，一代户家庭迅猛增长的局面。2000—2010 年我国"三代同堂"比例从 19.0% 下降到 18.0%，二代人同住的比例从 59.3% 下降为 47.8%，下降了 11 个百分点，而一代家庭的比例迅猛增长，10 年间从 21.7% 增加到 34.2%，

足足增加13个百分点（见表1-1）。

大量一代户的出现，显示了中国的家庭组织日趋松散化。父代和子代不仅在户籍上分离，在日常居住上也是分开的。学界把这种在户籍上分离、居住也常常不在一起的家庭称之为“网络家庭”。网络家庭的核心单元是父代家庭和子代家庭，父代单元家庭为“本家庭”、子代单元家庭为“支家庭”，子代单元家庭可以有多个，作为各单元家庭所有成员中辈分最长者的父代家庭是网络家庭内的“网纽”，负责维系各单元家庭之间的联系（王跃生，2010）。“网络家庭”仍具备一定的照顾功能，中国传统的照顾文化对网络家庭有较强的影响力。在子代生育子女，或者父代年老体弱之时，“网络家庭”的单元可以合二为一。

但是，网络家庭的照顾功能受限于地缘条件（即居住模式）。我国乡土社会中，兄弟成婚之后即使分开居住，但居住的范围仅限于一个村的范围之内，得此地域距离的优势，代际关系之间反哺互助，能较好地解决抚育幼子的责任。当代中国社会的网络家庭与乡土社会的家庭模式相比，最大的区别是其单元家庭居住的离散化，地理距离减弱亲子间日常生活照料，尤其是长期照料的便利性，限制了代际关系之间的生活照顾功能。以农民工群体为例，农民流动目标是为了就业，即到大城市去能获得更好的就业机会。因此，该群体的流动人口多为远距离流动。2013年出台的《农民工监测报告》显示，63.2%的农民工远距离流动到外地打工，这些父代家庭和子代家庭之间的距离十分遥远，行使照顾职能的成本成倍地增加。

马春花等人根据在广州、杭州、郑州、兰州和哈尔滨5个城市市辖区收集的城市居民的家庭数据，发现中国城市与父母居住在附近的比例仅为26.4%，与配偶父母住在附近的比例为21.2%。这也就是说，有条件维系传统三代照顾网络的家庭数量比例较低。剩余的家庭，父代与子代居住距离遥远，帮忙照顾新生孩子的成本高。父代和子代一方得选择长距离流动，对于老人来说，年事已高却要流动到一个陌生的城市帮助抚养孙辈，对于子代来说，需要付出较大的经济成本来维系照顾网络，实属不易。马春花等人的研究还表明，父代给子代诸如伺候月子（45.2%）、带孩子（53.1%）、料理家务（33.4%）以及配偶父代家庭为子女提供伺候月子（39.4%）、带孩子（48.3%）、料理家务（30.5%）比例均不高（马春华、石金群、李银河、王震宇、唐灿，2011）。“城市中有相当比例的年轻夫妻不能依靠他们的父母照顾新生子女，儿童照顾的负担全部落在年轻夫妇自己身上。婴幼儿的照顾成为许多双职工家庭面临的严峻的现实问题”。（刘云香、朱亚鹏，2013）

（二）妇女面临严峻的工作—家庭冲突

1. 中国妇女普遍就业

中国在新中国成立之前就非常重视妇女人力资源。自新中国成立以后，在妇女解放的名义下，国家以保护者的姿态推动城市和农村的妇女的普遍参加劳动就业。妇女就业率在城市和农村均得到快速提升，1990 年，中国妇女的就业率高达 90%。中国共产党不仅对妇女的就业权利给予了全面认可，还从认知上改变了社会对妇女就业的看法。社会主义建设时期，妇女被看成是伟大的人力资源，是革命的重要组成部分。在 20 世纪 60 年代的宣传中，“妇女能顶半边天”口号响彻中国大地。经过 30 年的运动式宣传教育，20 世纪 80 年代中国妇联的社会调查中显示，中国形成了妇女普遍就业的角色认知，社会对妇女的就业权利给予了充分尊重。

2. 妇女面临严峻的工作和家庭冲突

中国社会虽然认可女性就业，然而“男主外、女主内”的传统家庭分工仍然在社会上十分流行，因此在女性大量走出家庭参与社会活动和劳动生产的同时，家务劳动的担子并没有从他们肩上卸下来。女性不仅在于照顾（包括老人、小孩及伤残者）方面承担主要责任，在劳动市场以传统“男性劳工”为准的情况下，工作时间及假期都无弹性，女性同时与家庭制度和市场制度奋战，家庭和事业往往难以兼顾，必须做出取舍。然而，退出劳动力市场不仅意味着失去事业和自身人力资本的成长，它还意味着家庭面临较大的经济风险。我国的薪资与物价水平决定了夫妻二人须合作以维持家庭经济，任何一方退出劳动力市场都会导致家庭经济水平的大幅度下降。而如果不退出劳动力市场，女性很难兼顾家庭照顾责任。因此在当代的中国，儿童照顾问题不仅涉及女性是工作还是回家的问题，还涉及家庭的经济问题，两种完全不同的社会风险混杂使得中国的儿童照顾变得更为复杂。

儿童照顾制度的公共化程度低，劳动市场对妇女不友善，导致许多女性因育儿而离开职场。当家庭与工作发生冲突时，个别女性如何决定已成为重要议题。

这些在社会实务中被视为理所当然的行为规范与思考逻辑，虽存在已久，但不一定具有合理性或正当性，本书希望进一步质疑这些不明言的假设，提出批判性观点与分析。

3. 市场经济条件下育龄妇女就业率显著下降

当前，若单就妇女的就业率来比较，中国妇女的就业率高于世界许多发达国家。2010 年，我国的妇女就业率为 71.1%，虽然比 1990 年下降了几乎 20 个百分点（见图 1–3），但仍和北欧国家的妇女就业率处于同一水平，且远高于世界平均水平。然而，如果将我国男性和女性的劳动参与率进行对比，我们可观察到女性劳动参与率的下降幅度明显超过男性，1990—2010 年，中国 25 岁 ~ 49 岁黄金年龄段男性的就业率大体保持稳定，20 年仅下降了 2 个百分点（沈可、章元、鄢萍，2012），女性就业率却足足下降了 20 个百分点，下降比例为男性的 10 倍。

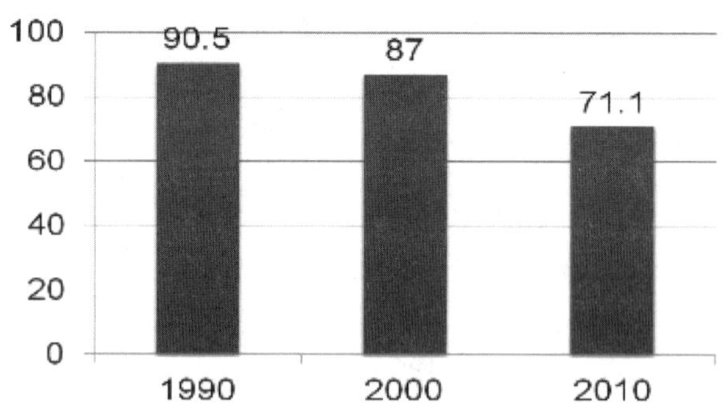

图 1–3 1990—2010 年我国妇女的就业率

资料来源：根据 1990、2000、2010 年三次妇女地位调查数据制作。

另外，从我国各年龄段妇女的就业率来看，育龄妇女的就业率明显低于其他年龄段。1990 年中国妇女的就业率不仅高，而且从 20 岁 ~ 24 岁、25 岁 ~ 29 岁、30 岁 ~ 34 岁、35 岁 ~ 39 岁妇女的就业率几乎是恒定的，不受生育期的影响。这和北欧的女性劳动参与率的"高原型曲线"比较类似，也就是"从 20 岁开始女性劳动参与率就进入高峰，一直维持到 54 岁才下降"。（林万亿，

2002）到了 2010 年，我国女性就业人口从 20 岁 ~ 24 岁为 63.3%，25 岁 ~ 29 岁为 76.7%，30 岁 ~ 34 岁为 78.6%、35 岁 ~ 39 岁为 79.9%、40 岁 ~ 44 岁为 80.4%，就业率差别不大。比较起来，中国妇女的就业率在 20 岁 ~ 30 岁的生育高峰时段就较之前下降，就业率最高的年龄是 35 岁 ~ 45 岁这 10 年间，比 20 岁 ~ 24 岁和 25 岁 ~ 29 岁的黄金生育期分别高出 17 个和 4 个百分点（见图 1–4）。这反映了我国在市场经济条件下，女性就业支持性措施极度缺乏。

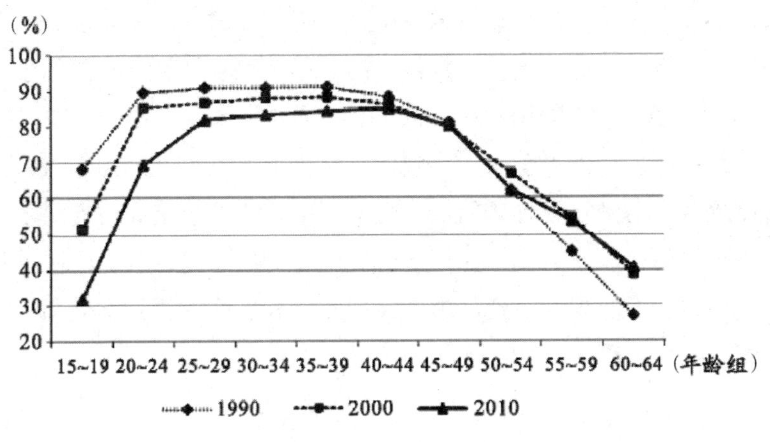

图 1–4 不同年龄组妇女的就业率

资料来源：沈可，章元，鄢萍．中国女性劳动参与率下降的新解释：家庭结构变迁的视角 [J]. 人口研究，2012，36（05）：15-27.

（三）全面二孩时代中国的儿童照顾问题

自 2000 年第五次人口普查数据公布以来，中国人口政策应该调整的呼声不绝于耳。一些地方政府对计划生育政策做了微调。比如从 2000 年开始，我国一些地区实行“双独生二胎”（即夫妻二人都是独生子女者允许生育二胎）以及农村户口第一胎为女孩者，可生二胎的生育政策。2013 年，我国再对人口政策进行了调整，放开了“单独二孩”政策，夫妻双方一方为独生子女者可生育二孩。这是我国实行独生子女政策以来，第一次国家层面的放松人口控制政策。然而这次改革却没有达到预期效果，申请生育二孩的单独夫妻比例远低于预期（穆光宗，2015）。2015 年 10 月 29 日，我国再次修改了生育政策，中共十八届五中全会公报宣布，“一对夫妻可以生育两个孩子”。

全面二孩，对于很多中国家庭来说是个盼之已久的大喜讯。然而冷静下来，我们会发现，事实并非如此乐观，至少有以下两种情况需要我们考虑：第一，虽然我国一些人口专家乐观地估计，中国的生育率在此政策之下可以返回到1.8的水平。但国际经验是，生育水平一旦降到1.5就被认为掉入了低生育陷阱，之后生育率的反弹极其困难。那么，是否仅靠放松生育管制政策就能达到预期的生育效果呢？未来几十年，鼓励生育和振兴人口将成为中国的时代声音，国家可能需要出台干预性公共政策重建生育文化，高瞻远瞩地建设具有系统的儿童照顾政策制度，以达到干预生育行为的目标。第二，假设我国的生育率返回至1.8的水平，这意味着中国绝大部分家庭都要生育两个孩子，中国家庭的儿童照顾难题将愈加突出，全面二孩政策进一步加大了家庭的照顾风险。那么，在传统照顾网络已经岌岌可危的情况之下，中国的家庭该如何应对全面二孩带来的更为巨大的照顾压力呢？如何出台健全有力的家庭政策，因应近年家庭由于人口结构改变而产生的系列需求，保护妇女和家庭的福祉不受损失，是我国政府迫切需要思考和解决的问题。

第二节 研究问题

一、概念界定

“儿童照顾”政策内容广泛，它不由特定部门所提供，对象为0岁～6岁的正常儿童，特殊儿童的照顾不在讨论范围内，其主要包括以下政策内容：①收入支持政策；②假期政策；③托育服务。（黄志隆，2013a；王舒芸，2009；Bahle，2005；Anne Hélène Gauthier，1996）我们可以将之简单概括为收入、时间与托育服务。

（一）收入支持

收入支持指国家为有子女家庭设立的财政补贴，常见形式有儿童（家庭）津贴、代金券、税收优惠或减免等。儿童津贴的目标在于应付儿童衣食住行育的消费支出，尤其衣食部分。至于医疗保健、教育、照顾服务的供给，以及实际从事照顾者其机会成本与照顾劳务的经济补偿，一般国家都独立于儿童津贴之外给付，如设置教育补助、医疗补助、住房补助等。目前，大多数福利国家提供现金形式的儿童津贴。税收优惠或减免也是国家对家庭养育儿童的另一重要支出形式，它是指政府对于有孩子的家庭给予的所得税减免政策。大部分国家的税收减免和现金转移是组合式的，即税收减免一部分，现金转移一部分，由此儿童可以获得充足的保障。

（二）假期政策

假期政策可使有薪工作者在儿童出生之后，能够暂时退出劳动市场，获得（母亲）身体恢复和照顾婴幼儿的时间，是儿童照顾政策中的另一种重要政策工具。具体形式包括产假（Maternity Leave）、陪产假（Paternity Leave）、亲职假（Parental Leave）以及各种临时性的照顾假（Homecare Leave）等。所谓产假是发生在产前和产后的一段休假，目的是对孕、产妇进行劳动保护，以保障怀孕生产的妇女身体尽快恢复健康。陪产假（Paternity Leave）是针对父亲设立，目标是为了保证父亲在孩子出生时能够离开工作岗位一段时间，以帮助家庭处理家务并尽早与孩子建立情感关系（O'Brien，2009）。所谓的亲职假（Parental Leave），也有直译为“父母假”，是指父母有权离开工作岗位一段时间以在家照顾年龄尚幼的儿童（通常是0岁～3岁）。亲职假和产假在技术上是不同的时间段，大部分国家的育儿假跟随在产假之后，也有一些国家不区分育儿假和产假，统合为一个假期。

（三）托育服务

托育（Child Care）服务是对家庭照顾的补充，其目的是解决家庭育儿功能之不足。由于从家庭育儿功能衍生而来，托育的含义可以包括下列四大范畴：“①儿童人身安全的保护；②身体与生理需求的照料；③心理与情绪需求的支持；④生活的教育与学习。”（邱志鹏、刘毓秀、翁丽芳、马祖琳，2003）托育服务的本质，毋庸置疑是教保合一的。托育服务形式多样，托儿所、幼稚园、托育中心、家中托育和亲友照顾等都属于托育服务。

二、问题提出

儿童照顾政策在当代中国社会极其缺乏，是迫切需要研究并建构的一个政策领域。然而，历史上并非一贯如此。新中国成立以后，基于社会主义制度对于高度、充分的国家保障的内在要求，我国建立了依托于单位体制的国家保障制度。国家保障制度强调国家的社会保障责任，认为国家应为个人提供了优厚的社会福利。这种“高福利”和“低工资”制度一起，构成社会主义制度的分配体系，两者缺一不可。儿童照顾制度在此时也获得了比较充分的发展，虽然这一时期国家并没有明确的儿童照顾概念体系，但是儿童仍然能够从家庭、社会乃至企业之中获得必要的照顾。例如，国家规定妇女可享有 56 天的产假，这在当时世界属于先进水平；国家规定女职工较多的单位应建立女职工哺乳室、托儿所、幼儿园等设施，以妥善解决女职工育儿方面的困难。这些措施在一定程度上缓解了劳动妇女可能面临母职与工作间选择的紧张。（王绍光，2008）

1978 年，我国实行改革开放政策，为了改变我国经济落后的状况，国家开始了一个大规模的政治、经济、社会改革过程，儿童照顾政策体系此时也发生了重要变化。20 世纪 80 年代，儿童照顾政策在国有企业改革的大潮中风雨飘摇，遭遇损失。随着单位制的解体和市场经济制度的确立，我国儿童照顾政策在市场化和社会化的道路上越走越远，过去由国家和单位承担的儿童照顾福利和服务，逐渐转移给了家庭和市场，儿童照顾责任出现了一个明显的市场化和社会化的过程，改革开放以前建立起来的儿童照顾服务几乎消失殆尽。这个过程带来了许多的社会问题，比如，妇女遭遇到前所未有的工作和照顾之间的压力和冲突，妇女就业率下降，社会权益遭到损害，儿童照顾成为一个新的社会风险，成为阻碍人们生育的最大障碍。

儿童照顾政策在福利国家是一个从无到有的过程。与此相反的是，我国儿童照顾政策是一个从有到无的过程。我国改革前后的儿童照顾政策呈现完全不同的两幅面貌。我们如何认识该过程呢？本书认为，任何一个政策现状都不应把它视为一个“静态现象”来对待，当前任何政策的建构都是一个动态的社会过程，过去的历史、文化和制度遗产在建构今天的制度模式。只有充分理解我国的社会政策变革过程，才能设计并构建适合我国政治和社会逻辑的社会政策。

不单说儿童照顾政策，我国学术界对改革前后各种社会政策的变革解释都是不足的。过去对我国改革开放之后社会政策变迁的解释，往往比较简单粗暴地认为，社会政策的变迁是经济变革影响的结果。因为市场经济天然地会削减福利，我国朝着市场经济转变的过程，自然也是社会政策削减的过程。但是本书认为，儿童照顾政策涉及儿童、妇女、家庭、单位、政府若干变量，它的变革不仅影响到一国惯常采取的儿童照顾方式，也关系全社会所有女性的劳动权利，还涉及儿童照顾成本在国家、单位和家庭等不同主体之间的分配。况且，儿童照顾并非单打独斗，它与其他社会政策的变革相互关联、相互影响，由此政策改革应是一个相当复杂的过程，其内部的力量博弈也是十分激烈。改革的过程虽不能说是波澜壮阔、惊心动魄，但也应是一个十分精妙的话语力量之间的联合。正如女性主义经济学家费伯所言：儿童照顾的方式，该由谁来决定，所需成本又该由谁来支付，其实不是一个简单的事情，它相当程度受到了国家政体、经济结构、文化规范及福利政策的影响（Folbre，1994）。一个社会的儿童照顾制度的形成，是该社会的传统遗产、集体认同、国家权力、群体利益交错互动的结果。也就是说，照顾下一代的责任究竟在国家、社会、家庭与市场间如何划分？如何将照顾责任从家庭，尤其是女性的无酬劳动中解放出来，该由国家或市场共同分担？各个主体分别支付比例是多少？这些议题均受到当地社会的传统、人口与经济的状况、政治的结构、妇女及其组织的力量等重要因素的影响。依据不同时期、不同国家的福利制度，这种影响会产生不同的变革结果。

有鉴于此，本书的核心研究问题是：新中国成立以后，我国的儿童照顾政策是如何演进的？基于何种原因产生？又受到何种因素的影响变化甚至消逝？根据本书的行文逻辑，包括以下三个小问题：

1. 中国改革前后儿童照顾制度的模式为何？儿童照顾是谁的责任，国家、市场亦或是家庭？

2. 儿童照顾政策事关女性的政治和经济平等。不同的儿童照顾政策模式对男女性别分工有着不同的价值假设。改革开放前后，我国如何看待又是如何塑造性别角色轮廓，对我国的性别公平造成何种影响？

3. 儿童照顾政策的变化提供了一个发现深藏于国家背后的政策动力依据，透过儿童照顾政策观察，分析理解社会主义中国社会政策的变迁动力为何？与西方相比，有哪些不同？

三、研究意义

（一）理论意义

西方发达国家的儿童照顾政策的发展比较成熟。相应地，已有的儿童照顾政策的研究主要将西方国家作为研究对象，较少关注包括中国在内的东亚国家的儿童照顾模式。最近几年，虽然中西方的研究者开始关注东亚的福利模式，但其视角较为宏观，关注主要是传统福利政策（如养老、医疗、失业等）的发展特征，则缺少对于尚属新事物的儿童照顾政策在中国等东亚国家尤其是转型国家中呈现何种制度特征的关注。要考察中国福利制度的变迁，以西方发达国家为蓝本的儿童照顾理论的适用性在中国存在疑问。而中国学术界对儿童照顾政策的研究尚处于空白状态。遍寻中国社会科学文献，包括所有少年儿童研究期刊、新闻报道和学术著作，有关儿童照顾方面的讨论更是凤毛麟角，我国儿童照顾政策变迁、儿童照顾模式、儿童照顾政策的创新经验几乎都处于无人问津的状态。本书将通过对中国经验的研究，尝试推进儿童照顾理论的发展，以中国经验丰富儿童照顾和福利国家的理论和相关讨论，弥补国际学术界忽视中国或者东亚福利国家经验的不足。

（二）现实意义

在社会变迁之下，我国面临社会经济环境快速转变，一方面妇女劳动力市场参与率（尤其是有年幼子女的妇女）居高不下，另一方面家庭结构的剧烈变迁和人口大范围的频繁流动造成家庭内部的地域分割，导致了非正式的社会支持网络（亲属、邻居协助）的迅速消失，结果造成家庭照顾儿童负担愈见沉重，儿童以及父母亲的福利受损。基于当前家庭对于儿童照顾福利的迫切的需求，我国急需建立与儿童实际需求及经济发展水平相适应的儿童照顾福利制度，这就需要学界能够就如何建立具有中国特色的儿童福利体系做出回应。然而，我国学术界对儿童福利理论的探索几乎空白，理论指导现实能力不足。本书希望推动本土化的儿童照顾政策和儿童福利理论的发展，促进中国本土化的儿童照顾与儿童福利模式的讨论，并为政府制定和发展儿童照顾政策和选择适合我国国情的儿童照顾模式的顶层设计提供国际经验的借鉴和理论依据，为整合和优化我国各个儿童政策，构建有中国特色的、综合的、全面的儿童福利体系提供思路，为厘定政府在儿童照顾领域中的角色，合理区分政府、社会、家庭和个人的关系做出贡献，最终能达到既提升儿童福祉，又推动儿童之间、性别之间、家庭之间的公平的目标。

第三节　研究方法

本研究的目标在于对我国儿童照顾政策的历史变迁过程进行解释性分析，从该研究的目标以及现实条件来看，显然适合使用定性研究的方法，具体拟使用话语分析方法来解释我国儿童照顾政策变迁。

一、话语分析概念与优势

话语分析最早由美国语言学家哈里斯（Z. Harris）于 1952 年首次提出。20 世纪 70 年代以后逐渐受到关注兴起，1981 年话语分析专业学术期刊《Text》的出现，标志着话语分析真正成为一门独立学科（吕源、彭长桂，2012）。目前，话语分析已经成为理解政策过程的重要视角与方法（朱亚鹏，2015），它通过“对与政策相关的文本、口头表达、历史事件、论辩等一系列语言和非语言材料的研究，能够较好地帮助人们从意义的维度理解公共政策领域的结构和变迁”（李亚、尹旭、何鉴孜，2015）。

话语分析在研究政策变迁时颇具优势。从起源上讲，话语分析代表了学界（尤其是美国）对 20 世纪 60—70 年代出现的实证主义主流政策分析模式的反思，实证主义对政策变迁的解释往往缺乏说服力，时常不能提供实质性的解释。（Jason Glynos，David Howarth，Aletta Norval，Ewen Speed，2009）话语分析能补充实证主义在研究政策变迁时的不足。第一，从话语分析的角度看，政策是通过话语生产出来的社会建构（Phillips，Lawrence& Hardy，2004），它不独立于社会之外，而是多种主体共同主导的结果；第二，话语分析提供了反向理解政策实践的途径，能促使我们在观察和理解政策生产过程中的话语或论述所产生的权力效应，能全面地关注到一个政策现象背后的意义互动；第三，话语分析提供洞察的政策主体的有效途径，话语能够鲜活地表现政策主体的身份，期望和责任，也能促使我们关注和理解政策主体背后的权力关系和权力博弈（Peter H. Feindt a & Angela Oels b，2005）。基于这些优势，话语分析在当前的政策研究中占据了一席之地，当前，美国、欧洲在一流的公共政策、公共行政评论中均使用话语分析方法来研究政策变迁。[①]

二、话语分析的资料来源

本书的重点是对中国儿童照顾政策历史变迁做出分析解释，我国儿童照顾政策分散在社会保障部门（生育保险）、教育部门（学前教育处）、妇联、工会、卫计委（历史上分管托儿所）、安监部门（和社会保障部门共管女工劳动保护）、计划生育等多个部门，作者与2015年7—10月期间分别在这些部门搜集材料，并与重庆市档案馆、广东省档案馆查阅这些部门自新中国成立以来的历史资料。资料的类型包括以下几种：

1. 我国历年出台与儿童照顾有关的政策文件。比如生育保险、女职工劳动保护、托儿所和幼儿园举办的政策文件；

2. 我国历年与儿童照顾政策有关的总结报告、形势分析和领导讲话材料；

3. 我国历年与儿童照顾有关的统计数据及典型案例和案卷资料。比如生育保险、幼儿园的统计数据及政策变革案例；

4. 儿童照顾政策变革的会议记录。比如鼓励社会力量举办幼儿园的会议记录、单独二孩政策实行之后有关计划生育奖励政策的讨论的会议记录；

5. 人大代表、企业、个人和社会团体对计划生育奖励政策的意见建议；

6. 官员访谈资料，作者与生育保险、幼儿园行政部门领导及业务骨干等掌握宏观情况及其变化的访谈和交流；

7. 其他相关材料，如部门志等。

除此之外，作者还搜寻了期刊、报纸、杂志有关儿童照顾政策的讨论，比如《中国妇女报》有关“妇女回家”的讨论；网络上有关延长产假的讨论；中国知网有关生育保险政策改革的讨论等。

三、话语分析的操作过程

针对以上收集的材料，本书采取以下三个基本步骤进行分析（如图1-5）：

1. 了解话语的基本构成要素。可通过查询或思考如下的一些问题来实现：

---

① 可参看吕源和彭长桂于2012年10月在《管理世界》发表的《话语分析：开拓管理研究新视野》一文，其中梳理了国际一流学术期刊上有关话语分析的文章。

“①话语描述了哪些关键的事物？②话语里涉及了哪些主要的人物？③话语讲述故事的背景是什么？④在话语讲述的故事中，关键人物和关键事物之间是什么关系？⑤话语运用了哪些主要的修辞手法？⑥说话人讲故事的目的是为了表达什么？”（李亚、尹旭、何鉴孜，2015）此六点为话语的六个基本构成要素。通过对这六个基本要素的分析，可以系统完成话语分析的第一步。

2. 分析话语的政治和社会影响。“对话语内容进行批判性的反思，就需要去追问话语的政治、社会影响。探寻每种话语是否有其制度或文化层面的基础？如果该话语被多数人认可，进而主导公共政策的制定或变迁，那么这会对政府政策、制度乃至社会和文化产生怎样的影响？这些影响是不是有益而正义的？该话语上升为国家意志是否会造成某些令人忧虑的后果？”（李亚、尹旭、何鉴孜，2015）

3. 话语在论述过程中的问题。分析不同政策话语在逻辑、事实、措辞上存在的问题或漏洞，这需要把话语和事实结合起来，并使用专业知识对政策效果进行分析，以此求证各种话语的真实意涵。（李亚、尹旭、何鉴孜，2015）

1. 话语的基本构成要素
基本实体、主要人物、主要背景、基本关系、修辞手法、讲故事的目的

2. 话语的政治社会影响
与话语相联系的政治、与话语相关的迷思、话语对政府政策的影响、话语对社会文化的影响

3. 话语在论述过程中的问题
话语在逻辑、事实、措辞上的缺陷和不足

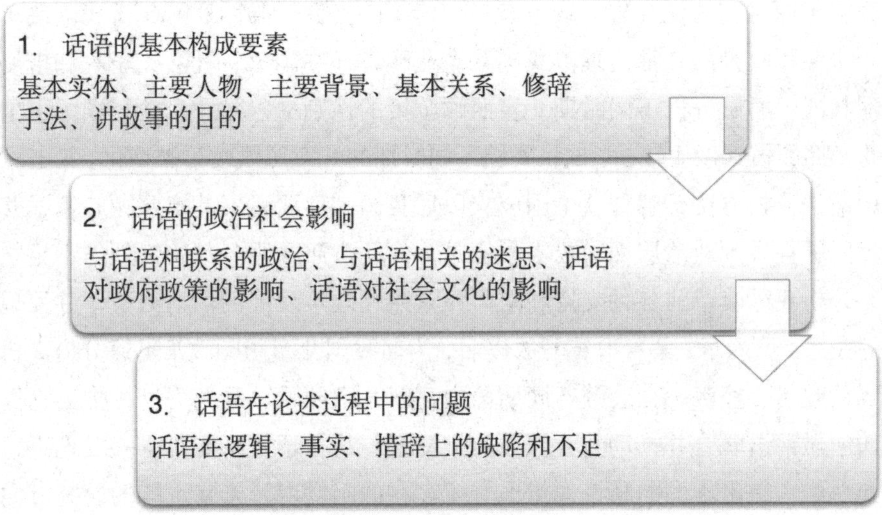

图 1–5 话语分析的总菜单

第四节　研究思路和章节安排

本书的研究思路为：①介绍并分析改革前后中国儿童照顾的历史变迁，②分别回答改革前后为什么要创建或者废除儿童照顾政策？ 由谁提供儿童照顾？ 提供什么形式的儿童照顾？ 儿童照顾政策对性别平等的影响为何？③在此基础上探讨我国儿童照顾政策变迁的动力。

本书总共分为七章。第一章为绪论，主要介绍研究背景、研究问题、研究方法和研究思路，目的在于让读者了解在西方福利国家儿童照顾政策的兴起过程，以及我国儿童照顾的严峻形势，指出在当前历史条件下儿童照顾成为迫切需要研究的社会问题。第二章为文献综述，通过对国内外相关文献梳理，归纳总结出支持国内外儿童照顾的不同视角和主题，指出国内外儿童照顾的成果优势及劣势，阐明本书的价值所在。第三章，运用文献法介绍我国儿童照顾政策的历史变迁，包括梳理我国的育儿假期相关政策和托育制度的发展历史，分析不同历史阶段两项儿童照顾的目标宗旨、组织管理、运作举办和发展状况，以对我国不同时期的托育服务政策有一个清晰的把握。第四章，分析我国改革前后儿童照顾政策的特征，理清我国儿童照顾责任在国家、社会、家庭和市场的分配状况，尝试分析不同时期儿童照顾政策的性别平等效应，并与国际上出现的儿童照顾模式做比较，尝试将我国不同时期的儿童照顾政策类型化。第五章，运用话语分析方法，解释新中国成立以后我国为何要发展儿童照顾政策，并将儿童照顾提升到政治层面来要求，但是为何儿童照顾服务却始终处于不足之状态？分析我国改革前各种支持和阻碍儿童照顾政策发展的话语力量，并发现其中的关系。第六章，解释改革开放以后，为何我国儿童照顾政策迅速分崩离析，主要从政治、经济、社会等不同话语中瓦解儿童照顾政策的力量，指出它们之间如何做话语联合并推动儿童照顾政策变迁。第七章，主要对本书发现进行提炼和总结，得出本书的结论，指出文章存在的问题以及未来可能的研究方向。具体的研究思路和章节安排如图 1–6 所示。

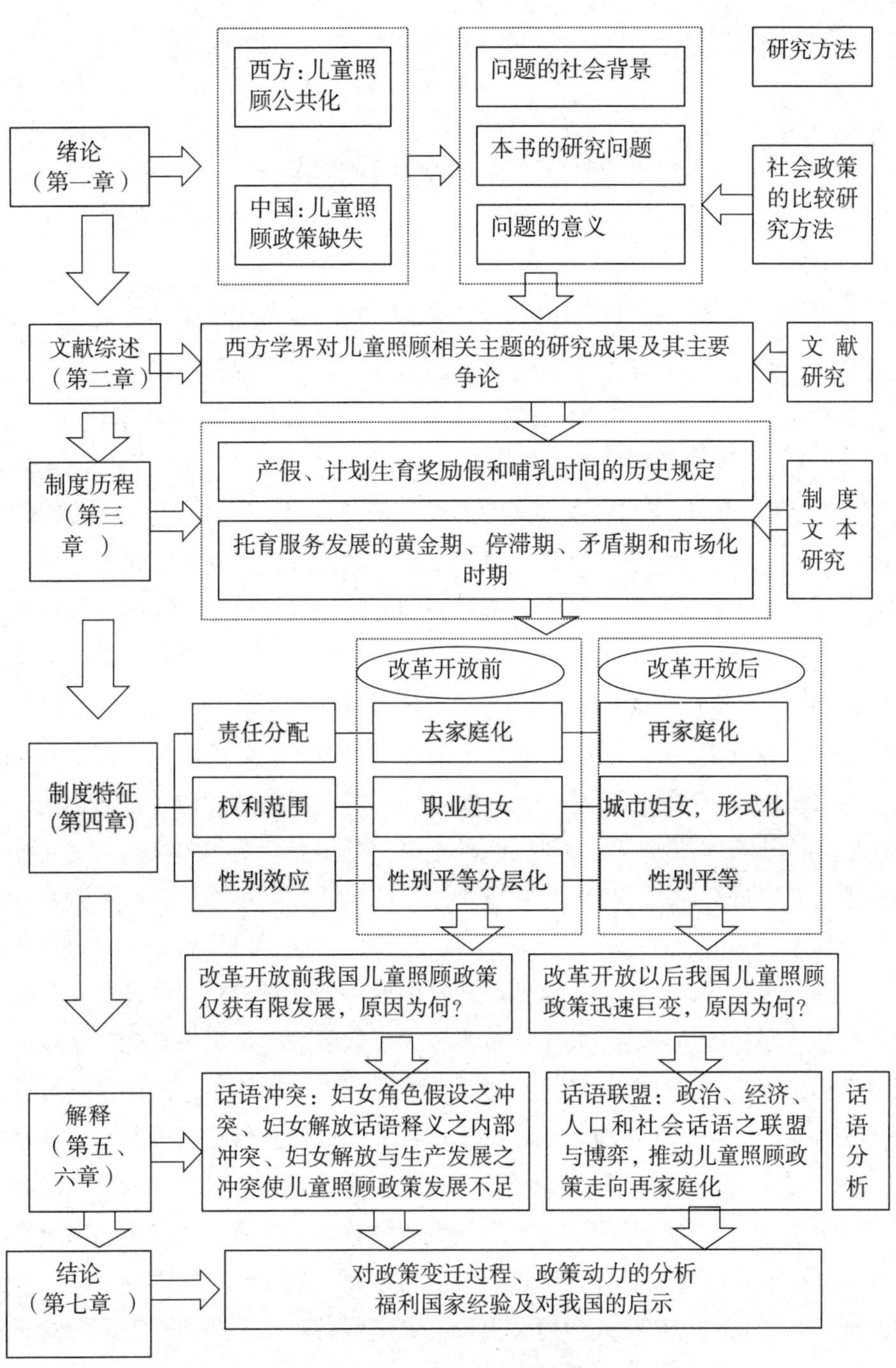

图 1-6 本书的研究线路图

第二章　文献综述

西方对儿童照顾的研究已超过半个世纪。20 世纪 60 年代，在第二次妇女运动期间，儿童照顾引起了女性主义者的关注，期间出现了一些论述儿童照顾政策的文章和书籍，但一直未能成为学术界的核心研究议题。到了 20 世纪 90 年代，在人口和就业结构遭遇巨变的情况下，基于人口稳定、妇女劳动力供应、性别公平等原因，儿童照顾获得西方学界前所未有的关注，儿童照顾政策的研究框架逐渐成熟，理论和实证研究成果频出，现已成为福利国家研究的核心议题之一。与西方比较，儿童照顾政策在我国还是个新鲜议题，我国学界把更多的精力放在儿童福利或者儿童发展政策的研究方面，对儿童照顾议题的关注相对不足，投入的人力和物力相对较少，研究还处于起步阶段，研究成果比较匮乏。

本章以西方学界的研究为主线，亦对我国儿童照顾的内容做了简要回顾。鉴于本书的研究目标主要有两个：一是描述并解释我国儿童照顾政策变迁，二是评估我国儿童照顾政策对性别关系的塑造，这里有必要集中议题，对儿童照顾的下列议题进行回顾：①儿童照顾类型学政策研究，主要从分析回顾儿童照顾政策体制分类的逻辑起点、概念工具、操作化指标、模式划分及其对应的解释力和缺陷，从总体上把握儿童照顾政策的发展潮流和未来趋势。②儿童照顾政策的性别平等效应研究。儿童照顾不仅为家庭照顾儿童提供支持，也涉及性别关系的再生产。比较不同儿童照顾政策体制背后的性别角色假设、政策目标及其偏好的政策工具所欲形塑的家计承担模式、评估其所能达成的性别平等效果。③儿童照顾政策的发展动力研究，分析解释福利国家在儿童照顾政策起源、发展并出现巨大差别的原因。④中国儿童照顾政策的研究。就我国儿童照顾的研究主题、研究内容和研究方法进行简要的述评。笔者希望通过本章对学术文献的回顾，能够“站在巨人的肩膀上”，促进笔者对儿童照顾政策领域的研究的整体把握，以夯实本书的研究基础。

第一节　儿童照顾政策的类型学研究

儿童照顾政策工具多样，收入支持、假期和托育服务的组合方式各国千差万别，统一政策项目内还有国家资助水平、享用规则、弹性尺度、政策开始时机、政策污名化和处罚标准的差异，国家的政策实施能力和水平也各不相同，儿童照顾政策表现出较大的国别差异。有鉴于艾斯平·安德森对福利国家体制类型研究的巨大成功，儿童照顾政策的类型学研究亦开展得如火如荼，出现多个研究成果。根据不同学者儿童照顾政策体制的划分逻辑，当前研究可以划分为三个视角：女性公民资格的发展、儿童照顾的“去家庭化”和男女性别角色的再造。三个视角的发展在时间上前后追随，后者往往是对前者的批判式继承，梳理这三个视角侧重的研究问题、理论逻辑和学术贡献，有利于我们深度把握儿童照顾政策的发展脉络和政策本质。

一、女性公民资格：关注妇女独立的就业权和参保权

传统福利国家建立在“男主外、女主内”性别分工基础之上，各项福利制度均把男性作为主要的保护者，大量的女性由于没有外出就业，只能作为男性的附庸，以眷属身份获得保护，这是造成女性“次等公民地位和社会性别权力不平等的关键因素”（Lewis，1992）。随着家庭政策在福利国家的发展和扩张，女性主义学者开始思考：福利国家是否已经以不同的方式、在不同程度上修改了“男主外、女主内”模式呢？女性是否逃离父权体系下的家庭禁锢，摆脱无薪的家务劳动，取得个人就业自主性，进而获得经济独立和资源的控制权利，享有马歇尔意义上的完整公民权呢？（O'connor，1993）

使用“女性取得有薪工作的可能性”“女性劳动市场参与率”“女性年金资格”等指标，学者们检测了福利国家的性别权利发展状况。里维斯最早提出性别福利体制的三分法。根据女性逃离“男主外、女主内”模式的程度及其衍生的性别权力关系和女性公民权利的发展状况，里维斯将福利国家分为三个模式，该模式对性别福利体制的研究具有开创式意义。①“强养家模式”（Strong breadwinner model），以英国和爱尔兰为代表，这种模式恪守传统的性别关系，公共和私人责任的分割线异常明确，女性被限制在家庭内部提供照顾服务，产假及其津贴的发展较慢，女性参与劳动力市场的比例较低；②“中养家模

式”（Intermediary breadwinner model），以法国为代表，女性参与全职工作的比例有较大提高，社会保险系统在有孩子和无孩子家庭之间做了重新分配，有孩子的家庭获得家庭津贴，在一定程度上使妇女受惠；③“弱养家模式”（Weak breadwinner model）（Lewis，1992），以瑞典为代表，得益于社会民主党在20世纪60年代、70年代的政策，比如夫妻分开纳税、亲职假政策以及公共儿童照顾服务的大量供给，瑞典妇女参与劳动力市场的比例迅速提高。

就业和参保权利一脉相承，女性能否获得参保地位是福利国家是否致力于性别平等的又一个关键指标。塞恩斯伯里（Sainsbury，1996）以“女性年金资格”和“其他以个人独立身份之资格取得”的福利津贴多寡，将福利国家分成两个模式：男性养家模式（Male-breadwinner）和个人模式（Individual model）。①男性养家模式中，男性被视为赚钱养家者，女性在婚后作为妻子才能借由男性获得社会福利权。在税赋上，国家对于夫妻合并课税，扶养亲属的男性可获得一定免税。②个人模式中，家庭中男性和女性都有可能是赚钱者，国家给予的福利以个人为主，没有谁附属于谁。税赋采取个人课税，男女都拥有平等的减税方案，女性并不需要依附于男性，女性获得了独立公民应有之权利。

二、“去家庭化”：关注照顾责任的公私转化

儿童照顾传统上是女性的角色范围，几乎所有的文化都主张男性外出就业，女性留在家中从事照顾工作，这是导致女性“次等公民地位和社会性别权力不平等的关键因素”（Lewis，1992）。“去家庭化”（De-familialization）强调将照顾责任向家庭之外转移，让女性摆脱无薪的家务劳动，取得个人自主权利。

1994年，芙瑞泽首次提出照顾责任在公私之间的再分配问题。该学者根据照顾工作的组织化程度及其对性别平等的影响，芙瑞泽将福利国家划分成三种模式：①“普遍养家者模式”（The universal breadwinner model），以美国为代表，政府的措施重点包括幼儿与老人照顾的福利服务方案、禁止性别歧视与性骚扰等就业平等法案。②“照顾者等同模式”（The caregiver parity model），以西欧国家为代表，政府透过支持家庭中的非正式照顾工作，如发放照顾者津贴，使全职家庭照顾者能和薪资劳动者一样获得报酬，期望以此来达成性别平等。③“普遍照顾者模式”（The universal caregiver model），以瑞典为代表，这种模式强调在制度上破除赚钱养家和家庭照顾的区隔与对立，以及在文化上的性

别角色分工与异性恋核心家庭的预设，目标是让男性可以和女性一样兼顾负担家计和家庭照顾的责任（Fraser，1994）。

芙瑞泽的研究开创了性别福利体制研究的新思路，但芙瑞泽研究在概念建构方面明显不足，测量性别福利体制的指标也比较模糊。为照顾责任的转移迈出理论化重要一步的是艾斯平·安德森。仿照“去商品化”这一概念，艾斯平·安德森提出照顾责任的“去家庭化”一词。“家庭化体制……是一个公共政策假设，事实上也这样做—家庭必须承担其家庭成员的个体照顾责任。“去家庭化”是指国家追求从政策上减少个人对家庭的依赖，使个人无须依赖婚姻或家庭中的交换关系获得保障”（Gosta Esping-Andersen，1999）。“去家庭化”并不是排斥母职，而是主张把母职任务的一部分转移给国家，通过福利国家制度的合理设计，让母职责任成为家庭和社会的共同责任。艾斯平·安德森指出，只有将照顾责任“去家庭化”（De-familialization），妇女才能取得就业空间，妇女解放才有可能。“去家庭化”有公共化和市场化两条路径，但市场化显然不能带来真正的性别平等，反而会加深妇女的阶级隔离。公共化的“去家庭化”路径的性别平等效果才值得期待，可以通过四个方面的投入来测量一个国家的“去家庭化”程度：①政府家庭服务供给的承诺（非健康性之家庭服务支出占 GDP 的比例）。②国家对育有儿童的家庭的承诺（家庭津贴以及税赋减免的总数）。③公共儿童照顾服务的普及程度。④对老年人提供的照顾服务（65 岁以上老人接受居家服务的比例）。

“去家庭化”的概念的提出，把性别福利体制的研究带上了新的高度。后来的学者在艾斯平·安德森研究的基础上，继续完善了“去家庭化”的理论体系，他们的工作主要体现在两个方面：

第一，修正“去家庭化”的指标体系。艾斯平·安德森提出的“去家庭化”的四个指标，分别由国家经济支持和照顾服务供给两个维度演化而来，诸如产假、亲职假并不包含在其指标范围之内，学者们对此指标体系提出批评。从性别权利的角度来看，产假、亲职假所确认的“时间权利”是对妇女就业权益的保护，一定质量的假期能够协调女性的工作和生育责任，有利于女性长期就业权利的保持，由此不少学者提议将“时间权利”纳入“去家庭化”指标体系，具体包括假期总时间（Total leave time）、假期财政支持力度（Leave financial sustainability）、假期工作安全（Job security）等指标。有关艾斯平·安德森提出照顾服务的普及程度，有学者指出这一指标比较片面，不足以全面评估一国照顾服务之全部，照顾服务可得性（availability of childcare services）、价格（affordability）、质量（quality）和时间弹性（flexibility）同样影响照顾责任“去家庭化”的效果，也应被包含在指标体制之内。（Cho，2014；Javornik，2014）

表 2-1 儿童照顾政策的类型划分

作者年份	主要指标	划分模式	典型国家
Lewis，1992	女性逃离“男主外、女主内”模式的程度	强养家模式（Strong breadwinner model） 中养家模式（Intermediary breadwinner model） 弱养家模式（Weak breadwinner model）	英国 法国 瑞典
Fraser，1994	照顾工作的组织化程度	普遍养家者模式（The universal breadwinner model） 照顾者等同模式（The caregiver parity model） 普遍照顾者模式（The universal caregiver model）	美国 西欧 瑞典
Sainsbury，1996	女性参保资格	男性养家模式 个人模式	德国 瑞典
Esping-Andersen，1999	非健康性之家庭服务支出占 GDP 的比例；家庭津贴以及税赋减免的总数；公共儿童照顾服务的普及程度；65 岁以上老人接受居家服务的比例	北欧模式 其他模式	北欧四国 其他国家
Leitner，2003	时间权利；对照顾的直接或间接现金转移；附加到个人退休金或其他社会保障计划、失业期母亲或者父亲权益的照顾权益	明显家庭主义（Explicit familialism）	德国、意大利
		随意家庭主义（Optional familialism）	法国
		含蓄家庭主义（Implicit familialism）	比利时、芬兰
		去家庭主义（De-familialism）	瑞典、丹麦

续表

作者年份	主要指标	划分模式	典型国家
Korpi，2009	指标体系较长，见文中第六页	传统家庭模式（The traditional-family dimension）	德国、法国、意大利
		双薪 / 双照顾者模式（The Dual Earner/dual-care dimension）	北欧四国
		市场取向模式（Market Oriented Policies）	英国、美国、澳大利亚

资料来源：作者自制。

第二，提出性别福利体制的分类模型，弥补艾斯平·安德森研究的空白。其中最具有代表性的研究是莱特纳的家庭矩阵模型。根据① 时间权利，如亲职假和照顾假；②对照顾的直接或间接现金转移；③附加到个人退休金或其他社会保障计划、失业期母亲或者父亲权益的照顾权益。莱特纳得到了一个“去家庭化”的强弱程度的矩阵模型：①明显家庭主义（Explicit familialism），以德国、意大利为代表，国家通过发放照顾者津贴等方式强化家庭（妇女）在照顾儿童方面的责任，残疾人和老人也通过家庭获得基本的照料。②随意家庭主义（Optional familialism），以法国为代表，国家提供支持性的照顾服务政策，国家赋予家庭享有照顾假期的权利，给予家庭承担照顾责任的时间，但是给予家庭时间并不意味着家庭必须承担照顾责任，因为国家也提供了一定的照顾服务，给出了家庭从照顾责任中逃离的选项。③含蓄家庭主义（Implicit familialism），以比利时和芬兰为代表，国家既不提供“去家庭化”的照顾服务，也不支持家庭的照顾功能，因为别无他法，家庭只能承担起照顾责任。④去家庭主义（De-familialism），以瑞典和丹麦为代表，国家或者市场提供的强而有力地去家庭化设施（Leitner，2003）。

三、男性“家庭化”：福利国家对性别角色的再定义

男性“家庭化”（Familization）视角提出，“去家庭化”视角只看到硬币的一面，是片面的、不健全的。实际上，照顾责任的再分配有两条线索：一是在家庭内外重新分配，二是在男女两性之间重新分配。“去家庭化”概念仅强调第一条线索——照顾责任从家庭内部向外部的转移，并未关注另一条线索——照顾责

任在性别之间的转移和平衡。真正能达成性别平等的福利国家，必须在推动女性“去家庭化”的同时，促进男性的“家庭化”[①]，改变社会对男女的角色认知，即女性可以成为养家者，男性也可以成为照顾者，只有双管齐下，性别平等的最终实现才有可能。

男性的“家庭化”视角备受当前西方学界推崇，科比对该视角的理论化做出重要贡献。科比研究体系宏大而细致，他整合了前人提出的“女性公民资格”“去家庭化”两个视角，并全面考察了性别平等的各项制度，不仅从性别观点提出男性“再家庭化”的理论概念，而且模仿艾斯平·安德森的做法发展出各种模式的测量指标，还提出一套性别福利体制的发展动力、制度设计、政策效果的分析解释体系。2000 年，科比提出了三种以性别分析为基础的福利国家分类：“一般家庭支持”模式（General Family Support）、“双薪支持”模式（Dual Earner Support）、和“市场取向”模式（Market Oriented Policies）等（Korpi，2000）。2009 年，科比提出，既然解决两性平等问题的根本办法是塑造一种男女两性普遍参与照顾工作的理想社会，以及转变社会对男性养家角色的社会景象，那么致力于推动男性承担育儿责任的亲职假制度应包含在性别福利体制的研究框架之内，且应占据较高的权重，因此他修正了 2000 年提出的指标体系（Korpi，Ferrarini，Englund，2009）。使用如下指标体系，科比提出了一个新的性别福利体制划分方法：

（1）传统家庭模式的测量指标包括：未成年子女的儿童补贴，现金或者税收减免；3 岁 ~ 学龄儿童的非全天候的公共照顾服务；学龄以下儿童的父母的家庭津贴；通过税收体系向户主发放婚姻补助。

（2）双照顾者模式的测量指标包括：0 岁 ~ 2 岁孩子的公共日托服务；大于 3 岁孩子的全天公共日托服务；收入相关的父母保险；有无激励父亲照顾未成年子女的制度政策；带薪休假可以被父、母或者两者共同使用的周数；带薪

① 在推动男性“家庭化”方面，瑞典的政策设定具有启发意义。1974 年，瑞典把母亲假（Maternity leave）改为亲职假（Parental leave），旨在推动父亲参与育儿活动，促进家庭事务中的性别平等。1995 年，瑞典政府再次对父亲假进行改革，引入了为期 1 个月（30 天）的“爸爸配额”（Daddy quato）假期，“爸爸配额”实行所谓的“已不用则作废”原则，即假期只能由父亲使用，不能转给他人。该次改革对大大提升了瑞典父亲假的使用比率，也给其他福利国家起到良好的示范作用。

休假专为父亲使用的周数。

（3）市场取向模式无指标，前面两种模式指标得分都很低的国家即归类于此种模式。“传统家庭”模式的政策背后的性别角色假设是传统的“男主外、女主内”，这些国家通常会“对学龄以下儿童的父母的家庭照顾津贴”，该津贴有鲜明的母亲工资意涵，女性的家庭角色在制度化地遭到强化。“双薪支持”模式强调女性的就业角色，政府在育儿照顾服务方面有相当投入，以分担女性的照顾负担。20世纪70年代以后，“双薪模式”开始朝着“双照顾者”模式转变，力图打破传统的性别角色界限，认为男女两性都既是工作者，又都是照顾者。女性可以是家计负担者，那么男性也可以是家庭照顾者。国家一方面通过强有力的公共照顾体系，减轻女性照顾负担，促进其就业，另一方面通过对父职的推动，将照顾责任某种程度上转移给父亲。对于市场取向模式，科比并未给出指标，而是使用排除法，在前面两种模式指标得分都很低的国家即归类于此种模式，比如澳大利亚、加拿大、爱尔兰、日本、新西兰、瑞士、英国和美国属于此模式之列。

第二节 儿童照顾政策的性别平等效益

受到各国经济发展、社会观念和政治环境的影响，家庭政策在福利国家的接受程度不一，政策取向不同，政策项目组合千差万别，同一政策项目内还有国家资助水平、享用规则、弹性尺度、政策开始时机、政策污名化和处罚标准的差异，如此一来，各国对性别角色关系的改善和妇女社会公民权状况的塑造效果差异明显。鉴于科比整合了女性公民资格、去家庭化和男性再家庭化三个性别福利体制的理论视角，且更为全面地考察了与性别平等有关的政策制度，这一部分选用科比的性别福利体制划分方法来论述不同性别福利体制对性别平等的影响。

一、传统家庭模式：对女性的禁锢

传统家庭国家不愿改变家户内的性别分工，政府提出的“去家庭化”策略非常有限，政策导向明显偏向家庭主义。在政策工具上通常偏重于采用家庭津贴和育儿假期政策，忽视托育服务的供给。以德国为例，该国认为母亲是年幼孩子最好的照顾者和教育者，母亲的作用非社会托育机构可以替代，因此在公共政策选择上固守亲职教育的假设（Nill & Shultz，2010），政策重点是发放家庭津贴和给予家庭育儿假，而不是投资于托育照顾，以鼓励妇女留在家庭之中承担儿童照顾责任。早在 1954 年，德国颁布儿童津贴计划，是世界较早实施儿童津贴的国家之一。且儿童津贴支付慷慨。以 1999 年的资料为例，家中头 2 个孩子可以每月各领取 250 马克，第 3 个儿童可以领取 300 马克，第 4 个及以后的儿童可以每位每月领取 350 马克。1986 年到 1992 年间，育儿假被延长了近 4 倍，由最初的 10 个月延长至 36 个月，假期无薪水，仅可领取少量补助，且最长领取时限为 24 个月。20 世纪 90 年代，在欧洲其他国家纷纷设置公共托幼设施的情况下，德国政府对这方面的投入仍持谨慎保守的态度，德国基本没有 3 岁以下幼儿的托育机构，3 岁 ~ 6 岁的托育机构不仅数量严重不足，而且在门槛设定、时间设置等方面都不利于父母托送儿童（Henninger，Wimbauer，Dombrowski，2008； Hübenthal & Ifland，2011）

传统家庭模式的育儿假无薪反而给予家庭津贴，某种程度上可以称之为“母亲工资”（Mätzke & Ostner，2010），以彰显照顾者价值的方式将女性留在家庭之内，反映了传统家庭模式母职神圣不可替代的社会认知。而使用长假期可以诱导妇女走向全职母亲的生活，这对她们的职业前景和收入可能是灾难性的后果，但对于保守主义定义的完整家庭是有利的。这些政策选择均表明了传统家庭模式的国家重视儿童发展和家庭内部的传统分工甚于女性自主权，妇女地位提升屡遭挫折。大量育儿妇女的生命周期（life course）呈现典型的三个阶段：接受完教育后进入职场；怀孕或生育后，退出劳动力市场照顾孩子；在孩子入学后，以兼职形式再次进入劳动力市场。因此妇女的就业权和自我发展权得不到保障。

二、双照顾者模式：性别平等的典范还是骗局？

（一）性别平等的典范

一些学者极力推崇北欧双照顾者模式的性别平等成就，认为其可谓是各国的典范。北欧国家在促进女性平等方面扮演两个角色：第一，立法和服务供给者；第二，雇主。

第一，作为立法者和服务提供者，国家从两个方面促进了性别平等：一是长期坚持劳动力市场调和政策，国家通过提供慷慨的、普遍化的儿童照顾支持制度，帮助女性承担照顾责任，积极为妇女将家庭和就业相结合创造机会。二是国家通过立法鼓励男性参与照顾责任。育儿假立法通过设置强制性、不可转让的“爸爸配额”，把原属于母亲的假期变做夫妻两个人共同的时间和责任，要求父亲分担育儿责任国家，并通过对父亲参与儿童照顾的直接激励或惩罚，从而影响男人和女人分享外出工作和儿童照顾的方式。与托儿服务只能通过减少妇女的照顾负担不同，男性育儿假为“初为人父”的男性提供了角色规范性指导，增加父亲的权利意识以及他们对工作场所提出照顾要求的机会，假期立法的机会配置和强制约束也创造了良好的母亲和父亲的行为规范，因此对促进原来社会建构的“正常”的性别角色转换做出贡献。最重要的是，父亲使用假期，加快了母亲的重新就业，可以缓解母亲与工作场所之间的长期失联，能对母亲的工作进步和终生收入产生积极影响。在这些意义上，专门的“爸爸配额”假期是支持社会建构双照顾者性别角色的一个基本要素。（Ferrarini & Duvander，2010；Gornick & Meyers，2008）

第二，国家作为雇主的角色是指，20 世纪福利国家的兴起导致公共服务部门大幅扩张，特别是在健康、教育和社会服务领域，吸纳了大量的女性雇员，形成了一批主要由女性组成的劳动部门。之所以会出现如此现象，是因为在那些实行公共的“去家庭化”策略的国家，通常允许父母在儿童密集照顾期（通常是 1 岁 ~ 6 岁）采用兼职的方法工作，这使大多数福利国家中（主要在北欧和西欧国家），兼职工作已成为女性就业的主要形式之一。如此之多的妇女采取兼职工作，会严重干扰企业的工作安排，导致了企业不愿意雇佣女性。而公共部门是国家推行“去家庭化”意志的主要场所，它为员工提供工作保障和便利的工作条件，例如灵活的工作时间和程序，容忍旷工。一方面是市场雇主的性别歧视，另一方面是受保护的公共部门，后者无疑更受女性欢迎，于是大量女性被吸引到这些部门中来，造成了性别失衡。

北欧国家通过扮演这两个角色，尽可能地平衡了女性的工作和家庭冲突，极大地保障了女性的就业权益，在性别平等方面取得了无与伦比的成就。以瑞典为例，2000 年以后，瑞典的妇女就业率一直超过 70%，2014 年妇女就业率为 73.13%，远超过欧盟平均 57.55% 的水平（OECD 官网）。

（二）性别平等的玻璃天花板之辩

在普遍赞同北欧的“去家庭化”政策带来的性别平等化效果之时，也有学者对此提出质疑，北欧的“去家庭化”路径确实能带来性别平等吗？这样的质疑声音无疑是振聋发聩的。质疑者认为，一个非常容易观察到的现象是北欧国家存在一个由妇女组成的公共部门，有鲜明地“女性在国家、男性在市场”的职业分割特征，这些国家在促进女性普遍就业的同时，也建构了女性的就业类型，增加了“性别职业隔离”，且职业母亲的就业朝着兼职（part-time）的方向迈进。（Albrecht，Björklund，Vroman，2003； Mandel & Semyonov，2005，2006；Mandel & Shalev，2009）换句话说，旨在推进性别平等的福利国家的崛起，以及与其相伴而来的女性劳动力大量进入劳动力市场，并没有彻底改变传统的男性和女性之间的劳动分工。相反，它实际上将私人领域的性别分工转移到公共领域，延续传统的性别角色，女人大量进入了照顾性的公共服务中去相对来说，男性得到更理想的工作。

女性工资隔离和职业隔离是相伴而生的。当妇女只能在“女性型”职业就业，工资水平必然低于男性。劳工经济学家比较了美国和瑞典第 50~80 百分位的性别工资分布，发现瑞典比美国有更大的工资差异，他们得出瑞典存在阻碍工资上升的机制，而美国则不存在（Albrecht et al.，2003）。也就是说，社会民主主义的福利国家提供的去家庭化社会政策和通过公共部门的扩张，将母亲们带入了劳动力市场的做法，虽然提高了妇女的就业率，使她们享有广泛的社会权，然而女性在公共部门高密度就业并不是一个纯粹自由的选择，雇主的性别歧视迫使她们放弃了市场机会，公私部门对政治意志的贯彻力度形塑了女性的工作偏好，同时也在不经意间却妨碍了这些妇女获得高层职位的机会，妇女只能提留在工资较低的岗位，较少能在职场上取得较高的工资和管理权力的机会。这就是著名的“福利国家造就的女性升职的玻璃天花板”（welfare state-based glass ceiling）。（Gupta，Smith，Verner，2008）这样看来，“去家庭化”的社会政策在促进性别平等的同时，也在抑制性别平等。

科比（Korpi et al.，2009）使用实证研究方法回应了上述观点。他提出应该对“去家庭化”的社会政策做彻底的反思，每一种与家庭相关的政策都应该从以下两个方面检视：第一，把妇女纳入还是排除出劳动力市场的程度，第二，造成职业妇女不平等的程度。以往在比较不同性别福利体制的性别平等化效果时，学者们较为关注该体制是将妇女纳入还是排除出劳动力市场，比如传统家庭体制把妇女禁锢在家庭之中，实际上是将妇女排除出了劳动力市场，北欧的双照顾者福利体制给家庭提供充足的照顾性服务，实际上是将妇女带入了劳动力市场。科比指出，只从是否把女性纳入劳动力市场这个角度去考察性别平等化效果是不够的，即使家庭政策帮助妇女进入劳动力市场，职业妇女之间还可能产生不平等，因此还需要考察家庭政策有没有造成女性内部的不平等。使用18个工业化国家的就业和工资数据，运用五等分的方法对比“双照顾者模式”（北欧）与市场导向模式（美国等）的女性工资水平，科比并没有发现高组别女性的工资之间存在差异，不同模式中进入五等分的最高组的女性都处在相对较低的水平，瑞典作为“双照顾模式”的代表，在其引入性别平等化政策的30年间，女性内部的工资差异并没有扩大。即，不存在所谓的福利国家造就的女性“职业上升的玻璃天花板”现象。科比捍卫北欧“双照顾者”模式的性别成就，他说：“在大多数的传统家庭政策或市场化的家庭政策国家，妇女更多的从事兼职工作，妇女往往在分娩期间中断就业，妇女在就业上呈现三个阶段的生命周期（Life course）：接受教育后工作数年、退出劳动力市场去照看孩子、在孩子到了入学年龄后以兼职形式重新进入劳动力市场。女性再就业进入劳动力市场时遭遇较多的孩子照顾难题，做母亲甚至对一个女性来说可能是严重的惩罚”，这种现象在北欧的双照顾者模式中是不存在的。

三、市场取向模式：形式化的性别中立

市场取向的国家坚持残补主义原则，照顾责任由家庭和市场之间达成妥协。政府表面上对女性就业采取鼓励态度，例如会出台工作场所禁止性别歧视的诸多法案，但较少出台分担照顾责任的家庭政策。换句话说，市场取向模式的国家由于只把性别平等寄希望于规制性政策，性别平等缺乏实质性的干预策略，最终只会流于形式。

美国是典型的市场取向模式。美国政府坚持自由主义的“中产阶级靠市场，余下之人靠国家”的原则。第一，美国无儿童津贴政策。政府对普通家庭子女的补助以税收减免为主，儿童的日常生活照顾、饮食、健康和发展均由家庭负责，无依靠、残疾、被遗弃、被忽略的可享受政府的补助政策。第二，美国设有产假，

但未设立亲职假期。唯一和育儿假期相关立法是1993年的家庭暨医疗假期法案（Family and Medical Leave Act，简称FMLA）。该法规定，50人以上的私人部门或者公共部门的雇员，生育可以获得12周的无薪休假。第三，美国无公共托育服务。美国虽设有3岁～6岁儿童的学前体系，但设置的初衷是为了儿童“及早教育”而非妇女保护。20世纪60年代，美国流行“及早教育”理论。该理论倡导政府通过给予贫穷小孩适当的早期教育，让他们迎头赶上中产阶级的小孩，可打破贫穷小孩长大后仍然贫穷的恶性循环。“及早教育”的理念在包括中产阶级在内的社会各界广泛的流传，促进了教育取向的全民托育观念得到合法性（俞彦娟，2008）。之后美国联邦政府增加了学前教育预算。相对于“照顾”的托育概念，“及早教育”强调的是包含教育、医疗、心理、营养、社会等元素在内的儿童潜力挖掘。当然，不能抹杀学前教育机构的保育功能，但是学前教育机构对孩子的照顾，肯定不是以父母的工作需求为中心。这导致学前教育机构在弥合家庭和工作之间冲突时作用大打折扣。

市场取向模式中，照顾问题的解决依赖家庭和市场之间的妥协谈判。市场供给的照顾服务的可利用程度取决于家庭收入，收入越高的家庭越有能力购买较好与较多的照顾服务，收入少的家庭难以从市场获得服务。昂贵的照顾服务市场价格倒逼收入较低的女性继续承担较多的家庭事务，这造成两个方面的不良影响：第一，造成照顾的阶层化，收入偏低的家庭无力购买照顾服务，这部分女性照顾责任只能由自己承担，社会整体的“去家庭化”效果较差。（黄志隆，2008，2013a；Leitner，2003；Woods，2006）第二，由于就业女性常较男性负担较多的家务工作，美国职业妇女在家庭生活照顾与工作协调之间所承受压力之大远超过其他工业国家（郑丽娇，2006）。同时，鉴于女性常常在工作和生活冲突之间难以两顾，市场对于女性工作绩效和工作能力的认可比较缓慢，男性和女性的就业工资差距改善有限。

第三节　儿童照顾政策的发展动力

儿童照顾政策的发展动力多元。工业化理论、冲突理论、权利资源理论、女权主义、国家中心理论从不同角度均提出过儿童照顾政策的发展动力。这些理论彼此不能说服，反而被不同的学者融合取用。总结起来，历史上出现的儿童照顾政策变迁的解释因素可以总结为一个二维表格（如表 2–2）。

一、社会层面的解释

（一）人口压力

人口等因素对儿童照顾政策的推动作用。工业化理论把人口看成是与经济条件的转变并列为外生冲击力量，是社会政策发展变化最重要的推动力（Anne Hélène Gauthier，1996； Anne H Gauthier，2002）。该理论的逻辑为：工业化从根本上要求人力资本得到发展，男女性都将花费更长时间的接受教育，婚姻推迟以及生育率下降的趋势不可避免。和工业化伴随的城市化还会历史性地带来了扩大化的亲属关系网络和社区的大范围崩塌，传统的社会支持网络的功能减弱，家庭照顾儿童、残障、疾病和老年人变得十分困难。（Mätzke & Ostner，2010）为了对抗这些社会问题，儿童照顾政策的产生不可避免。

按照工业主义的逻辑，儿童照顾政策化是社会发展的必然结果，不管其处于何种意识形态，选择了何种制度结构，不同国家都会发展出相同的社会政策体系，这显然与事实不符。但学者在研究中发现，人口转变的确是儿童照顾政策的发展的一大诱因。（An，2013； Chin，Lee，Lee，Son，Sung，2012； Henninger et al.，2008； Hübenthal & Ifland，2011； Lundqvist & Roman，2008b； Nill & Shultz，2010）瑞典、德国、南欧国家、韩国、日本均是在面临人口危机的情况下推出了儿童照顾政策。

表 2–2 儿童照顾政策变迁的解释因素

	社会层面的解释	政治层面的解释
物质事实和结构	人口压力 经济变化 利益集团的权力资源（妇女组织） 国际组织	制度压力 妇女运动 “左翼”政党的权力资源以及制度化的影响力 政体结构

续表

	社会层面的解释	政治层面的解释
想法和态度	规范整合的公共舆论 大众态度	认知想法（性别平等） 语言行动

资料来源：Margitta Mätzke and Ilona Ostner. Introduction： change and continuity in recent family policies. Journal of European Social Policy 2010, 20（5）.

人口危机是良好的政治催化剂。因为人口危机是影响一个国家长久发展的根本大计，所以它很容易施压于政治组织并上升为引起广泛的政治议题，立场相左的党派亦能就人口问题达成妥协，进而推动相关政策的快速出台。人口危机能改变市场对于福利的态度，促成包括企业等商业组织在内的社会各界主动放下隔阂，达成广泛联盟。在许多福利国家，企业儿童照顾政策角色都在增长。愿意成为该项政策发展的支持者，甚至还愿意承担了执行者的角色。一项关于日本的研究发现，日本的商业组织出于对劳动力的渴求，主动允许儿童照顾政策的扩张，寄希望该政策能够将妇女从家庭育儿中解放出来，参与劳动力市场，这成为日本儿童照顾政策的发展契机。（Lambert，2004）

一般来说，国家主要使用两个办法来达成缓解人口压力：①直接补偿家庭养育孩子的经济成本，有子女家庭比无子女家庭面临更大的贫困风险，这是一个无须过多论证的事实。通过向家庭做现金转移或者通过减免税收的方式缩小有孩子的家庭和无子女家庭之间的生活水准差距。②设置替代性的托育服务设施，通过有力地减轻有薪工作者（尤其是母亲）工作和家庭的冲突，提高社会生育意愿。（Balbo，Billari，Mills，2013； Björklund，2006； D'Addio & d'Ercole，2005； Duvander & Andersson，2006）即构成儿童照顾政策两大制度工具：收入支持和托育服务。

（二）经济变化

经济变化是工业主义逻辑谈及的另一个因素。儿童照顾政策的发展与20世纪后半期的经济变化密切相关。这里的经济变化有两个方面：一是经济全球化。经济全球化为资本插上了飞翔的翅膀，各国厂商进行全球化布局，资本不断逃往新兴的发展中国家，主要工业国家竞争力下降，就业机会严重不足。为了保持国家的长期竞争力，主要工业国家改换思路保持国家之长期竞争力。二是20世纪70年代的滞涨危机。20世纪70年代的滞涨危机瓦解了福利国家运转的经济基础，福利国家需要通过转型寻找新的发展思路，在新自由主义的紧缩政策失败之后，这种要求就更加迫切。20世纪90年代的新思路是变社会福利国家为社会投资国家，强化人力资本投资、维持积极的劳动力市场政策。（吉登斯，1999：128–129）这里的人力资本投资不仅包括男性劳动力，也包括协助妇女和儿童在内的各种人力资源的成长和发展。（Roehling，Roehling，Moen，2001）考虑到两个因素对儿童早期发展有益：①父母亲自照顾和陪伴孩子的时间，②儿童在正规保育和学龄前教育的入学率。福利国家通过保障父母的育儿时间、举办托育服务、弹性就业等措施，支持儿童早期人力资本的教育和训练。这些举措推动了儿童照顾政策的实践和发展，实现了社会政策从消费主义向生产主义的跨越，将社会政策与经济成本和生产力等因素相互联结起来。（黄志隆，2013b）

工业经济的发展会带来失业、贫困等多种社会问题。抵抗失业、贫困带来的儿童早期发展受阻，是儿童照顾政策得以发展的又一契机。艾斯平·安德森（Esping–Andersen，2002：49）指出，由于当前儿童的人力资本的投资主要由家庭完成，家庭为养育孩子所储备的知识基础、经济能力各有不同，病态家庭、贫困家庭严重影响孩子的智力成长，家长的文化资本赤字是破坏儿童人力资本发展的重要因素。因此，国家应一方面打击儿童期贫困和家庭经济不平等，另一方面应督促父母正确投资孩子的未来。具体地，国家应实行三个方面的政策措施：①为有子女家庭提供收入支持，避免因家庭的经济匮乏对孩童所造成的长期负面影响；②提供公共性质的幼儿教育服务，为儿童智力成长提供经济保障；③设立高品质的早期托幼机构，确保青少年儿童在3岁以下就能接受教育，通过举办早期教育机构，国家能尽量弥补儿童因父母能力和性格、社会偶然不幸因素对其发展的负面影响。

另一位研究贫困问题的著名学者谢若登提出，幼年时期经历的贫穷为成年之后的发展打下烙印，贫穷往往在代际关系之间传递，因此要从根本上阻止贫困的恶性循环，最好办法是在出生之时就为儿童建立预防性的资产，政府通过在生命之初为儿童积累一笔财产，形成对儿童生活机会的干预，帮助贫困家庭的儿童建立稳定的心理预期，保障儿童成年之后的资产支配权利，进而保障儿童在成年后的自由选择与发展机会。政府可以通过建立儿童储蓄账户（Children's Saving Account，CSA）来为儿童积累资产。（Curley & Sherraden，2000；Sherraden，Johnson，Elliott，Porterfield，Rainford，2007）

还有学者发现，照顾服务有利于降低儿童贫困率。当国家给予充足而高质量的照顾服务时，父母参加有薪工作的比例较高，家庭收入更有保障，这可以降低了儿童的贫困率。例如，提供充分儿童照顾的瑞典，从1980年早期到1990年中期，儿童贫困率从5%下降到3%，仅为其他OECD国家儿童贫困率的一半。（Ferrarini & Duvander，2010）托育服务还有利于降低单身母亲的贫困率。单身母亲及其孩子的贫困问题在每个国家都是顽疾，因为有年幼孩子的单亲家庭的高贫困率不仅剥夺了父母潜在的选择，也会影响儿童将来的生命历程。儿童照顾设施能够帮助单身的母亲参加工作，只要能够就业，这些单身母亲就很少能被贫困困扰，进而使得这部分儿童脱离贫困 。（Misra，Moller，Budig，2007）

（三）妇女就业

因教育程度的提高、个体意识的提升，传统从事家庭照顾的女性大量地进入劳动力职场，儿童照顾成为一个新的社会风险。这个新的社会风险迥异于福利国家黄金时期，因而对现行福利体制产生重大冲击。政府如何强化照顾功能已成为近期社会政策的焦点。

基于不同的文化传统，不同政府强化照顾功能采取了不同路径。其一是使用丰厚的儿童（家庭）津贴诱导有工作意向的妇女留在家中，（Nill & Shultz，2010）这是德国等保守主义国家的做法。其二是创设多种形式的儿童照顾和学前教育机构，帮助女性承担照顾责任，并鼓励参与儿童照顾责任，缓解妇女就业和育儿之间的冲突，这是瑞典等社会民主主义国家的做法。在比较研究中显示，欧洲国家维系家庭照顾的做法，前者的负面作用越来越明显。在20世纪70年代中期，家庭（儿童）津贴政策就难以阻挡妇女就业的步伐，高女性劳动参与率带来的是低生育率；到了20世纪90年代中期，变成低女性劳动参与率就伴随着低生育率。（王舒芸，2009，2014）而依赖托育制度的缓解妇女就业和育儿之间冲突的瑞典，将托育设计为积极劳动市场政策的一环，规定只有在父母（或单亲）参与劳动（或就学）的状况下，才可享受公共托育服务。托育制度并不是单纯的福利政策，而是福利政策与积极劳动政策的结合体（刘毓秀，2011）。这样看来，欧洲国家间发展的差异，主要可归纳为两个因素：①制度差异的因素，儿童照顾政策是此现象的关键，若国家能放宽对工作时间的管制，使个人（特别是女性）能在就业与家庭之间能有选择，包括男性承担家务的意愿提升，将有助于妇女在就业和家庭照顾之间的冲突。②政策效果的差异，即政策施行对于生育率或女性劳动参与率的影响不同。近年，欧盟颁布一系列性别歧视治理措施，其中为妇女就业提供最优的育儿支持已经成为主流观念，并推动了儿童照顾政策的发展。

（四）社会认知

社会认知的改变可能是儿童照顾政策改变的重要原因，也可能是其结果。社会对儿童、女性和家庭福祉的观念变化会影响到一个社会儿童照顾政策公众议程能否发起。但我们注意到，社会对母职态度的转变也有可能是政策精英——所谓的“意识形态的社会工程师”推动的产物。（Mätzke & Ostner，2010）以前者来说，20 世纪的确存在对女性来说什么是好的生活、什么是母职，对女性来说母职和就业的关系为何的争论，这些争论在有些国家将妇女带向社会，在有些国家仍把妇女留在家中。而在 20 世纪后半期，在政策精英们的主导下，社会认知一边倒地朝着女性解放的方向迈进，大幅度地带动妇女政策的调整。国别之间的政策变化时间和政策变化方向不同的问题，也可以从中得到解释。（Lundqvist & Roman，2008b）

社会认知改变营造了儿童照顾政策变迁的良好环境。20 世纪后半期，出现许多儿童早期照顾对于儿童发展十分重要的言论。逐渐在各国形成了一个共识，即父母在照顾孩子方面所花费的时间和正式的儿童照顾保育和学前教育机构的入学率。（Kamerman et al.，2003； Heckman and Masterov，2007）在促进儿童发展方面的积极作用。这些言论促使很多国家以此为目标设计家庭政策，支持儿童的早期发展。（Gornick and Meyers，2006）

社会认知的改变也可能源于政策精英有计划的推动。在美国“家庭和医疗假期法案”（Family and Medical Leave Act）的立法过程中显示了多种精英之间的联合。该方案的社会议程是由美国最为著名的一些研究咨询中心——耶鲁大学的布希中心（Bush Center in Child Development and Social Policy at Yale

University）和卡耐基公司发起，这两个组织发表的研究报告引领了当时美国的言论潮流，社会认知朝着为幼儿提供发展空间的方向发展。当时的第一夫人希拉里，积极肯定了国家为幼儿发展提供空间的重要性。紧接着，美国健康与人群服务部、司法部、教育部等内阁阁员、工商、社区民间组织领袖，纷纷建议设置专案基金来发展有品质的儿童照顾设施，鼓励各州的社区组织身体力行地建立儿童照顾设施，民间和政府进行了有效的联合，共同推动了政策的变迁。

（五）国际组织

国际组织的推动也是儿童政策发展的动力之一。20 世纪 90 年代后期，儿童投资理念得到联合国、国际劳工组织和欧盟等国际组织的认可和大力推动，这进一步加速了儿童投资的政策实践。比如，早在 1989 年联合国制定的《儿童权利公约》中，就出现了从社会资本的立场来检视福利国家与儿童的契约关系的言论。儿童从传统被视为“国家未来的主人翁，但目前仍是需要受保护的依赖者”，“渐渐转变成被视为‘准公民’；对于儿童福祉之理念，也从生存权的维护，扩展到人权发展之保障。”（王舒芸，2009）该公约还致力于推动各国政府介入儿童的发展。2002 年，联合国召开“儿童特别会议”更加深入地阐明该观点：“我们不是支出，我们是投资……你们称我们为未来的主人翁，但我们现在就该被视为公民的一分子。”（联合国，2002）2000 年，在里斯本召开的欧洲首脑会议对欧盟会员国儿童照顾政策的发展起到十分重要的推动作用。该次会议欧盟向各国正式倡导向儿童照顾投资的社会政策理念，提出为了在未来使欧盟成为以知识为基础并在世界上最具竞争力和最具活力的经济体，各会员国应投资于人力资本和尽可能地将广阔人口整合进入劳动力市场，未来不应只通过再分配机制提供安全保障，还应转向通过向全体公民投资的方法让劳动力融入市场，这里的全体公民包括了儿童。（European Council，2000）由此，以前被边缘化的儿童社会政策也得以在欧洲迅速扩展。

（六）社会传统

首先，社会传统是影响儿童政策进程的又一强大力量，它能为儿童照顾政策打上深深的烙印。首先，社会传统影响一国对儿童照顾政策工具的偏好。科比（Korpi，2000）提出，欧洲许多国家有所谓的天主教政党或是以宗教团体为基础的政党，这些政党成为政治经济分析中，从左派到右派的光谱之外的另一股保守的政治力量，而这股政治势力对于家庭意识形态的形塑具有重要的影响力。由于天主教对于传统的家庭模式与性别角色分工的坚持，也就是前面所说的家庭主义的意识形态，这些国家在儿童照顾政策上，通常不偏好提供公共托育设施，而喜欢给予“学龄以下儿童的父母的家庭照顾津贴”，该津贴有鲜明的母亲工资意涵，女性的家庭角色得到制度化的强化。

其次，社会传统影响民众对于政策的接受度。作为信奉自由主义的国家，不被奴役、不被政府支配、不被家长主义的价值在美国享有广泛的市场。该国在20世纪60年代发展了针对有子女家庭的比较慷慨的家庭补助法案，20世纪80年代新自由主义席卷美国，社会对自由主义思考的追捧达到新的高度，社会对家庭补助法案造就的“福利母亲”无法容忍，进而开展了大肆批判，使该福利模式最终消失在历史舞台。（郭俊严，2010）类似的案例也发生在日本。日本属于典型的东亚福利体制，福利的残补特征明显。在日式福利社会的遗产或者说剩余福利模式文化的长期影响之下，日本民众认为福利服务应限于那些真正需要的人。2009年，日本民主党政府推出了日本历史上第一个普遍性的儿童津贴，该制度实施仅仅2年后就因民众的激烈反对而遭遇消亡。日本媒体和公众喜欢用“baramaki”来描述儿童津贴制度，“baramaki”的意思是没有适当目标的情况下浪费宝贵的社会资源。（Tokoro，2012）

二、政治层面的解释

政治体制解释将政策变化看成是政治动力的结果，比如负责集体决策（国家行动者）的改变，或者由在任党派和反对党的组成变化带来的机会之窗。这些因素组成了一个更为丰富也更为复杂的理解儿童照顾政策变迁的线索。

（一）政治党派及其联盟

政治党派可能集合了对于儿童照顾政策改革相似立场的行动者，这些绝大多数的立场可能带来影响深远的政策改革。权利资源理论阐述了这样的观点。①儿童照顾政策能否成功发起与国家的政体结构相关。例如，瑞典独特的政体结构允许政治党派联合各类劳动者组织——工会、妇女组织，进而推动社会政策的变化（周玟琪，1996）。②国家的历史传统有利于弥合不同党派之间的政治差别。瑞典在20世纪30年代有关女性权利的认知，在合作主义传统的催化下，使瑞典“左倾”的社民党和右倾的自由党，以及工会联盟，无不关切两性就业平等及家庭中两性关系的平等（刘毓秀，2011）。虽然中右派主张护理津贴，而左派的社会民主党（SAP）、蓝领瑞典工会联合会（LO）和妇女组织坚持提供公共托育服务，最终在LO与社会民主党党（SAP）之间存在紧密合作之下，托育服务打败照顾津贴，获得了一个政策发展的优先权利。（Earles，2011）

妇女所能获得的权利资源是影响儿童照顾政策议程的另一变量。在多数国家，女性主义者多半并未组成新的政党，而是选择从外部或内部不同因素下去影响既存政党的政策。（Korpi，2000）妇女组织所能获得的权力资源，妇女政治参与的政治机会结构就成为影响的妇女组织参与决策过程的关键。（Steinhilber，2004）由于女性议员通常较男性议员对“女性与家庭”议题法案给予较多关注，因此女性议员影响力往往对该国妇女儿童政策起到推动或者滞后作用。倘若能提高女性议员人数比例，那么，女性议题法案可能被列为优先处理法案。比如在瑞典，20世纪60年代以来，女性政治影响力日盛，1976年，在社民党的政策对性别议题屡次搁置的情况下，18位女性议员联合起来，在未知会党中央的状况下，于国会自行提出为期一个月“父亲假”的政策建议。（唐文慧 & 杨佳羚，2006）相较于瑞典与芬兰等欧洲先进国家对育婴休假政策的重视及立法所做的努力，反观同为工业先进国家一员的美国，在育婴休假政策及立法却远不如前者，这种政策差异之因素，与女性国会议员人数比例高低具有有关性。（郑丽娇，2006）

（二）妇女运动的发展

在儿童照顾政策发展方面，妇女运动是一个必须关注的焦点，它们往往扮演重要推手的角色。第一，妇女运动是儿童照顾政策议程的重要发端，政策的公众议程往往由它们发起。瑞典早期的儿童照顾政策发展与妇女运动的推动密切相关。（Duvander，Lappegard，Andersson，2010）1963年开始的第二波妇女运动，对世界范围内的儿童照顾政策议程发展起到推动作用。第二，妇女运动有启迪社会认知之作用，是儿童照顾政策获得社会合法性的重要渠道。仍以第二次妇女运动为例，该次运动提出妇女独自承担育儿责任伤害了母子共同利益，仅强调母亲为唯一的育儿者，实际上是社会在建构一种限制束缚女性的文化。同时，社会文化将育儿建构为母职之后，却不认可母亲这项职业的价值，也不提供任何协助，使女性无法平等受教育、工作和自我发展，导致依赖和附属于男性。这次妇女运动认为“私人的也是政治的”。应基于平等原则，让家务劳动和儿童照顾在国家和家庭、男性和女性之间重新分配。这场妇女运动建构了全世界范围内“照顾责任公共化”的公共意识。不同国家的妇女组织在本国政府推动托育立法、要求公费建立托育中心、补助托育费用，解决贫穷家庭的托育问题，由此推动了儿童照顾政策的整体发展（俞彦娟，2008）。第三，研究还发现，妇女运动对妇女问题的建构，往往决定了公共政策的发展顺序。在福利国家的早期发展阶段，妇女组织强烈支持的母亲工作场所的安全保护和专门针对母亲就业权益的法规，如产假计划，后期才开始注意到家庭、照顾议题对妇女权益的影响。分析瑞典、法国、美国等多国的女性公民权利发展轨迹，发现其顺序是：产假和工作安全、已婚妇女工作权利的保护、单身目前收入支持政策、普遍化的孕产妇保健、基于需要的母亲津贴，政策出台的顺序和妇女运动对妇女权益要求的顺序有惊人的相似性。（Hobson and Lindholm，1997）

第四节　中国儿童照顾的研究及本书的分析框架

一、中国的儿童照顾研究

国内最早以“儿童照顾”概念为题的文章出现在 2007 年。厉育纲（2007）以加拿大安大略省为蓝本，介绍了该省实行的儿童托育、儿童经济安全措施和双亲政策，同时提出了对完善中国儿童照顾政策体系的启示。在此之后，有学者继续对欧美地区的儿童照顾政策进行制度解析介绍，如续文念（2013）等人对英国社区儿童照顾模式的介绍，高翔（2013，2014）对美国的儿童照顾津贴制度、课后托育制度的介绍，张亮（2014）对欧美儿童照顾政策的概述。然而截至目前，这些文章数量仍然十分稀少，以“儿童照顾”为关键词检索，中国知网的文章数量尚不足 10 篇。一般来说，一个研究议题的引入要经历引进、本土化、扎根三个阶段，我国儿童照顾的研究显然处于刚刚引进阶段。

笔者扩大搜寻范围，加入与“儿童照顾”相关的概念术语，如家庭政策、儿童福利进行文献的梳理考察。从检索结果来看，我国家庭政策研究始于20世纪80年代，这一时期就有一些学者介绍南斯拉夫、日本、法国等国的家庭政策，但一年往往只有寥寥几篇，一直持续到2006年家庭政策研究文章数量才开始增长，这一年中国知网上以“家庭政策”为主题的文章达到78篇。此后家庭政策的研究逐渐成为社会政策领域一个新的潮流，近年都有超过百篇的研究成果发表。以“儿童福利”作为关键词搜索，笔者发现研究同样始于20世纪80年代，但仅有寥寥几篇介绍性质的文章。在1990年我国签署联合国的《儿童权利公约》之后，学术界对于儿童福利的关注度有显著提高，1990年家庭政策的研究论文有十几篇之多，到了2001年以后儿童福利研究保持每年百篇以上的规模。

从这些文章的研究内容来看，无论是家庭政策还是儿童福利，当前的研究都还处于外来议题的“引进阶段”，表现在以下两个方面：第一，学者尚在寻求建构研究领域的边界，这主要表现在众多学者对有关概念的内涵和外延的辨析。比如家庭政策的内涵和外延到底该如何界定，学者吕亚军等人介绍了西方的概念起源和范围（吕亚军、刘欣，2009；徐浙宁，2009；祝西冰、陈友华，2013）。儿童福利在我国有多个相近概念同时使用，如儿童福利、儿童发展、儿童权利、儿童保护、儿童保障、儿童救助等概念，这些概念意义交互重叠，十分混乱。成海军等多位学者对这些概念之间的联系与区别做出说明。（成海军，2012；成海军、朱艳敏，2012；刘继同，2008a，2008b，2012a，2012b，2013；陆士桢、常晶晶，2003；吴鹏飞，2015；吴雪，2012；张亮，2014）刘继同（2012b）指出，“中国儿童福利概念界定取向主要表现为儿童福利服务与国家行政管理实践，学术理论研究视角并不占据主导地位，公众个体化理解、联合国机构与国际公约、专业学科视角、模仿照搬西方国家概念、国务院职能部门角度、政府行政管理角度等，多种多样的界定取向并存共生，各种类型界定取向之间既相互分离，又边界模糊不清，儿童福利概念混乱不堪，凸显中国儿童福利制度建设与基础理论研究混沌、混杂和边界不清，缺乏共识的初始状况。”

第二，大部分研究都把重点放在对西方相关研究和政策实践的介绍上，期望通过学习西方经验的学习和借鉴，为中国儿童福利政策框架的设计提供顶层设计。这个方面有代表性的研究包括：张秀云、徐月宾（2003）在介绍西方家庭政策发展趋势的基础之上，提出我国应提高对家庭的支持或投资，首先要将儿童保护和家庭支持一体化。因为保护儿童最有效、最有操作性的办法仍然是支持家庭，其次帮助父母实现工作和家庭的平衡，最后要对于家庭问题的预防和早期干预，维护家庭的完整性和家庭功能的保持。胡湛、彭希哲（2013）提出在人口转变和经济社会变迁的背景下，家庭照顾功能出现弱化，有必要将家庭政策的完善与改革提上议程，中国的家庭政策体系应实现向明确型和发展型转变，应创建专门的家庭政策机构，明确将家庭作为基本的福利对象。刘继同（2012b）呼吁建立中国特色的普惠型儿童福利框架体系，通过对中国与儿童福利相关的多个概念的梳理和辨析，同时参考西方发达国家对儿童福利的理解和认识，刘继同提出了儿童福利概念定义和儿童福利制度框架范围，借此希望形成儿童福利的社会共识，推动儿童福利的发展。

综上所述，儿童照顾在我国是一个鲜有提到的专业术语，儿童照顾政策的研究尚处在边缘地位，已有的学术研究成果比较稀少。与儿童有关的社会政策概念框架主要集中在儿童福利方面，然而儿童福利是一个主要由政府话语引导的概念体系，学界已有的研究主要是在政府提供的概念框架之下的对策性研究，研究主要内容集中在对儿童福利等基本概念与理解、发展理念与原则、资源筹集与分配等方面，行政管理思维严重，缺少社会政策的专业学术审视和权威意见。

本书将从三个方面弥补当前研究的不足：①鉴于国内和国外学界对于中国的儿童照顾政策研究均比较缺乏。本书将通过对中国改革开放前后儿童照顾支持经验的研究，尝试推进儿童照顾理论的发展，以中国经验丰富儿童照顾和福利国家的理论和相关讨论，弥补国际学术界忽视中国或者东亚福利国家经验的不足。②鉴于当前中国学界较少有学者从性别视角探讨中国的社会政策，本书对中国改革开放前后的儿童照顾政策的性别效应做出系统分析，寻找我国儿童照顾政策背后的妇女角色假设及其问题。③中国式儿童照顾政策是转型国家社会政策变迁的典型案例。西方的研究多是观察一个制度自然生长的过程，我国则是一个“从有到无”的制度巨变过程，本书通过对于中国制度变迁的研究，提供一个转型国家社会政策的变迁动力机制的独特案例。

二、本书的分析框架

从上文的分析中我们可以看出，西方学者在做儿童照顾政策的研究时，有两个特征：第一，从照顾的结构和价值两个维度展开分析。结构指的是金钱、假期和服务应如何组合、如何配比，实际上分析的是儿童照顾制度工具的组合方式。价值主要指的是女性从事照顾工作的价值和权利问题，通常谈及的是照顾工作的性别效应及国家如何通过福利政策重塑妇女的权利地位。如前述学者里维斯（1992）、芙瑞泽（1994）、莱特纳（2003）、科比（2000、2009）等，均是对福利国家儿童照顾的制度内容做出考察之后，根据一定指标提出不同的儿童照顾制度特征与体制类型，同时评估不同体制下妇女权益的发展状况。第二，这些研究多采用定量的研究办法，主要为当前福利国家儿童照顾政策的个案或者跨国的横截面研究。本书认为，从照顾的结构和价值两个维度进行儿童照顾政策的分析，框架比较成熟，逻辑比较严密，可为本书借用。但是，本书考察新中国成立以后我国儿童照顾制度的演进过程，涉及长达60年的制度历史分析，使用定量分析的方法明显无法对儿童照顾政策的历史演进过程做出整体性描述。本书使用话语分析取代定量研究，以全面解读我国新中国成立以后儿童照顾政策结构的演进。这样一来，制度、话语和性别构成本书的分析框架。

制度内容分析是蒂特马斯（Titmuss）研究福利国家模式确立的研究范式。蒂特马斯促使福利国家的研究跳出了福利支出的黑箱，转而关注福利国家的制度内容，如“是选择性的还是普救式的福利计划、资格条件、给付的性质和服务的质量，以及该国的公民权利的扩张在多大程度上包含了就业和工作生活的权利”。（郑秉文，2003：348）后来，在艾斯平·安德森（1990）的笔下，福利国家制度内容的分析焦点延伸到政府、市场和家庭的关系之中，即所谓的“福利体制”。艾斯平·安德森指出，福利体制并非局限于政府的公共福利，更不可限于单一、特定的福利政策与方案，而是包括政府、市场与家庭的总体福利生产。（Esping-Andersen，1999：73–75）既代表一种国家福利政策与方案的模式，又包括国家、市场及家庭间在福利提供上的责任与分工，还涉及到个人或家庭的生活水平和制度是如何形成社会中的不平等、利益及权力状态，且又回馈到福利制度之中，造成何种影响。前二种要素可以等同于福利组合，进而可以简化为“福利体制 = 福利组合 + 福利结果 + 阶层效果”。（Gough，

2000）儿童照顾政策代表着国家使用集体制度将儿童的照顾责任“去家庭化”，国家或采取公共化、市场化的策略，无论哪种策略，都是将照顾责任从家庭私领域转出，使国家、市场成为照顾责任新的承接者。由此，对儿童照顾的制度内容分析最终落根于分析照顾责任在国家、市场和家庭之间责任分配。本书的制度分析就使用该框架。

性别分析是儿童照顾政策研究的固有内容。这与照顾本身所具有的女性特质相关。（Daly & Lewis，2000）女性主义者认为，照顾作为一种劳动付出，长期由女性负责，因其发生在不被计酬的家庭之内，具有一定的特殊性，其价值常常被忽略，反被看成是妇女应尽责任义务。实际上，照顾不仅是义务责任，同样涉及权利问题。在现代福利国家，女权主义者强调照顾作为一种特殊的劳动的价值应得到尊重，照顾者的权利和义务应分别都做出讨论，而不应只关注其义务。在更进一步，随着女性参与劳动力市场比例日益提高，福利国家开始关注照顾责任在男性和女性之间的重新分配和性别角色本质上的重新解构，新的性别角色趋势是男性和女性可以共担家计，也可以共担照顾责任。基于这样的逻辑，在儿童照顾政策的分析中，学者们使用女性公民资格、照顾责任的公私转移、男性的家庭化与性别角色再造来分析不同国家儿童照顾政策对于性别角色的塑造。这亦构成本书性别分析的框架内容。

性别视角的引入对于我国社会政策的研究意义重大。新中国成立初期中国社会政策体系的建立，以及改革开放以来社会政策的改革与调整，国内外文献主要从政经视角对此有过清晰的解释，比如林毅夫、吴敬琏、宋晓梧、郑功成、袁志刚等。然而，不可否认的是，这些研究均未涉及性别观点，忽略了对社会主义中国女性的特殊社会处境与生命历程的关注。基于这个现状，笔者深觉考察儿童照顾议题时引入性别视角的重要性，希望以此研究抛砖引玉，推动中国社会政策研究的性别维度的发展。

话语分析是20世纪70年代国际学术界反思定量研究缺陷时发展出的一种新的方法，它可弥补定量方法在分析政策变迁过程中的不足。话语分析认为，政策是通过话语生产出来的社会建构，它通过话语的基本构成要素的关注和分析，如话语主体、话语背景、修辞手法、话语目的，了解政策决策过程中的权力主体之间政治与社会关系，以及话语对政策决策及未来走势的影响。话语分析提供了在全面观察政策决策过程中的各种论述的机会，它倾向于把政策决策过程看成是一个社会事件，而不是一个政府单一行为，它能让我们更为全面地观察到一个政策的来龙去脉。

制度、话语和性别三维分析框架，可以使本书取长补短，既借用了西方学界“制度内容 + 性别效应”流行的成熟的儿童照顾政策分析框架，也用话语分析的方法避免了定量等实证主义方法在研究政策变迁过程时的不足，它能帮助本书从不同的侧面揭示中国儿童照顾政策之特征，从而能更好地解释中国儿童照顾政策的演进过程。

第三章　中国的儿童照顾制度的发展历程

新中国成立以后，我国建立了国家保障制度，并设置了专门的社会保障管理机构，但并没有单独的儿童福利政策出台。在20世纪80—90年代的社会保障的改革大潮中，我国政府仍未将儿童作为保护对象单独规划。历史上，我国与儿童照顾相关的社会政策总是以附带的形式出现，零星地散落在生育保险、女工劳动保护、幼儿教育、卫生健康等政策之中。综合起来，我国的儿童照顾只有育儿假期和托育服务两个方面，儿童的收入支持政策从未进入政府视野。本章着重介绍中国的育儿假期制度和托育服务制度的发展历程。

第一节　我国育儿假期制度的发展与变迁

西方国家的育儿假期类型多样，一般设有产假、陪产假、亲职假以及各种临时性的照顾假。中国的育儿假期类型比较单一，以产假为主，辅之以非普及型的计划生育奖励假期和哺乳时间、调整工时制度。

一、我国产假制度的历史变迁

新中国成立以后，为了鼓励妇女外出工作，我国迅速建立起产假制度。新中国成立70多年，我国产假制度虽然有过曲折停滞，但是政策并无中断，始终处于发展之中。根据我国产假及其津贴制度的变更，我国的产假制度可以划分为以下几个阶段。

（一）1951—1988年：“单位制”下的产假制度

1. 产假时间

我国第一部对产假做出规定的是1951年的《中华人民共和国劳动保险条例（草案）》（1951年2月23日政务院第73次政务会议通过），后在1953年修订为《中华人民共和国劳动保险条例（修正草案）》（政务院【53】政财申字11号命令），规定是“女工人与女职员生育，产前产后共给假56日，产假期间，工资照发”。“女工人与女职员小产，怀孕在3个月以内者，给假15日；在3个月以上不满7个月者，给假30日”。这里的“女工人与女职员”包括女性临时工、季节工及试用工。1955年4月26日颁布的《国务院关于女工作人员生产假期的通知》，赋予了“机关女工作人员”相同的产假权利。该产假规定一直延续到1988年。

2. 产假待遇

关于女职工产假期间的待遇，1951年《中华人民共和国劳动保险条例（草案）》中有明确规定，“女职工和女工人在生育期间，虽然离开工作岗位，但工资照发”。除此之外，女职工和女工人生育应当给予生育补助和生育医疗服务补助。其中规定生育补助有“女工人与女职员或男工人与男职员的配偶生育时，由劳动保险基金项下付给生育补助费，其数额为5市尺红布，按当地零售价付给”；多生子女补助费加倍。后1953年修订草案中将生育补助货币化，规定：“女工人或女职员或男工人与男职员的配偶生育时，由劳动保险基金项下付给生育补助费4元，如系双生或者多生，其生育补助费应按其所生子女人数，每人发给8元”。此外，劳动保险基金对经济困难者的婴儿给予伙食费补助。

表3-1 新中国成立以后我国有关产假及津贴的法律法规

颁布时间	法规	颁布部门
1951年2月23日（1953年1月2日修订）	《中华人民共和国劳动保险条例》	政务院
1955年4月26日	《关于女工作人员生产假期的通知》	国务院
1986年5月30日	《女职工保健工作暂行规定（试行草案）》	卫计委
1988年7月21日	《女职工劳动保护规定》	国务院
1994年12月14日	《企业职工生育保险试行办法》	劳动和社会保障部
2010年10月28日	《中华人民共和国社会保险法》	国务院
2012年4月28日	《女职工劳动保护特别规定》	国务院

资料来源：作者自行整理。

生育期间可以享受医疗服务补助。1953年《中华人民共和国劳动保险条例（修正草案）》规定：“女工人与女职员怀孕，在该企业医疗所、医院或特约医院检查或分娩时，其检查费与接生费由企业行政方面或资方负担”。“女性临时工、季节工及试用工的生育保险，怀孕及生育的女工人、女职员，其怀孕检查费、接生费、生育补助费及生育假期与一般女工人、女职员相同；产假期间由企业行政方面或资方发给产假工资，其数额为本人工资的60%。”

女职工生育期间的费用，全部由企业行政或者资方负担，个人不缴纳任何费用。1951年《中华人民共和国劳动保险条例（草案）》规定，女职工生育期间，工资照发，工资发放自然是企业的责任。而“女工人与女职员怀孕，在该企业医疗所、医院或特约医院检查或分娩时，其检查费与接生费由企业行政方面或资方负担，”“女工人与女职员或男工人与男职员的配偶生育时，由劳动保险基金项下发给生育补助费四元”，而劳动保险基金是由企业缴纳。这表明，在我国的计划经济时期，产假及其补贴制度是属于社会主义特色的“高福利”中的一部分。

（二）1988年至今：市场经济下的产假制度

1. 产假时间延长

1979年我国重新起草《女职工的劳动保护规定》，在向各地调研和征求意见时，女职工普遍反映产假假期偏短。56天的产假，一是不能让产妇的身体完全恢复健康，二是孩子还太小母亲就要离开参加工作，对孩子的健康不利。有关医学专家也认为56天的产假不能满足母亲康复的需要（蒋健 & 梁小珍，1988）。国际上，1952年国际劳工组织《保护生育公约》（第103号公约）将产假时间规定为12周（84天），远超过我国的产假时长。综上因素，1988年7月21日颁布的《女职工劳动保护规定》将我国的产假时间延长，其中规定“女职工产假为90天，其中产前休假15天。难产的，增加产假15天。多胞胎生育的，每多生育一个婴儿，增加产假15天。女职工怀孕流产的，其所在单位应当根据医务部门的证明，给予一定时间的产假。”

2012年，我国重新颁布的《女职工劳动保护特别规定（草案）》再次延长了产假。该法案第七条规定，“女职工生育享受98天产假，其中产前可以休假15天；难产的，增加产假15天；生育多胞胎的，每多生育1个婴儿，增加产假15天”。与之前的规定相比，2012年规定的新变化有：第一，符合了国际劳工组织2000年《保护生育公约（修订）》（第183号公约）98天（14周）的规定，女职工产假由原来的90天增至98天，我国的产假标准与世界接轨。

第二，保障范围扩大到“个体经济组织及其女职工”，保障人群规模增长。

2. 产假待遇社会化

表 3–2 中国不同年代的育儿休假时间规定

年份	法规	产假相关规定				育儿假相关规定	
		产假	流产假	资格规定	陪产假	哺乳时间	调整工时
1951	中华人民共和国劳动保险条例	56 天	怀孕 3 个月以内者，给假 15 日；怀孕 3~7 个月者，给假 30 日	女工人与女职员”，包括女性临时工、季节工及试用工	始于 1980 年各省《计划生育条例》，3~30 天（详见表 3–3）	每次 20 分钟	实行怀孕女工工间休息制度和有婴儿的女工在工作时间哺乳制度
1988	女职工劳动保护规定	90 天，其中产前 15 天	怀孕流产者，应根据医务部门证明给予一定的产假	女职工	同上	有不满一周岁婴儿者，每班劳动时间内 2 次喂养，每次 30 分钟	不得延长劳动时间；怀孕 7 月以上者，不得从事夜班劳动；劳动时间内应安排休息时间
2012	女职工劳动保护特别规定（草案）	98 天，其中产前 15 天	怀孕未满 4 月流产的，享受 15 天产假；怀孕满 4 月流产的，享受 42 天产假	女职工，包括个体经济组织及其女职工	同上	每天劳动时间内安排 1 小时哺乳时间	怀孕 7 月以上者，不得延长劳动时间或安排夜间劳动；劳动时间内应安排休息时间

资料来源：作者自行整理。

1986 年，我国开始推行国有企业改革。根据政企分开的原则，企业是一个独立的经营主体，这时由企业各自负责员工的社会保险责任已经显得不合时宜。尤其是对生育保险来说，企业各自负责生育成本容易导致“性别亏损”，雇佣女工越多的企业（如纺织企业），生育成本越高，雇佣女工越少的企业（如煤矿企业），几乎不用承担该项责任。为了不让招收女工多的企业在竞争中面临劣势，将生育保险从企业剥离，将“企业生育保险”变为“社会生育保险”成为一种必然趋势。但对于到底如何改革，当时并没有统一而成熟的意见。因此，1988 年《女职工劳动保护规定》只延长了产假，女职工生育期间的待遇保持不变。原因是此时各地的生育保险改革尚在实验期，国家层面的生育保险制度并未发生改变，因此女职工生育期间的待遇仍然依照就制度执行。

1994年12月劳动部颁布《企业职工生育保险试行办法》，规定生育保险基金支付项目两个：一是生育津贴，二是与生育有关的医护费用。该法实施以后，我国女职工的生育医护费用由企业行政或资方负担变成了由生育保险负担，虽然生育保险金的来源仍是企业缴费，但生育保险具有社会统筹、均衡风险的特征，女职工较多的单位的生育风险得以在全社会分担。

2010年我国颁布《中华人民共和国社会保险法》，该法有关生育保险待遇的规定基本延续了前述的1995年《企业职工生育保险试行办法》。不同的是，在《社会保险法》的医疗待遇规定中增加了计划生育手术的医疗费，在有关休假待遇的规定中增加了计划生育手术休假的待遇规定。其第五十五条说明："生育医疗费用包括下列各项：（一）生育的医疗费用；（二）计划生育的医疗费用；（三）法律、法规规定的其他项目费用。"第五十六条说明："职工有下列情形之一的，可以按照国家规定享受生育津贴：（一）女职工生育享受产假；（二）享受计划生育手术休假；（三）法律、法规规定的其他情形。生育津贴按照职工所在用人单位上年度职工月平均工资计发。"

二、我国的计划生育奖励假期

将人口政策与生育保险（津贴）相联系是世界许多国家的通用做法。不同的是，主要发达国家在20世纪后半期面临的是少子化问题，如何提高生育率进而增加劳动人口是国家政策之所向，因此在大多数的发达国家的生育保险（津贴）中，均设立了旨在鼓励生育的条款，如德国规定从第三个孩子起增加津贴数额。中国的情况完全不同，我国自20世纪60年代就面临着人口过度增长的压力，20世纪80年代初期，旨在控制人口增长的计划生育成为我国的基本国策，这导致中国的生育政策的奖励方向是节制生育，为该省符合晚婚、晚育和独生子女奖励扶助政策的人口支付奖励资金。

（一）晚育假期和独生子女奖励假期

晚育假期是我国为了鼓励推迟生育年龄而设立的一种奖励制度，由各省计划生育条例规定。1980年开始，我国各省纷纷颁布计划生育条例。最早设立的是1980年2月2日广东省发布的《广东省计划生育条例》规定：办理"独生子女优待证”者，母亲产后可享受3个月的产假待遇（当时国家规定的产假是56天）。1986年在修订《广东省计划生育条例》时，该奖励政策改为：凡是实行晚育者可增加产假15天；凡领取《独生子女优待证者》产妇，除享受国家规定的产假外，增加35天的产假。该政策出台后，其他各省纷纷仿效，除了西藏以外，各省均设置计划生育奖励假期（见表3–3）。

2001年《中华人民共和国人口与计划生育法》（2001年12月29日第九届全国人民代表大会常务委员会第二十五次会议通过），对独生子女奖励产假和晚育奖励产假给予了确认。该法规定，“国家对实行计划生育的夫妻给予奖励。公民晚婚、晚育，可以获得延长婚假、生育假的奖励或者其他福利待遇；“获得《独生子女父母光荣证》的夫妻，按照国家和省、自治区、直辖市有关规定享受独生子女父母奖励；地方各级人民政府对农村实行计划生育的家庭发展经济，给予资金、技术、培训等方面的支持、优惠；对实行计划生育的贫困家庭，在扶贫贷款、以工代赈、扶贫项目和社会救济等方面给予优先照顾。”该法律从国家层面上确认了计划生育奖励假期的正当性。

表3–3 我国各省晚育奖励产假和陪产假

省份	晚育年龄（岁）	晚育奖励产假（天）	陪产假（天）	备注
河南	24	90	30	—
广东	24	15	10	领《独生子女证》者增加35天
北京	24	30	—	晚育奖励可由男方享受
重庆	24	20	7	晚育并只育一孩者，经单位批准，产假可连续休假至子女1周岁止，计发75%工资
山东	24	60	7	—
上海	24	30	3	—
深圳	23	30	10	第一胎为双胎男方没有护理假
河北	24	45	10	—
江苏	24	30	10	—
湖南	24	30	15	24周岁并领《独生子女证》者才可享受假期
陕西	24	30	15	—
山西	24	30	15	—

续表

省份	晚育年龄（岁）	晚育奖励产假（天）	陪产假（天）	备注
辽宁	24	60	15	4 周岁并领《独生子女证》者才可享受假期
湖北	24	30	10	—
安徽	24	30	10	异地夫妻为 20 天
四川	24	20	15	—
江西	24	30	10	—
内蒙古	—	—	—	无相关规定
吉林	—	—	—	无相关规定

资料来源：作者自行整理。

（二）男性陪产假

陪产假指的是丈夫在妻子在享受产假期间，丈夫享有一定时间看护、照料对方的权利。我国劳动相关法律法规并未对男性陪产假做出明确的规定，该做法同样要参看各省的《人口与计划生育管理条例》。有的省份陪产假长达 30 天，有的省份仅为 3 天，多数省份的中规定的陪产假是 7 天。比如 2014 年广东省《人口与计划生育条例》规定："领取《独生子女证》者……男方享受 10 日的看护假。看护假期间工资照发，不影响福利待遇和全勤评奖"。河南省《人口与计划生育条例规定》（2014 年修订）规定："国家机关、社会团体、企业事业单位职工，实行晚婚的，除国家规定的婚假外，增加婚假 18 天；实行晚育的，除国家规定的产假外，增加产假 3 个月，给予其配偶护理假 1 个月；婚假、产假、护理假期间视为出勤"。

中国的计划生育奖励假期从享有条件来看，立法的初衷主要是调动公民计划生育的积极性。从其对象来看，只是针对晚育和只生一胎的公民，不是普适性的。但由于在城市，我国的独生子女政策执行非常严格，一孩政策得到很好的贯彻，因此享有独生子女奖励假期的城市家庭比例非常高，相当多的城市女性享有了计划生育延长产假，男性享有了陪产假，这客观上提升了我国公民可以获得的照顾时间。同时，由于计划生育条例还对我国的男性陪产假做出规定，这为男性提供照顾服务开辟了时间，在某种程度，它改变女性育儿、男性养家的社会观念。本书认为，由于计划生育政策确实延长了产假，有利于母婴的身体健康，也向社会倡导了男性育儿责任，因此，计划生育政策应该属于中国生育保障制度的一部分。

三、我国哺乳时间和调整工时规定之变迁

哺乳时间，指的为妇女产后（通常为 1 年）开辟的婴儿母乳喂养时间，目标是坚持母乳喂养，保护母婴权益，保障母婴身体健康。调整工时，指的是女性孕期和产期不做夜班、不加班的制度。我国的这两项制度均由《女职工劳动保护条例》规定。根据制度的形成时间，本书将该制度划分为两个阶段——1988 年以前的地方零星实践阶段和 1988 年以后的制度化阶段。

（一）1988 年以前：地方零星实践时期

我国女性的四期保护——经期、孕期、产期、哺乳期保护由专门的《女职工劳动保护规定》规定。该法规的起草始于新中国成立之初，但该法迟迟不能获得通过，导致哺乳时间和调整工时只在部分地方实践，并未在全国铺开。

从 1950 年至 1988 年，我国多次修订女工保护条例。期间草拟成文并提交立法机构讨论的有：1950 年的《保护女工暂行条例（草案）》，1956 年的《中华人民共和国女工保护条例（草案）》及其附件《中华人民共和国女工保护条例说明》，1965 年的《中华人民共和国女工保护条例（草案）》等，这些法案中均有关于哺乳时间和调整工时之规定。比如 1956 年的草案规定，禁止怀孕女工和哺乳未满六个月婴儿的女工在法定节假日工作或在正常工作日延长工作时间；怀孕七个月和在哺乳未满六个月婴儿者，不得从事夜班工作。哺乳婴儿未满十二个月的女工，可以在工作时间内哺乳一次或两次，每次时间为二十分钟，哺乳时间以工作时间论。

虽然女工保护条例的法令不能通过，但是劳动部为了完成女工劳动保护条例的起草工作，一是不断与地方政府、其他行政部门交换意见，二是劳动部在一些大城市进行政策实验，收集数据。1960 年，中共中央批转《关于女工劳动保护工作的报告》，对各地女工劳动保护工作提出批评，要求大力加强该项工作。中央的导向对地方政府的女工保护工作有很大影响，一些地方政府制定了本地的女工劳动保护条例。

北京、上海等城市依据 1950 年草案，在纺织等女工较多的行业开展了女工

劳动保护。北京的女工保护工作重点包括：①经期保护：提供消毒月经纸、建立经期卡片；创建女职工卫生室、哺乳室。“为了改进女工在月经期间的卫生状况，北京市制药厂、北京市火柴厂等 19 个女工特别多的工厂企业，1954 年一年内建立了 23 个卫生室。卫生室有专人负责管理，室内设有休息床位和椅子以及一些冲洗护理设备”。（孟丽媛，2012）②孕期、哺乳期女工的工作和生活照顾。女工怀孕后不做搬纱工、挡车、检修机器、摇车等重体力工作，给予孕妇工间休息时间，缩短孕妇工作时间，不上夜班等。（孟丽媛，2012）“1952 年，劳动部、纺织工业部、华东纺织管理局和上海纺织工会联合在上海第九棉纺织厂细纱车间，针对有婴儿的女工在工作时间哺乳和怀孕 7 个月以上的女工工间休息及不做夜班的问题进行试点和调研，测算了需要增加代替工的人数，取得比较可行的经验”。（徐川府，2007）1953 年，上海市将国棉一厂和国棉七厂的女工保护工作的经验推广到上海市的纺织工厂。（上海妇联，2000）“到 1954 年，华东纺织管理局所属企业，已经全面实行怀孕女工工间休息制度和有婴儿的女工在工作时间哺乳制度，许多工厂建立了哺乳室、托儿所、女工卫生室、淋浴室、孕妇食堂等”。（徐川府，2007）

天津市、呼和浩特市、山东省等地颁布了保护女工的法律法规，积极开展了女工的劳动保护工作。以天津市为例，1953 年 7 月该市劳动局拟定了《天津市保护女工暂行条例（草案）》，积极采取了发放月经纸、红糖，调动工作，不上夜班，缩短工作时间、给予假期等办法为女工提供了保护服务。“据 1956 年天津市工会劳保部、女工部对上海国棉六厂、橡胶一厂、染化一厂、石棉厂、动力机厂等 6 个工厂的调查，女工一般的劳动保护问题都已经解决了”。（梁丽辉，2012）

总体来说，我国地方政府在 20 世纪 50 年代已经在女工保护的制度建设上有一定的成绩，不少地方建立了女工四期保护的政策框架。但由于无法可依，各地方政府对女工保护的重视程度差别较大，一些地方政府虽然出台本地法规，但法规内容参差不齐，实际效用难免大打折扣。在“大跃进”和“文化大革命”时期，一味追求生产数量而出现了不少不尊重妇女生理特点的事件，女工劳动保护状况十分糟糕。

（二）1988年后：哺乳时间和调整工时的制度化阶段

1988年7月21日，历经38年20多次修改，国务院最终颁布了《女职工劳动保护规定》（1988年国务院令第9号），我国第一部女工劳动保护法规正式出台。该法首次明确规定了女性在孕期、产期、哺乳期间的各项权利，①有关哺乳时间的规定有："有不满一周岁婴儿的女职工，其所在单位应当在每班劳动时间内给予其两次哺乳（含人工喂养）时间，每次三十分钟。多胞胎生育的，每多哺乳一个婴儿，每次哺乳时间增加三十分钟。女职工每班劳动时间内的两次哺乳时间，可以合并使用。哺乳时间和在本单位内哺乳往返途中的时间，算作劳动时间。"②有关调整工时的规定有："女职工在怀孕期间，所在单位不得安排其从事国家规定的第三级体力劳动强度的劳动和孕期禁忌从事的劳动，不得在正常劳动日以外延长劳动时间；对不能胜任原劳动的，应当根据医务部门的证明，予以减轻劳动量或者安排其他劳动。怀孕七个月以上（含七个月）的女职工，一般不得安排其从事夜班劳动；在劳动时间内应当安排一定的休息时间。""女职工在哺乳期内，所在单位不得安排其从事国家规定的第三级体力劳动强度和哺乳期禁忌从事的劳动，不得延长其劳动时间，一般不得安排其从事夜班劳动。"

然而，由于该法的制定跨越了整个计划经济时期，不免打上了计划经济时期的时代烙印。比如"30分钟喂奶时间"，在1988年单位制刚刚开始改革的年代，职工的住房仍由单位分配，"工作—生活"一体化的居住模式尚未转变，职工利用"30分钟"的时间可以回到家中给孩子喂奶；即使住房和单位相隔较远，这个时期单位的托儿所收托4个月以上的婴幼儿，母亲仍可以在这30分钟的时间内完成喂奶工。然而，随着单位制改革的推进，住房逐渐市场化，住房和单位地域逐渐分割，居住和工作在物理空间上彻底分离，使得"30分钟喂奶时间"名存实亡。

2012年4月颁布的《女职工劳动保护特别规定》对女职工的哺乳时间做出修正："对哺乳未满1周岁婴儿的女职工，用人单位不得延长劳动时间或者安排夜班劳动。用人单位应当在每天的劳动时间内为哺乳期女职工安排1小时哺乳时间；女职工生育多胞胎的，每多哺乳1个婴儿每天增加1小时哺乳时间。"然而，有关哺乳时间的规定仍然执行困难。2014年，根据浙江省湖州市妇联的调查显示，有 83.3% 的企业落实了女职工在孕、产、哺乳期不得解除劳动合同的法律规定；96.7% 的企业给予生育女职工 98 天产假待遇；有 93.3% 的企业给予哺乳（含人工喂养）不满 1 周岁婴儿的女职工享有每天 1 小时的哺乳时间（孙晓岚，2013）。但该法执行起来十分困难，目前普遍采用变通方式执行，如给职工晚上班 1 小时、早下班 1 小时、把哺乳时间累计折算成休假等方式执行，这些方式完全不能满足女员工的哺乳需求，许多哺乳期妇女成为“背奶妈妈”，也有许多家庭不得不提早给孩子喂奶粉。

第二节　我国托育服务的发展与变迁

我国的儿童托育政策的发展曲折跌宕。根据制度建设、管理运作、举办运作和数量发展状况，我国的托育服务的划分为四个阶段——托育服务的黄金发展期、托育服务的停滞后退期、托育服务的矛盾发展期和托育服务的市场化时期。整体来说，托育服务的国家角色不断淡化，经历了一个从有到无的过程。

一、1949—1966：托育服务的黄金发展期

新中国成立以后，中国共产党积极推行男女平等，妇女就业成为妇女运动的第一要务。倘若妇女参加生产劳动，儿童照顾就成为一个必须要解决的问题。中国共产党遵循马克思主义的信条，认为妇女解放就是要把妇女从锅前灶台解放出来，从照顾孩子老人的繁重家务中解放出来，让妇女毫无后顾之忧地参加社会劳动。换句话说，托育服务成为一个政治层面的要求。在这样的背景之下，托育服务飞快发展起来。

（一）托育服务的制度创建

在 1951 年的《中华人民共和国劳动保险条例（草案）》中，有举办托儿所和办幼儿园的详细规定：“各企业的女工人与女职员，有 2 周岁以内的子女在 20 人以上，经企业行政方面或资方与工会基层委员会双方协商，有必要和可能时，须设立托儿所。其房屋设备、工作人员工资及一切经常费用完全由企业行政方面或资方负担；托儿饮食费由托儿父母负担，其中特别困难者得由劳动保险基金项下予以补助，但每人不得超过托儿饮食费的四分之一。”1953 年，《中华人民共和国劳动保险条例实施细则修正草案》要求有 4 周岁以内子女 20 人以

上的企业设立托儿所，这意味着托儿所的设立条件降低；要求企业提高托儿饮食补助水平，企业补助水平从托儿饮食费的四分之一改成了三分之一。这样一来，稍具规模的企业就符合举办条件，随之举办托儿所的企业数量激增。

国家要求企业设立福利基金，支持包括托儿所、幼儿园在内的集体福利事业的发展。1953 年，政务院财政经济委员会规定，国有企业可提取一定比例的附加工资，其中按“工资总额 2.5% 提取福利基金，用于一切有关福利方面的经常补助和浴室、理发室、洗衣房、哺乳室、托儿所、食堂的开支除去收入的差额。同年 11 月，政务院财经委员会在企业奖励基金办法中规定奖励基金的一部分可以用于改善职工物质生活与文化生活的各种福利设施和集体福利事业。同时，国家规定私营企业的盈利部分按四方面分配，即‘四马分肥’，其中，以盈利的 5%~15% 用于举办职工集体福利事业和奖励先进职工”。（严忠勤，1987）

1955 年国务院发布《关于工矿企业、企业自办中小学和幼儿园的规定》，认为仅由教育部门统一设置中小学、幼儿园满足不了广大职工子女上学的需要，各工矿企业应该自主解决本单位职工子女的上学要求，可采用单独或者联合的方式举办中小学，并负责解决各种设备及日常开支所需的一切经费。学费统一列入“营业外”开支，编入财务计划。1956 年教育部、卫计委、内务部在《关于托儿所幼儿园几个问题的联合通知》中规定，城市中托幼机构应由厂矿、机关、团体、部队、学校、群众举办；农村中则提倡农业生产合作社举办。托幼机构的日常工作经费、聘用人员费用、房屋、教学设备和日常行政事宜，均由企业各自负责。从这个时候起，托儿所和幼儿园才成为企业集体福利事业的一部分。

（二）托育服务的主管部门

新中国成立之初，托育服务究竟由谁负责并不明确。1950 年 9 月工会发布《中华全国总工会关于加强工会女工工作的决定》，成立了女工部。女工部的任务之一就是“协助行政方面或资方举办托儿所，经常指导与监督其工作。帮助、教育保育员，召开妈妈会议，听取母亲对托儿所的反应和建议及时改进其工作”（中华全国总工会书记处办公室，1955）。妇联的职责是“配合工会和各种生产机关，教育组织妇女参加生产，提高生产积极性，围绕生产方针，进行文化教育、儿童保育、妇婴卫生及协助有关方面贯彻劳保条例等具体工作，解除妇女在生产中所遇到的困难。”。（邓颖超，1950：47）1951 年《劳动保险条例》

要求企业举办幼儿园。1952年，教育部颁布的《幼儿园暂行规程（草案）》，对幼儿园的宗旨、目标、教育任务做了明确规定。在各地儿童保育工作的实践中，逐渐建立起由工会女工部、妇联妇女儿童福利部、民政局保育科、卫生局、工厂行政（如纺管局劳动处）等多部门密切配合、分工合作的领导机制。

1956年，卫计委和教育部联合颁布《关于托儿所、幼儿园联合通知》，其中规定“托儿所和幼儿园应依儿童的年龄来划分，即收3周岁以下的儿童者为托儿所，收3周岁～6周岁儿童者为幼儿园”。该通知要求尚有不按照年龄标准划分的托儿所和幼儿园应予以调整，“招收3周岁～6周岁而叫作托儿所、保育院者（包括厂矿、机关、部队、学校、团体、群众、私人自办者在内）应即改称幼儿园，加强对幼儿的教育”“混合受托初生到6周岁的儿童的托儿所、托儿站，如果年龄在3周岁以上者多，则改称幼儿园，附设托儿班”。托儿所由卫生行政部门领导；幼儿园由教育行政部门领导。至此开始了长达30年的卫计委和教育部共领托幼事业的体制。而工会女工部和全国妇联作为协管部门继续督促和监督职责。

（三）托育服务的举办运作

这一时期，在《中华人民共和国劳动保险条例》的要求下，企业无疑是最重要的托育服务举办机构，但除此之外，鉴于国家财力状况较弱，托育机构还依赖于群众的积极性。政府按照“因地制宜、因陋就简、依靠群众力量”的原则，鼓励群众性的简便的托幼机构，正规的托幼机构应量力举办，不机械要求高级形式和正规化。这个举办方针的定调于1950年邓颖超的讲话：“在女职工较多的工业城市，首先要整顿或增设工厂的保育机构和幼稚园……首先，提倡各有关工厂、矿区、机关、学校行政方面，工会及父母们协力包办。其次，要提倡社会热心儿童事业，公益事业的人士，出钱、出力、出技术、出主意，兴办各种保育机构。对于私人举办的保育事业，应作可能的扶助，使之逐渐发展，不应兼并排挤。”（邓颖超，1950）

房舍要借用，一般设备要依靠开办机关负责支持或发动社会力量协助（依靠机关帮助而不是向群众募集）并须尽力简化，关于一些简单的修理，如刷墙即小孩床凳，小型玩具等可由省级发给一部分开支，但需先报预算核批。小孩费用之被服、日用品、食费、医药费用均由其父母负责供给。保育院等工薪由省拨给。标准，平均每两个半小孩，一个保育员，七个小孩一个干杂人员。工资可以按照工资标准评定之。省级开支经费只限于省财政系统开支范围的，如县府、公安、税务、县委、机关、学校等。其他如贸易、银行、工厂等，属于国家或其他部门开支者，其一切设备与经费则自行解决。（于毅夫、杨英杰、王梓木，1951）

根据这一论调，各地纷纷大胆探索，充分发挥、调动各单位及人民群众的积极性，采用多种适合本地状况的方式举办托育机构，一时之间托幼机构的发展可以说是百花齐放，政府投资兴办、集体及个人投资兴办的托幼园数量稳步增长。城市的托儿所的形式主要有以下几种：

1. 比较正规的托儿所。特点是具有一定规模，设备比较完整，有一定的编制和一定的工作制度，有固定的经费来源和明确的领导关系（由企业福利部门领导），这种托儿所一般由政府或者女工较多的大厂矿企业举办。

2. 小型托儿所。特点是规模不大、设备简单、花钱少、编制小，容易举办。私营小厂或者女工少的工厂，多采取这种形式。

3. 联合托儿所。这是由几个小厂联合创办的一种简便的托儿组织，这种托儿所设备简单，花钱不多，能适当满足女工群众的需要。

4. 职工宿舍托儿站。这是职工家属群众服务性的托儿组织，收托家中无人照顾或孩子过多照顾有困难的女工的孩子。托儿站没有一定的编制，设备简单，花钱少，能及时解决问题。

5. 街道托儿所。这是妇联依靠街道积极分子举办起来的一种简便托儿组织。街道托儿站收托城市劳动妇女的儿童，在工业城市则优先收托女职工的孩子。在帮助女工解决困难方面，起到一定的作用。

6. 寄托户。这是分散收托女工孩子的一种形式。由职工家属或者街道积极分子，在自愿的原则下，秉着互助精神，在家中收托女工的孩子，酌收报酬。

7. 农忙托儿所。在农村，除了全年性的幼儿园、托儿所之外，还有各类农忙时期的托儿所、托儿站，形式多样，不一而足。

从这些托儿所的类型可以看出，托幼机构的组织形式总的来说分为地区性质的和单位性质两种。第一种是地区性质的，创办在哪一个地区，就收托那一个地区附近的各种劳动妇女的孩子，便利于家长接送孩子。第二种是单位性质的，举办在单位内部或者附近，使用的房屋往往就是单位公房，如果是与附近生产单位或机关相结合的托儿站，则一起想办法解决房屋问题，这种组织形式的托幼机构以收容该工厂、机关、学校、手工业生产合作社的女职工子女为主，有的兼收附近其他单位女职工的子女。

表 3-4 1949—1978 年我国幼儿园的数量及其构成

年份	幼儿园数（万所）	教育部门举办	其他单位举办	民办	在园儿童数量（万人）	教育部门举办	其他部门举办	民办
1949	0.13	—	—	—	13.0	9.3	—	3.7
1950	0.18	0.12	—	0.06	14.0	8.8	—	5.2
1951	0.48	0.32	—	0.16	38.2	25.5	—	12.7
1952	0.65	0.45	0.03	0.17	42.4	28.7	2.7	11
1953	0.55	0.39	0.05	0.11	43.0	29.2	4.3	9.5
1954	0.63	0.40	0.1	0.13	48.4	29.7	7.9	10.8
1955	0.71	0.37	0.16	0.18	56.2	31.3	12	12.9
1956	1.85	0.45	0.25	1.15	108.1	39.2	18.5	50.4
1957	1.64	0.44	0.34	0.86	108.8	39	35.9	43.9
1958	69.53	0.45	0.48	68.8	2950.1	44.9	36.9	2868.3
1959	53.20	0.46	0.67	52.1	2172.2	48.4	52.1	2071.7
1960	78.49	1.1	28.2	49.2	2933.1	81.1	1445.9	1406.1
1961	6.03	0.76	1.92	3.35	289.6	64.7	114	110.9
1962	1.75	0.44	0.48	0.84	144.6	47.6	49.2	47.8
1963	1.66	0.45	0.58	0.63	147.2	49	55.1	43.1
1964	1.77	0.44	0.6	0.73	158.9	50.8	58.4	49.7
1965	1.92	—	0.63	0.85	171.3	51.6	63.4	56.3
1973	4.55	0.48	4.07		245.0	63.8	181.7	
1974	4.03	0.39	3.64		263.8	56.5	307.3	
1975	17.17	0.71	16.46		620.0	69.4	550.6	
1976	44.27	1.19	43.07		1395.5	96.8	1298.7	
1977	26.19	0.6	25.59		896.8	70.9	825.9	
1978	16.39	—	—		787.7	—	—	

注：① 1965 年之前的“民办”包括企业举办和社会力量举办。

② 1966—1972 年统计数据缺失。

③资料来源：根据历年《教育统计年鉴》作者自行整理。

（四）托幼服务发展状况

新中国成立初期是托幼事业发展的黄金期，托儿所和幼儿园的数量都获得快速增长。据统计，1949 年解放初上海仅有托幼机构 36 所，北京有 3 所，天津有 6 所，青岛 8 所，沈阳 6 所，鞍山 1 所（重庆档案馆，1954），全国相加不足 100 所，这还包括了保育院、幼儿园等所有托幼机构类型，可见新中国成立之时我国的托幼事业基础十分薄弱。到 1952 年，在全国工矿企业机关学校中托儿所已达 2738 所，主要收劳动妇女子女的街道托儿站 4346 处（邓颖超，1953），幼儿园总量达到 6500 所。1956 年底，城市中约有托儿所 26700 多处，收托儿童 125 万余名；有幼儿园 18500 所，其中企业等单位举办的幼儿园达到 11500 所，教育部门 2500 所，妇联等其他部门举办 1500 所，幼儿园收托人数达到 108.1 万人。（章蕴，1957：76）

1958 年，“大跃进”运动和人民公社化运动把创办托幼机构上升到新的高度，全国范围内掀起了建设公共食堂、幼儿园、托儿所、缝衣组、理发室、公共浴室的高潮，这使我国托幼机构数量不正常地迅猛增长，1958 年我国托幼机构的数量猛然增加到 69.53 万所，这一不正常增长势头直到 1960 年“大跃进”运动结束才得到遏制。1961 年托幼机构的数量下降到 6.03 万所。1961 年年底，邓小平同志对托幼组织举办提出新的意见，号召各级工会和妇联从实际情况出发，兴办多种形式的托儿组织，如亲邻相帮、个别寄托、农忙托儿所、常年托儿所等，以解决劳动妇女的后顾之忧。自此，各地的托幼机构的发展稳定下来，托幼机构的数量回落到“大跃进”运动之前的水平。

二、1966—1979：托育服务的停滞期

1966 年，“文化大革命”开始，极左路线猖狂，新中国成立 17 年来的托幼工作被否定和批判，托育工作及其组织管理者被视为推行修正主义路线的典型，受到空前的劫难和摧残。这一动乱在 1973 年妇联恢复重建之后才有所减缓，直至 1979 年“全国托幼工作大会”召开才宣告结束。

对托育工作的否定源自 1968 年 3 月 11 日《人民日报》的通栏批判。在题为《彻底批判中国赫鲁晓夫反革命修正主义妇女运动路线》的通栏标题下，《人民日报》用整版的篇幅发表了 5 篇署名工农兵妇女、街道家庭妇女的批判文章，并配发了“编者按”。编者称托育工作是走修正主义路线，其实质是反对妇女走社会主义道路，具体如下文所示：

长期以来，在妇女运动中，一直进行着两条路线的尖锐斗争，广大劳动妇

女在毛主席的无产阶级革命路线指引下，积极投入无产阶级夺取政权、巩固政权的斗争，坚决走社会主义道路，并在这个斗争中争取自身的解放。而中国赫鲁晓夫则用资产阶级的“妇女观点”“福利观点”，掩盖妇女运动的阶级斗争实质，不准妇女革命，反对妇女走社会主义道路（顾秀莲，2013：299）。

自此以后，托育工作被诬之为“福利主义”，兴办妇女儿童福利事业被认为是“不抓大事”“只抓婆婆妈妈的小事”，托育服务是片面强调、夸大妇女的特殊问题，归根结底是强调男女的差别，抹杀阶级对立，从而反对妇女革命，认为如果离开无产阶级夺取政权，单纯地搞妇女的所谓福利，那就转移了妇女运动的政治方向，把广大妇女群众引向资本主义道路。

“文化大革命”期间对党和政府托幼工作的严重扭曲，使过去 17 年妇女就业保护工作成就被否定，托幼工作的设施被取消。1980 年，据广东省女工部的调查发现，文化大革命以前建立的“女工卫生室、休息室有的变成仓库，有的改成厕所”。企业不注意女工孕产期的保护工作，“现在约有 70%~80% 的作业点尘毒浓度超过标准的几十、几百、几千倍”，对妇女和儿童身体造成极大损害。（广东省工会，1980）

三、1979—1986：托育服务的矛盾发展期

1978 年，我国废止阶级斗争为纲的路线，把工作重心转移到“以经济建设为中心”上来。儿童作为 21 世纪的建设者，其教养抚育工作得到前所未有的重视，我国因在“文化大革命”时期中断托育事业开始高调恢复。与此同时，我国着手扩大国有企业自主权的改革，利润体制改革、劳动工资改革、用人自主权的改革逐渐开展。为了追求利润，企业力求压缩开支，缘由企业负担的托育服务则被压缩、撤销。在这两股力量的推动之下，这一时期的托幼事业的发展可谓拉力与推力并存，发展和停滞交织，托幼事业在先获得一个短暂的春天之后，又迅速在旨在促进国有企业放权让利改革中遭遇挫折。本书认为这一阶段是典型的托幼工作矛盾发展时期。

（一）托育制度的恢复和重建

为了响应党中央好好抚育儿童的号召，这一时期出台多部托幼工作法规，托幼机构的制度化和规范化程度大幅度提高。

新中国成立之初，我国托幼机构虽然发展较快，但是其正规化程度远远达不到要求，从颁布的法律法规数量就可以看出这一点。1949—1979 年，有关托幼机构管理的法律法规共有 7 部，一些法律法规内容仅仅寥寥数语，指导和管理意义有限。而从 1979—1986 年，有 8 部托幼机构发展的法律法规，其中包括《城市幼儿园工作条例（试行草案）》（1979）、《幼儿园教育纲要（试行草案）》（1981）、《三岁前小儿教养大纲（草案）》（1981）、《托儿所、幼儿园卫生保健制度》（1985）、《幼儿园教玩具配备目录》（1986）等，这些法律法规涵盖了托幼机构的组织方式、经费来源、教育要求、卫生保健、校舍建设等各个方面，成熟度、指导意义远胜于前（见表 3–5）。以前后幼儿园教育纲要为例，1952 年发布的《幼儿园暂行教育纲要（草案）》，只有短短不到 200 字，内容大都含糊不清。而 1981 年颁布的《幼儿园教育纲要（试行草案）》长达 13000 余字，首先，用较大的篇幅分析了 3 岁 ~ 6 岁幼儿的身体生长、大脑发育、情感、思维等方面的特征。其次，提出了幼儿教育的内容和具体要求，认为幼儿要全面发展，要培育幼儿生活卫生习惯、语言、音乐等八个方面的内容。最后，按照小、中、大三个班提出具体的要求。比如在生活习惯篇，对小班、中班、大班孩子的要求分别是，小班孩子要能“愉快地进餐，正确使用小勺，饭后擦嘴，养成喝水的习惯。”中班孩子要能“愉快、安静地进餐，细嚼慢咽，不挑食，不剩饭菜，学会使用筷子”。大班孩子的要求是“进餐时不发出声音，不乱扔残渣，饭后收拾干净。”内容详细而规范，指导意义强。

1981 年，我国还首次颁布了《三岁前小儿教养大纲（草案）》，这是我国第一部就 0 岁 ~ 3 岁婴幼儿的早期教育做出具体规范的法律法规。该法规指出，3 岁以前是小儿体格和神经心理生长发育的重要时期。从初生到两岁是小儿脑发育的最快时期，托儿所教育工作的任务，就是要培养小儿在德智体美方面得到发展，为造就体魄健壮、智力发达、品德良好的社会主义新一代打下基础。该大纲还根据 3 岁前小儿的发展特点，制定了 3 岁以前小儿神经心理发育的各项指标。对于提高托儿所的保教质量，该大纲发挥了重要的指导作用，使得托儿所的任务发生了明确转变，除了照看孩子之外，培养教育孩子的智力、体力的发展也成为托儿所的重要目标之一。

表 3–5 新中国成立以后我国颁布的托幼法规

颁布时间	法规	颁布部门
1951.10	《关于改革学制的决定》	政务院
1952.03	《幼儿园暂行规程（草案）》	政务院
1952.03	《幼儿园暂行教学纲要（草案）》	教育部
1955.01	《关于工矿、企业自办中、小学和幼儿园的规定》	国务院
1956.02	《关于托儿所、幼儿园几个问题的联合通知》	教育部、卫计委、内务部
1956.11	《关于幼儿园幼儿的作息制度和各项活动的规定》	教育部
1979.11	《城市幼儿园工作条例（试行草案）》	教育部
1979.10	《全国托幼工作会议纪要》	教育部、卫计委等 13 个单位
1980.01	《托儿所、幼儿园卫生保健制度（草案）》	卫计委、教育部
1980.01	《城市托儿所工作条例（试行草案）》	卫计委
1981.06	《三岁前小儿教养大纲（草案）》	卫计委
1981.10	《幼儿园教育纲要（试行草案）》	教育部
1985.12	《托儿所、幼儿园卫生保健制度》	卫计委
1986.03	《幼儿园教玩具配备目录》	国家教委
1987.03	《全日制、寄宿制幼儿园编制标准（试行）》	劳动人事部、国家教委
1988.09	《托儿所、幼儿园建筑设计规范》	城乡建设环境保护部、国家教育委员会
1988.08	《关于加强幼儿教育工作的意见》	国家教委、国家计委
1989.06	《幼儿园工作规程（试行）》	国家教委
1989.09	《幼儿园管理条例》	国家教委
1994.12	《托儿所、幼儿园卫生保健管理办法》	国家教委
1995.09	《关于企业办幼儿园的若干意见》	国家教委、国家计委、全国妇联
1996.03	《幼儿园工作规程》	国家教委
1997.07	《全国幼儿教育事业“九五”发展目标实施意见》	国家教委
2001.09	《幼儿园教育指导纲要（试行）》	教育部
2003.03	《关于幼儿教育改革与发展的指导意见》	国务院办公厅
2007.09	《关于加强民办学前教育机构管理工作的通知》	教育部
2008.04	《幼儿园教育指导纲要（试行）》	教育部
2008.04	《城市幼儿园建筑面积定额（试行）》	国家教委、建设部
2010.11	《关于当前发展学前教育的若干意见》	国务院

资料来源：作者自行整理。

与幼儿园制度化程度大大加强不同，托儿所的制度化程度却是停滞不前的，托儿所逐渐淡出了人们的视野，变成了一个幼儿园的下设组织。表现在①除了1981年卫计委颁布的《三岁前小儿教养大纲》和《城市托儿所管理条例》之外，再无其他专门针对托儿所工作做出明确说明，托儿所管理规定常附设在幼儿园的管理文件之后。② 20世纪80年代中后期出台的各种托幼机构政策文件中，再无单独的托儿所指导政策或规范，3岁前儿童照顾设施的管理、托儿所的工作规程在整个学前教育行政部门的工作中处于边缘的位置。

（二）托育工作的组织管理

1979—1982年，因托育工作获得前所未有的重视，行政管理级别得以提高。1979年以后全国托幼工作大会之后，国务院成立“全国托幼工作领导小组”，成员由教育部、卫计委、计委等14个部门的主要领导组成，在国务院设立托幼工作办公室。各省、市、自治区设立相应的托幼工作领导小组，由有关部门组成。虽然托幼机构的行政主管部门仍然分属卫计委和教育部，但是工作合力变强，托幼工作明显更受中央重视。1979年10月，中共中央、国务院转发《全国托幼工作会议纪要》，认为全国托幼工作会议开得好，表示同意这个会议纪要并予以转发，要求各地加强对婴幼儿的保健和教育工作，提高保教人员的政治觉悟、业务水平和社会地位，关怀并切实帮助她们解决具体困难。

1981年中共中央转发全国妇联党组《关于两个会议情况及一九八一年妇联工作要点的报告》的通知，要求全国妇联应把抚育、培养、教育3亿以上的儿童和少年，作为自己的工作重点。并着重“积极解决抚育好儿童和少年所需要的托儿所、幼儿园、儿童医院、娱乐场所和玩具、画报、读物等问题，要专门把各机关的礼堂空出来为少年儿童服务”。

令人遗憾的是，国务院托幼工作领导小组仅存在3年的时间就被撤销合并。1982年，我国第一次国务院机构改革，根据中央关于机构改革的精神，全国托幼工作领导小组撤销，国务院决定把托幼工作领导小组合并到全国少年儿童协调委员会中去，托幼办公室并入全国妇联的儿童工作部，经费也拨到全国妇联。全国妇联后在全国儿童少年协调委员会之下，成立一个托幼工作委员会，其性质和作用同儿童文化艺术委员会、儿童生活用品委员会一样，以对托幼工作起协调和推动作用。（郭力文，1982）然而，托幼领导小组从国务院并入妇联，虽然仍然事从协调工作，但因其下设在妇联这样一个群团组织之下，对应教育部、卫计委等行政部门，权限地位均显不足，并不能发挥领导协调机构的作用。

1982年，全国托幼工作领导小组及其办事机构撤销，但这个机构原来承担的工作任务由哪个部门承接，一直未有明确的说法。直到1987年国务院出台《关于明确幼儿教育事业领导管理职责分工的请示的通知》（国办发〔1987〕69号），才再次明确各部门分工。但是，该通知强调了教育部门的幼儿教育工作的主管责任之外，以往负责托儿所的卫计委仅“负责拟订有关幼儿园卫生保健方面的法规和规章制度，对幼儿园卫生保健业务工作进行指导”，托儿所的管理职责并未提及。这说明，1982年以后托儿所就失去了行政主管部门，以后再无恢复。

（三）托育服务的举办运作

这一时期托幼机构的举办方式和新中国成立之初一脉相承，强调公办和民办多条腿走路，积极推动机关、工矿企事业单位办园所，鼓励及社会热心人士想方设法地举办托幼机构。

1. 企业办园

企业办园被提到较高的位置。1978年第五届全国人大五次会议上通过的《中华人民共和国宪法》中规定：“国家鼓励集体经济组织、国家企事业组织和其他社会力量，依照法律规定举办各种教育事业。”1979年全国托幼工作会议纪要中指出，“继续提倡机关、部队、学校、工矿、企事业单位积极恢复和建立哺乳室、托儿所和幼儿园，大力推动系统办、单位和街道联办。”一些城市以行政命令的方式要求大的单位必须举办托儿所和幼儿园。比如1980年上海市发文，提出千人大厂必须举办托儿所、幼儿园，小的企业则提倡按系统办或与附近单位、街道合办。这个办法大大提高了企业办园的数量。到1986年，上海577家千人以上企业，已有477家办起了托儿所、幼儿园。这使全市增收4周岁适龄幼儿5万余名。（瑞文、潘使进，1986）而从全市市区内统计来看，企业兴办的托儿所、幼儿园数占市区的55%，容纳幼儿数占市区入托幼儿的54%。（郑连仲、全宝、孙克忆，1987）再比如，石家庄市财贸系统在政府号召之下，于1979—1983年间，由行政投资25万元、工会拨款4万元，新办56

所托儿所、幼儿园，使职工子女入托率从30%提高到80%；此外，为使孩子能就近入托，还调整了1800名职工的工作单位，制作了790个自行车幼儿拖斗，给骑自行车送小孩入托的职工解决困难。（严忠勤，1987：226）当时用“工厂遍栽祖国的花朵”来形容这种企业办园的盛况。

由于这一时期面临比较严重的“入园难”的问题，托幼机构的数量远远跟不上社会需要，因此要求单位举办的托幼机构应尽快多收孩子。国家提倡有条件的企业托幼机构向社会开放，接受社会人士子女入托入园。有些大单位办的园所房舍宽敞，设备齐全，师资充足，但“孩子较少，应当挖潜，向社会开放，吸收附近职工子女入托，按规定收保育费和管理费”。（郑连仲 等，1987）最起码，企业托幼机构不仅收本单位女职工的孩子，也要收男职工的孩子。城镇民办园所分布在街道居民区，职工孩子就近入托，接送方便。对这类园所要向巩固、提高，有需要和有条件的地方要适当发展。

除此之外，教育部门还在全国寻找成功案例，向各地介绍成功经验。陕西西北国棉一厂就是这样一个成功的例子。针对福利工作存在的问题，决定所有生活福利设施在保证厂内职工生活的前提下，能够对社会开放的，尽量对外开放；暂时不能开放的，积极创造条件开放；已经开放的，则加强管理，扩大经营范围。本着这个原则，这个厂的食堂、招待所、医院、托儿所、理发室、浴室、礼堂、印刷厂、冰棍厂、牛奶场、缝纫组都已对社会开放。1984年1—9月盈利20万元。福利基金支出比上年减少103万元。（严忠勤，1987：207）

2. 社会办园

20世纪80年代初的中国城市社会，存在比较严重的儿童“入托难、入幼难”问题。新中国成立之初积累的多条腿走路的办园方式在这个时候得到继承，1982年习仲勋在妇联的一次讲话中指出，“办幼托可以采取多种办法，不要都由国家包下来，可以搞民办公助和允许私人办幼托，把待业青年组织起来，加以培训后，再找一、两间房子就可以解决一批幼儿的入托问题。这样搞了，不仅可以缓和入托难的问题，而且，还可以解决部分待业青年的就业问题，家长高兴，群众满意。（习仲勋，1982：57–58）

1983年4月，中央书记处指示妇联大力发展家庭托儿所，解决儿童入托难问题。此后，创办家庭托儿所成为各级妇联的主要工作之一。妇联积极组织引导妇女创办家庭托儿户，帮助她们解决一些实际问题。在各级妇联的支持下，家庭托儿所托儿户发展很快。1985 年，北京市共创办家庭托儿所 1.6 万余处，受托 3 岁以下婴儿 2 万多余名，家庭托儿户 11824 家，收托儿童 12068 人。到 1987 年全国已有个体托幼园所 5 万多个。（顾秀莲，2013：54）

（四）托育服务的发展状况

这一时期，托育机构的数量仅在一开始的 1—2 年有所增长，随后开始逐年下滑，因而存在比较严重的入托难、入园难问题。1979 年，根据 19 个省、市、自治区的统计，入所入园儿童 1900 余万人（包括城乡），粗略估计全国的入所和入园儿童应在 3000 万人以上，占儿童总数的 23%。其中城市婴幼儿入所入园率一般在 30% 左右，少数城市可以达 70% 以上（中华全国妇女联合会，1983）。这说明 1979 年儿童托育已经存在较为严重的供不应求问题。然而，20 世纪 80 年代的托幼机构数量不仅未出现显著增长，反倒停滞不前。在企业盈利目标冲动的情况下，1980—1982 年企业举办的托幼机构的数量还出现了显著下降。1982 年全国幼儿园数量仅余 12.21 万所，比 1979 年的 16.56 万所下降了近四分之一。1982 年以后，托幼机构的数量有所回升，1986 年上升至 17.34 万所，这个数字仅仅比 1979 年上升 4.68%。由此可以看出 80 年代的入托难、入幼难问题始终未能解决。

比较托儿所和幼儿园的数量，可以发现托儿所收托儿童数量庞大，入园比例高于幼儿园。1979 年时全国托幼机构共收托儿童 3000 万人，而幼儿园入园人数为 879.2 万，由此推算托儿所收托儿童数量应有 2000 万以上。一般来说，越是年幼的儿童进入托育机构，对妇女就业的支持力度就越大。当时这种入园模式对推动我国妇女就业意义显著。但是，该局面并未维持多长时间，在 1982 年全国托幼工作小组撤销以后，托儿所由于失去了行政主管机构，这意味着其很难再获得行政力量和行政资源的支持，其发展必然受挫。虽然现有的统计年鉴很难看到20世纪80年代托儿所的统计数据,但托儿所数量下降是可以预知的。80 年代末期，独立的托儿所逐渐消失，一些幼儿园会附设托儿班，招收 2 岁以上的儿童，数量非常少，0 岁 ~ 3 岁的儿童照顾责任逐渐归属于家庭。

四、1986 年以后：托育服务市场发展时期

（一）改革背景：单位福利负担沉重

“单位制”既是我国计划经济时期一种独特的资源分配方式，也是一种社会组织管理方式。（路风，1989； 孙立平，王汉生，王思斌，林彬，杨善华，1994）单位不仅给职工发放工资，还向职工及家属提供“大而全”的福利。养老、医疗、工伤、生育、住房、子女教育等均属于职工福利的内容。这些福利不仅要求企业大搞硬件设施建设，比如修建幼儿园、医院、食堂、中小学校、浴室、文化宫、职工住宅等设施，还要求企业给员工发放大量的补贴补助，职工子女全部或者部分的入托、入幼的费用、职工及其家属的医疗费用、教育费用、住宅的建设和维护费用、退休职工的生老病死费用、食堂补贴、供暖补贴、职工防暑降温费、职工困难补贴、救济费、职工交通补贴等。企业一般需设置庞大的非生产部门来做管理职工服务，诸如生活服务公司、教育科、膳食科、保卫科等组织机构，招揽大批不从事一线生产的职工。

如此一来，随着企业发展规模的不断扩大，企业职工数量的增多，企业的社会负担就会一年比一年沉重。据统计，1978 年我国城镇职工的劳动保险和福利费用（包括退休金、医疗、困难补助、津贴及集体福利设施）为 78.1 亿元，到了 1988 年，这笔费用攀升至 653 亿元，到 1995 年更飙升至 2361 亿元。（中国统计年鉴，1996：733）大量企业的职工福利基金面临入不敷出。

在所有的职工福利中，托育服务是其中一项不小的开支。如前所述，企业办托儿所和幼儿园，不仅要承担园所开办的房屋、设备等硬件费用，还要支付保教人员的工资和奖金。除此之外，企业还得与父母亲分担儿童入托费用。以上海 50 家大中型国有企业的调查为例，职工子女的入托入幼补助费从劳保福利费用中支出，一般职工本人承担小部分（每月 3 元 ~ 5 元），企业承担大部分（每人每月 4 元 ~ 20 元）。（余宝成、刘耀国，1986）这样计算下来，托儿所、幼儿园就成为企业的一项沉重负担。以上海市机械行业的一个大企业为例，该厂办托幼设施 1987 年的具体花费见表 3–6 所示。该企业当年包括退休金、医疗费、

职工住房建设费用、困难职工救助费等十几项[①]社会负担总共花费 328.9082 万元，这样算来，自办托幼园所的费用占到该企业当年所有社会负担支出的 7.15%。这样沉重的负担，使国有企业在改革过程中，不断甩出其社会福利责任，以求轻装上阵。

表 3-6　上海某厂的托幼机构支出

幼儿园支出项目	全年费用（元）	支付渠道
幼教人员培训费用	9000	企业教育基金
企业幼教人员工资、奖金	25596	企业福利基金
企业托儿所改建费用	120000	企业更新改造资金
托儿所保育人员工资	49140	企业福利基金
职工子女入托、入幼补助费	11520	企业福利基金
添置教具、玩具	20000	企业教育基金
总计	235256（7.15%）	

资料来源：根据余宝成、刘耀国．1986. 国营企业社会负担问题的个案调查和思考．“社会第 1 期”一文中数据资料计算得来。

（二）托育服务的制度变革

1986 年，单位制开始变革。国家出台的《国营企业实行劳动合同制度暂行规定》《国营企业招用工人暂行规定》《国营企业辞退违纪职工暂行规定》和《国营企业职工待业保险暂行规定》等文件，终结实行多年的“铁饭碗”式的劳动制度。这一改革牵一发而动全身，使我国的社会管理、保障制度、教育体制等全部在这一年发生翻天覆地的变化。

为配合单位剥离福利服务的需要，1987 年 7 月，国家教委颁布《关于社会

① 这个“国营企业”是上海机械行业的一个国营大厂，全厂有在职职工 6000 人。企业固定的社会负担有四类：第一，具体政策性方面的社会负担，比如当年的副食品提价补贴、独生子女奖励费；第二，社会福利保障事业方面的社会负担，包括了退休职工的退休金、医药劳保费、离休干部旅游费、职工子女入托、入幼补助费、支农职工生活困难补助费、职工知青子女生活补助费、精神病患者住院医疗费等；第三，社会行政官权方面的社会负担，包括外借上级行政机关工作人员的工资奖金、消防管理费用、民兵高炮管理费用等；第四，社会公共建设服务事业费用，包括职工住宅建设费用，职工住宅筹建人员的工资奖金，职工中班、下班交通费等。

力量办学的若干暂行规定》，开启了我国社会力量办学的先河。该规定明确提出，“鼓励社会力量兴办学校”，强调社会办学是我国教育事业的重要组成部分。1988 年《关于加强幼儿教育工作意见的通知》进一步对社会力量办幼儿教育做出具体说明，指出幼儿教育事业具有地方性和群众性，发展这项事业不可能也不应该由国家包起来，要依靠国家、集体和公民个人一起来办。“城镇街道举办的集体性质的幼儿园（班），应实行合理收费，独立核算，自负盈亏。幼儿教育不属于义务教育，家长送子女入园理应承担一定保育、教育费用。各地应在调查研究的基础上，制定各类幼儿园的收费标准”。这部文件标志两个重要变化：一是明确了我国幼儿教育的社会化办学的思路，幼儿园不再由国家包办、企业承办；二是我国幼儿园收费制度放开，“不再具有计划经济时代的福利性——家长只承担少量或不承担费用”。（姜烨瑶，2013）

随着市场经济概念的提出，幼儿教育的市场化进程进一步加快。1992 年《全国教育事业十年规划和“八五”计划要点》中提出，“学前教育以社会各界办学为主”。1995 年 9 月，国家教委、计委、民政部等部门颁布的《关于企业办幼儿园的若干意见》中继续坚持了这一渐进式的改革思路，指出，“改革现行幼儿园收费制度，鼓励企业幼儿园向社会开放，逐步改变幼儿园经费由企业全部包揽的做法，提高办园效益；深化改革，积极稳妥地推进幼儿教育逐步走向社会化。对于部分不具备独立办园条件和具备了分离幼儿园条件的企业，本着平稳过渡的原则，可在政府统筹下，将所办的幼儿园，交给当地教育行政部门规划，以多种形式继续办好。”我国政府在教育中的责任后退，以社会力量为主的办学思路全面形成。社会福利“社会化”是社会福利私有化的一种委婉说法（黄黎若莲，2001：74），鼓励社会力量办学实际就是推动我国幼儿教育走向市场化。

2001 年以后，国家加快幼儿园市场化进程，形成了清晰的公办和民办幼儿园的定位规划。2001 年颁布的《关于基础教育改革与发展的决定》（国发〔2001〕21 号）中提出“学前教育以政府办园为骨干，积极鼓励社会力量办学”。2003 年《关于幼儿教育改革和发展的指导意见》（国办发〔2003〕13 号）规定，2003—2007 年幼儿教育改革的总目标是“形成以公办幼儿园为骨干和示范，以社会力量兴办幼儿园为主体，公办与民办、正规与非正规教育相结合的发展格局。”我国的托育服务进入了全面市场化时期，该势头至今未得到根本遏制。

（三）托幼机构的举办状况

在托幼机构市场化政策的不断推动下，托幼机构作为一项集体福利事业的时代很快终结，托幼机构开启了市场化进程，公立托幼机构的数量不断下降，社会供应严重不足。

1. 托儿所迅速消失

1956 年，国家规定托儿所的组织管理归卫计委负责，幼儿园归教育部负责。1979 年，国家设全国托幼工作领导小组总体协调托幼工作。然而该组织仅仅存在 3 年的时间就被撤销。此后一直未明确托儿所的管理工作由哪个部门承担。换句话说，1982 年以后托儿所就失去了行政主管部门，以后再无恢复。这种情况之下，托儿所举办失去依托，在单位制改革的浪潮中逐渐风雨飘摇，统计组织亦不再有托儿所举办状况的数据资料，我国的托儿所组织迅速消失。

2. 幼儿园举办情况

20 世纪 90 年代，我国公立幼儿园的数量开始下降，1991 年我国公立幼儿园的数量为 13.99 万所。自 2001 年国家将公立幼儿园定位为以示范为主之后，我国公立幼儿园的数量开始急剧下降，2001 年下降到 6.72 万所，下降率超过 50%。与此同时，民办幼儿园增长数量较快，1991 年全国民办幼儿园数量仅为 1.20 万所，民办幼儿园在园幼儿 38.5 万人，仅占全国在园幼儿总数的 1.74%。到 2001 年民办幼儿园的数量为 4.44 万所，2005 年增长到 6.88 万所，2010 年在增长到 10.23 万所，20 年间数量翻了数倍，在园幼儿 284.26 万人，占到全国幼儿园总数的 12.67%（见表 3–7）。

表 3–7 1979—2012 年我国各类幼儿园及在园人数

年份	幼儿园（万所）				幼儿园人数（万人）			
	合计	部门举办	集体举办	民办	合计	部门举办	集体举办	民办
1979	16.56	0.50	1.98	14.08	879.2	84.2	146.1	648.9
1980	17.04	0.75	2.14	14.16	1150.8	131.3	155.7	863.8
1981	13.03	0.60	2.27	10.16	1056.2	134.1	171.7	750.4
1982	12.21	0.63	2.52	9.06	1113.1	151.1	218.2	743.8
1983	13.63	1.32	2.97	9.34	1140.3	191.8	226.6	721.9
1984	16.65	1.00	3.05	12.60	1344.74	207.01	250.25	887.48
1985	17.23	1.12	2.98	13.13	1479.7	253.5	269.9	956.3
1986	17.34	1.10	2.74	13.50	1629.0	278.8	290.1	1060.1
1987	17.68	4.29	13.38	—	1807.83	326.22	323.09	—

续表

年份	幼儿园（万所）				幼儿园人数（万人）			
	合计	部门举办	集体举办	民办	合计	部门举办	集体举办	民办
1988	17.18	3.80	13.39	—	1854.5	374.96	320.88	—
1990	16.45	0.00	0.00	—	2209.29	—	—	—
1991	13.99	3.98	10.01	—	1146.44	—	322.61	—
1992	16.52	4.58	11.94	—	2552.54	—	370.70	53.00
1993	17.47	4.39	11.25	1.83	2624.9	—	326.18	72.30
1995	18.04	4.48	11.49	2.08	2711.23	2601.26		109.97
1996	18.73	4.71	11.57	2.45	2666.33	2535.94		130.39
1997	18.25	5.11	10.67	2.46	2518.96	2384.08		134.88
1998	18.14	5.09	9.96	3.08	2403.03	2232.25		170.78
1999	18.11	5.31	9.10	3.70	2326.26	2103.84		222.42
2000	17.58	5.08	8.07	4.43	2244.18	1959.92		284.26
2001	11.17	6.72		4.45	2021.84	1679.91		341.93
2002	11.18	6.34		4.84	2036.02	1635.51		400.52
2003	11.64	6.09		5.55	2003.91	1523.68		480.23
2004	—	—		—	2089.40	1505.29		584.11
2005	12.44	3.15	2.41	6.88	2179.03	1276.55	234.39	668.09
2006	13.05	3.24	2.27	7.54	2263.85	1265.85	222.31	775.69
2007	12.91	3.18	1.97	7.76	2348.83	1264.03	216.05	868.75
2008	13.37	3.22	1.84	8.31	2474.96	1278.37	214.55	982.03
2009	13.82	3.14	1.75	8.93	2657.81	1309.58	214.06	1134.17
2010	15.04	3.31	1.51	10.23	2976.67	1368.12	209.08	1399.47
2011	16.68	3.28	1.85	11.54	3424.44	1437.99	292.24	1694.21
2012	18.13	3.88	1.78	12.46	3685.76	1539.54	293.47	1852.74

注：①部门举办包括教育部门和其他部门举办。

② 1996 年及之前年份的数据来自《教育统计年鉴》、1997 年以后的数据来自教育部官网统。

③对于 1989 年、1994 年的幼儿园数据，《教育统计年鉴》、教育部官网均未公布。

幼儿园总量从 17.58 万所下降到 11.17 万所，下降率为 36.5%。20 年间，由于公立幼儿园数量下降明显，民办幼儿园的数量虽然仍保持了增长势头，但难以抵消公立幼儿园的下降趋势。2010 年，我国幼儿园的数量下降到 15.04 万所，比 2000 年的 17.58 万所少了 2.54 万所（见表 3-7）。2001 年以后我国每年出生的儿童数量虽然也呈下降趋势。据国家统计局显示，2000 年、2005 年、2010 年我国的儿童出生率为 14.03%、12.40%、11.90%，但这一时期国民对于儿童培养越来越重视，幼儿园的入学率保持了逐年增长。民众对幼儿园的强烈需求和幼儿园数量逐年下降，使得这一时期幼儿园的供求失衡现象越来越突出。享有一定政府补助的公立幼儿园更是一位难求，入园难成为深受国民关注的社会问题。

第三节　本章小结

我国从未设置儿童津贴制度，已有的儿童照顾仅包括育儿假期和托育服务。育儿假期的种类亦不健全，仅有产假、计划生育奖励假期和哺乳时间、调整工时制度。我国的产假制度具有建设早、发展稳定的特点。为了宣示社会主义的优越性，我国在新中国成立之初就建立了规范的产假制度，产假期间工资待遇、医疗待遇标准均高于当时的世界标准。60多年来产假制度几经修改，产假的时间不断延长，覆盖人群规模不断扩大，制度的规范性稳步提升，对我国女职工的生育权益的保护起到积极作用。我国设有非普及型的育儿津贴——独生子女津贴制度，因额度小，覆盖人群有限，该制度不能起到保护家庭和儿童的作用。我国有哺乳时间和调整工时制度，但该制度迟迟不能制度化，1988年我国通过第一部《女职工劳动保护规定》之后，哺乳时间和孕产期调整工时才正式确定下来。

我国的托育服务发展颇为曲折。新中国成立之初，为了响应妇女就业的号召，在“因地制宜、因陋就简、依靠群众力量”的方针指引下，我国举办起来多种形式的托育机构，承接了一部分家庭育儿功能，一定程度上减轻了家庭的育儿负担。然而这一模式在“文化大革命”期间被诬为福利主义，进而被取消。改革开放以后，我国试图恢复托育服务，但在市场力量的渗透下难以取得有效进展。1986年单位制破产之后，我国颁布了一系列的促进托育服务市场化的政策文件，同时政府对于托育服务的组织、投入和管理全面后撤，我国托育服务走向市场化，育儿责任全面向家庭回归。

第四章　我国儿童照顾政策的变迁：从“去家庭化”到“再家庭化”

儿童照顾责任如何在国家、单位、市场、家庭不同主体之间分配，儿童照顾模式如何建构女性的社会性别角色？考察我国的儿童照顾政策历史，可以发现明显可以分为两个阶段：改革开放前的“去家庭化”阶段和改革开放后的“再家庭化”阶段。改革开放前，我国虽没有儿童津贴政策，但产假制度和托育服务水平较高，品质较好，国家和单位分担了妇女的儿童照顾责任，妇女就业权益得以实现，社会地位明显提高。改革开放后，我国的儿童照顾政策框架发生较大变化，产假虽有延长，但制度执行遭遇困难，0 岁 ~ 3 岁儿童的托育机构消失，幼儿园公共投入不足，市场化明显，儿童照顾责任回归家庭，妇女面临较为严重的工作和家庭的选择。

第一节　改革开放前：儿童照顾的“去家庭化”

“去家庭化”是指国家追求从政策上减少个人对家庭的依赖，使个人无须依赖婚姻或家庭中的交换关系获得保障（Gosta Esping-Andersen，1999：51）。“去家庭化”的主要目的是让女性从家庭责任中释放出来。改革开放以前，中国共产党主张妇女参加公共劳动，通过国家制度的一系列设计，把母职任务的一部分转移给国家，形成了以国家政策为后盾，国家部门、单位和家庭分担育儿责任的儿童照顾模式。虽然与西方的儿童照顾政策相比，这一时期我国的儿童照顾政策并不健全，但具有鲜明的“去家庭化”和对职业妇女友好的特征。在政府的积极干预下，儿童照顾成为妇女就业政策的一个组成部分，儿童照顾政策也促进了妇女就业权益的实现。

一、儿童照顾责任的多元共担性

儿童照顾的责任可能在国家、市场、企业或家庭中转移。新中国建立以前，我国奉行“男主外、女主内”的家庭性别分工形态，女性是家庭的照顾者和管理者，儿童照顾属于母亲的责任范围。新中国建立以后，中国共产党将妇女参加公共劳动作为妇女解放的第一要务，这样再由妇女承担照顾工作就显得不合时宜，中国共产党主张使用公共化的儿童照顾服务替代母职角色。采用“56 天产假 + 单位化的托育服务 + 哺乳时间”的照顾责任组合模式，我国完成了儿童照顾责任在公私领域的重新分配，原本由家庭（主要是母亲）承担的儿童照顾责任被转移到国家和单位。妇女在生产之后可以获得 56 天的假期用于恢复身体和照顾孩子，56 天之后孩子就可以送到托幼机构去抚养，托幼机构可以收托 56 天到 6 岁的孩子，托幼机构和母职之间的关系为替代关系，国家希望自产假结束之日起，托幼机构能够全面替代母亲的照顾职能，让母亲能够全心全意地参加生产劳动，由此形成“国家 + 单位 + 家庭”的儿童照顾多元主义模式。

（一）国家角色

中国共产党在构建儿童照顾的正当性和必要性方面非常成功，将儿童照顾看成是达成妇女解放目标的必要手段之一，是社会主义制度的应有之义。因此，儿童照顾相关政策地位崇高。为了达成此目标，在较短的时间之内，政府颁布了多项促进儿童照顾发展的制度文件，发展了一套全新的制度设施，我国的儿童照顾制度迅速进入正轨。

但总体来说，中国政府在儿童照顾方面的角色十分有限。一般来说，评估国家责任的第一指标是财政投入水平。新中国成立之初，国家以经济困难为由，无意将全部的儿童照顾责任揽上自身，国家从未直接提出“公共化”的儿童照顾服务，而是鼓励单位和社会力量共同举办托育设施。儿童照顾资金主要依赖企业福利资金和其他社会主体的自筹资金。国家虽为单位托底，但福利基金和单位效益挂钩，国家并不会直接给予补偿。可以说，改革开放前中国政府在儿童照顾的投资上，公共化和均等化的原则从未占过上风，依靠社会多元力量取代国家的想法从未被质疑。

国家责任还体现在制度的监管上。任何好的制度都需搭配有效的执行能力才能发挥效果。改革开放以前，我国儿童照顾政策项目均有比较明确的行政主管部门，产假及其津贴的发放归劳动部门，托儿所归属于卫计委门，幼儿园归教育部门主管，工会女工部和妇联作为协助者督促政策执行。兼之儿童照顾政策落地在单位这样一个国有或集体体制内，政策执行效果较好。

（二）单位角色

表 4-1 不同年代企业福利资金的来源及开支范围

年份	职工福利的主要开支范围	管理体制	基金调剂范围	资金来源
1951—1968	职工集体福利设施：职工宿舍、医院、托儿所；职工困难补助；医药卫生补助	工会管理	省、市、县乃至全国调剂	企业奖励基金和利润留成
1969—1979	职工集体福利设施：幼托及医疗机构、食堂用具购置及维修费用；职工困难补；职工及家属医疗费助	企业管理	企业内部分配	企业营业外支出，实行企业基金制，统一按工资总额 11% 提取职工福利基金
1980—1984	同上	企业管理	企业内部分配	企业税前列支。大中型企业不论是盈利还是亏损企业一律按工资总额 11%提取。超过部分，在税后留利中解决，不计入成本
1985—1997	同上	多头管理	行业、项目内调剂	1992 年生产成本提取福利金的比例从的 11% 上升为 14%。1993 年《公司法》新增法定公益金，为税后利润的 5% ~ 10%
1998—2009	尚未分离的内设集体福利部门所发生的设备、设施和人员费用等	劳动和社会保障部	全国范围	2006 年前仍按 14% 预提；2006 年改为据实列支，同时取消法定公益金

资料来源：（李晓东，2010）。

单位既是生育保险制度的主要负责者，也是托育服务的主要举办者。单位不仅要全面负责产假制度和产假工资的发放，而且提供举办托幼机构的所有资金，包括园舍修建、教具购买、保育和幼教人员的工资、日常运行开支等。

国家鼓励单位举办托育机构，单位成为托育服务最重要的生产单位。单位举办的托育服务设施占总数的一半以上，超过国家部门和社会其他组织，是托育服务的第一举办者。凡规模较大、经济实力较为雄厚的单位，均设置有托幼机构。中、小型企业有需要者，一般也采用合办的方式解决职工的育儿问题。

单位负责绝大部分托幼服务费用。国家规定单位可以通过提留资金的办法供应包括托育服务在内的各项集体福利事业的基金，后来改为企业可在营业外列支 11%~14% 工资，这使单位办托育服务有比较稳定的资金来源。托儿所工作人员的工资、托幼机构的工作经费、房屋校舍费用以及部分的入托费用均由单位负责（见表 4–1）。一些企业还使用来源于行政拨款或者来源于工会补助的资金作为工人做托育服务补贴，各行业补贴的额度略有差异，资金越是雄厚的企业负担的入托费份额越大，轻工业系统多在 1/3 至 1/2 左右，有的高达 2/3。（李亚雄，2005）

国家虽然鼓励企业举办托育服务，但单位才是托育服务直接经办人，其有较大的自主性，经济实力雄厚的企业能提供较好的托育服务，经济实力较差的企业亦可不举办，单位之间差距比较明显。计划经济时期的国家和单位之间的关系紧密，本书认为，国家虽然为企业承担兜底的责任，但在托育服务的举办上，国家的角色靠后，单位才是第一责任人。

（三）家庭角色

家庭在育儿方面的投入包括金钱、时间、精力。改革开放之前，我国儿童照顾的“去家庭化”特征十分明显。这一时期，我国虽然没有儿童津贴政策，但是照顾服务较为完善。由单位提供的照顾服务不仅质量较高，某种程度上可以完全地替代母职，而且服务价格优惠，具有明显高福利特征。家庭保留的儿童照顾责任仅仅包括孩子的被服费用、伙食费用及部分医疗费用，大部分的工薪阶层可以比较轻松地负担这笔费用。如下面一则案例所示：

以上各种托儿组织的经费除了父母缴纳一部分外，国家尚有补助。其缴费数目以一个孩子计算约占其父母收入 13%（以父母薪金收入中等数字 170 多元计算），机关及工厂托儿所的父母也仅负担儿童的伙食费及一部分保健费，机关托儿所的一个孩子计算约占其父母收入的 10%（以父母薪金收入中等数字 120 元计算）。工厂托儿所其缴费数约占母亲收入的 14%，乳儿副食费约占母亲收入 5%。建议其他私立托儿所及群众自办的街道托儿所政府也增加其补助。（重庆市儿童保育工作概况，1955 年 10 月 13 日）

需要指出的是，尽管国家和单位分担了大部分的儿童照顾责任，但政府从未放弃对于家庭价值观的宣传。中国共产党认为，家庭在中国是重要的生产单位，在保持社会稳定方面也有重要意义。在福利方面，即使有儿童照顾社会化的说法，但私人照顾仍然不可废弃，政府通过法律条文强调“父母有抚养和教育孩子的责任”“子女有赡养老人的义务”确认了家庭尊老爱幼传统的积极价值，这保证在托育设施严重不足的时候，儿童可以在家庭内获得适当的照顾。事实上，由于儿童照顾服务明显不足，相当一批家庭仍然依靠传统的家庭养育模式来完成儿童照顾。

二、儿童照顾政策的妇女友好性

新中国成立以后，我国的儿童照顾政策的目标是为保障妇女就业权利，为劳动妇女就业提供支持。这一点反映在新中国成立前后劳动部、全国妇联、全国总工会、教育、卫生等部门发表了一系列的文件和讲话中，如《中国妇女运动当前的方针任务报告》（1949 年 3 月 26 日邓颖超同志在中国妇女第一次全国代表大会上的工作报告）、《中国妇女运动当前任务的决议》（1949 年 4 月 1 日中国妇女第一次全国代表大会通过）、《关于城市妇女工作的几个问题的报告》（1950 年 9 月 18 日邓颖超在中华全国民主妇女联合会第三次执行委员会扩大会议上的报告）、《中央转发全国妇女工作会议综合报告》（1953 年 1 月 3 日）等。这些文件共同指出要发展儿童照顾制度，为妇女参加社会劳动开辟道路，儿童照顾制度被看成是妇女解放的要件之一。“今后开展儿童保育事业的方向，要更进一步为广大体力劳动者、脑力劳动者及其子女服务，更多地帮助她们举办各种各样的保育机构和幼稚园”。另一位妇女运动的领导人章蕴（1952）指出，要从广大妇女群众的需要出发，运用群众的力量，采用多种多样的办法举办托儿所（站）、幼儿园，为更多的劳动妇女服务。举办托幼事业的宗旨是为妇女就业提供支持，这个精神广泛流传到每一个基层一线的生产单位，如下面一个重庆市妇联的报告所示：

大多数工厂托儿所的工作未与厂内生产相结合，在保证妈妈不因孩子问题导致缺勤大部分做得很差。部分保育人员由于对工厂托儿所面向生产的方针不够明确，对保育事业的重要意义认识不足，劳动态度也不够端正，存在着不安心、不负责任、不关心生产等现象。因而工作质量不高，对孩子的照顾也不够耐心细致，孩子发病率很高，如四九气场 24 个孩子，10 月份就有 20 名发烧送回家，人民银行第一托儿所有隔离室有护士不但不愿护理病孩，把孩子送回家，其母亲不愿请假，托儿所直接打电话给人事科代请的假，个别托儿所发生严重的责任伤害事故……以上情况严重影响生产，各厂托儿所通过会议对以上情况进行了批判，开始明确了方针，知道工厂托儿所不应只是关起门来搞业务，还应该关心妈妈们的生产，并考虑如何多给女工解决孩子问题，考虑如何对生产起到积极作用。（重庆市妇联，1954）

从当时儿童照顾政策的实践来看，无论是产假制度的质量，还是托育服务的时间安排、价格收费都注意适应妇女的需要，这对于解除妇女家庭劳动后顾之忧起到重要作用。

（一）产假水平较高，落实较好

学者使用如下几个指标衡量照顾假期的品质。①假期是否固定。假期应具有不可转让的特性，这样不仅能鼓励成员使用假期，还会迫使所有的雇主（不论公司规模大小）为想要休产假者提供方便。②假期是否有工作保护。使用假期可能导致工作丢失，该假期没有任何的社会价值，即使假期的补偿非常之高，人们也不会冒着失去工作的风险接受假期。（Ciccia & Verloo，2012）③休假的经济补偿水平。育儿假使用的主要决定因素是收入的机会成本、错失的就业机会和放假期间的人力资本贬值。（Gangl & Ziefle，2009； Geisler & Kreyenfeld，2011）其中，收入是导致人们不愿意使用育儿假最积极的相关因素。如果假期只有很少或者没有任何的经济补偿，人们使用该假期很可能意味着家庭失去了最重要的经济支柱，这时候休假的决策比较谨慎。④工作场所特征。这包括了工作场所的性别特征、工作文化特征、雇主特征等。在一个女性为主的工作场所，育儿假期的使用率较高。公共部门的男性比私人企业里的申请育儿休假的机会更大。雇主对育儿假期持宽容态度的企业育儿假的使用率较高。（唐文慧、杨佳羚，2006）

我国 1951 年《劳动与社会保险条例（草案）》确定妇女生育期间有享受产假休假的权利，产假时长为 56 天，这在当时属于世界先进水平，妇女产假期间可以享有全额工资和一定的医疗补助，经济补偿水平达到 100%，工资收入不会损失，生活水准不会下降。另外，最为重要的是我国的单位体制对妇女申领产假十分有益，在终身就业制度和低度竞争的生产体制之下，女性在就业上享受终身制，职位晋升和工资提升主要依靠工龄时间长短，一个人离开工作岗位带来的劳动力贬值和晋升机会缩减的可能性较小，生育几乎不产生职场机会成本。由此，我国的产假制度在妇女生育多名子女的情况下，妇女申领产假及津贴制度的比例非常之高，都能得到不打折扣地产假和津贴。

（二）托育服务可得性高、品质好

一个有保障的托育服务体系应具备价格、距离、质量、时间弹性等多种因素：①平价。托育服务体系应具有福利性，托育费用对每个使用服务的家庭的可负担性是否适当，确保托教的价格、托教机构营运成本在普通家庭负担范围之内，价格昂贵影响托育服务的可得性。（D'Addio & d'Ercole，2005）②就近。托育服务机构应社区化，设在家门口方便父母接送，工作场所的托育机构亦应被鼓励。③高质量。婴幼儿在托育机构内受到之照顾服务与教育内容，能切合其身心发展之需求，降低托教教育照顾之师生比例，提升儿童照顾服务之专业品质，并确保照顾服务之安全性与营养卫生。高质量的托育服务不仅能强化家长信赖，也能减少交易成本，尤其是当国家规定最低标准和监督标准，托育服务被视为可信赖的，且在全国范围内质量相当，这比由市场自主供应的多种不同的服务质量更有利于家长使用。（Javornik，2014）④时间弹性。对于工作着的父母来说，托育服务必须要和他们的工作作息相符合，服务时间应该以全天制为基础，在此基础上允许弹性调整，以适用于不同家庭、不同类型工作者的儿童照顾需要。如果儿童照顾服务的开放时间和父母的工作时间不可调和，或者服务提供者的时间变化不定，则政策本身就会创造出供给与需求之间的紧张关系，这会影响父母对该服务的使用，进而可能影响父母尤其是母亲的就业机会。（Gornick and Meyers，2003：227）

1. 托幼机构地点就近

托幼机构的地点设在单位地域范围之内，托幼机构的开放时间通常与父母的上下班时间相吻合，父母可以在上下班时顺便接送孩子。这种托幼机构和工作场所一体化的模式为父母的就业提供了极大的方便，使单位内部的托育服务使用率特别高。其他设置在街道或者居委会的托幼机构，通常机构较小，灵活性高，能就近满足劳动妇女的需要，受到妇女的热烈欢迎。

2. 托育服务时间弹性足

当时的托幼机构在时间安排等方面注意适应家长的需要。托儿所寄托时间上，有全托、半托、临时托等多种形式，尽量适应母亲生产、工作、学习、开会等的需要。不同企业根据母亲的职业需要，可以早送或者迟接，如要加班，托儿所也应会适当延长照顾孩子的时间。有些企业还设有临时全托的办法，以解决母亲出差、生病临时困难。在就餐上，采取灵活办法，托儿所有管三餐，也有二餐或者一餐，另外也可以带饭来吃或者回家吃。重庆市妇联 1956 年的一份经验总结材料中说道：

为了替母亲解决困难，托儿所运用各种方式和办法。有的托儿所为了照顾女工生产就按厂的规定只放星期日，有的所寄托时间延长至 13~14 个小时，有的所举办了三餐，两餐或者午餐，利用桌子添加梁板、席子使孩子能午睡，（城区有街道托儿所 53 个所，统计解决午睡的有 40 个，占总数的 71.3%），（重庆市妇联，1956）。

3. 托育服务内容全面

托儿所配备足够数量的保育员。越小的托儿班，保育人员配备数量越多，全托和半托班配备不同数量的保育员。“半托 15 名小孩设工作人员 1 名，全托 5~8 名小孩设工作人员 1 名，全托 20 人以上可设工友 1 名，要尽量发挥潜在力量”。（重庆市小学联，1955）

政策要求各个托育机构完全地替代母亲，包括孩子在生病时期的照顾也由托育机构完成。北京大学的佟新教授在一篇文章里面记叙了北大人口研究所的蔡文眉教授兼顾育儿和就业的故事。蔡教授有四个孩子，分别出生在 1948—1954 年间，在养育孩子的同时，蔡教授还完成了自己的研究生学业，兼顾了教学工作，个人也没觉得累，她说这“主要是由于新中国成立以后，幼儿园好”。

“那时候的幼儿园，即使孩子生病了，也从来没有像现在这样往家里送，而是由幼儿园的阿姨带着，该去医院治疗就去医院治疗，恢复期阿姨也给带着”，“那个时候真是觉得共产主义还是好，小孩儿也有地方管了，而且回来都是一个个长得胖胖的，也没什么负担，你出差也尽管跑，像我经常出差在外面，1954—1956 年小孩儿都在托儿所里”。（佟新、杭苏红，2011）

不仅是托儿所，幼儿园也有极强的保育功能。1952 年，我国政府出台的第一部《幼儿园暂行规程（草案）》对于幼儿园任务的规定是：

“幼儿园的任务是根据新民主主义教育方针教育幼儿，使他们的身心在入小学前获得健全的发育；同时减轻母亲对幼儿的负担，以便母亲有时间参加政治生活、生产劳动、文化教育活动等”。第六条规定：“办理寄宿制幼儿园，供给、照顾幼儿的膳宿，以便利幼儿的父母工作；办理季节性幼儿园（班），以便利在农业、游牧、渔业和蚕业等地区的劳动妇女进行生产”。第七条规定：“幼儿园的始业、假期比照小学学历；但为便利妇女工作，以不放寒暑假为原则”。这些均说明，新中国成立初期的幼儿园承担了教育幼儿和解除妇女育儿负担的双重任务，甚至幼儿园的保育功能先于教育功能，为母亲就业服务的功能先于培养优秀儿童的功能。

三、儿童照顾权利的职业性

（一）儿童照顾的职业精英性

改革开放以前，我国的儿童照顾覆盖人群有限，以职业妇女为服务对象，儿童照顾权利不具有普享性。“产业工人作为现代化进程中的先锋队，一直是福利精英”，（黄黎若莲，2001：154）亦是儿童照顾政策的主要享有者。从托育机构设在单位内部，以及托育服务的收托儿童的年龄、时间弹性、价格来看，改革开放之前的托育制度，紧紧锁住妇女作为就业者的公民身份定位。中国共产党在设计托育制度之时，就未将其看成是一项普及型的公共政策，而是作为劳动市场政策的一环，只有那些参加社会生产劳动的情况下，才可能享受附着在单位等劳动场所内部的托育服务。这个意义上讲，单位制时期的托育制度，并不是单纯的福利政策或者性别平等政策，而是一项劳动力市场政策，国家将享受福利和工作、贡献绑在一起，让权利和义务互相平衡，彼此支撑。

> 托幼工作的主要对象是大工厂大企业中的劳动妇女和机关学校中的女职员、女干部，因为这些是直接影响到生产效率和业务工作的，在1227个托儿所中，工人子女占46.6%，党务工作者的子女占2.3%，政权工作者的子女占7.3%，军队工作者的占到3.5%，群众团体工作者的子女占7.3%，商人占4.5%，自由职业者占5.4%，其他占24%。（天津市民政局，1950）

受限于国家经济还比较落后、财力还不充足的现实，以及政府有意对消费资料的严格控制，即使是职业妇女内部，托育服务的覆盖面仍然不足。据数据显示，1956 年底，全国城市托儿所共收托儿童 125 万余名，农村农忙托儿所共收托儿童 600 多万名，两者相加共计 725 万余名。这个数字看起来数量相当庞大，但是与当时的社会需求相比较，差距非常之大。当时的托儿所主要收托 0 岁 ~ 3 岁的幼儿，那么 1956 年应收托 1954—1956 年出生的幼儿人口。这 3 年的人口出生率非常之高，分别为 37.97%、32.60%、31.90%，计算可知这 3 年的出生人口数量分别为 2288.3 万、2003.8 万、2004.2 万人，我国当时应有 0 岁 ~ 3 岁幼儿 6000 万以上。6000 万人口仅有 725 万进入托儿所，收托儿童比例仅为 12%。而 1956 年幼儿园收托人数仅 108.1 万人，可知能够进入幼儿园的儿童比例更小。到了 1979 年，情况出现较大改善，城市婴幼儿入所入园率一般达到了 30% 左右，少数城市可以达 70% 以上。（中华全国妇女联合会，1983）托幼机构更多地分布在一些经济效益比较好、人数较多的单位，对于大部分家庭来说，托幼服务仍是相对稀缺的资源。也就是说，在职业化的基础之上，我国的儿童照顾政策还表现出“精英化”的特征。

（二）性别平等的社会分化

儿童照顾政策有很强性别关系的再生产功能（黄志隆，2008），我国儿童照顾权利和就业相结合，国家牢牢地把儿童照顾的权利和妇女参加生产劳动的义务结合在一起。妇女倘若进入国家认可的就业市场——大中型企业，那么儿童照顾政策在缓解其就业和育儿方面可以起到积极的作用。否则，将被漏出在儿童照顾福利之外，有鉴于此，我国的妇女平等出现严重社会分化。

1. 性别平等缓解了职业精英妇女的工作和育儿冲突

女性参与劳动力市场的关键是配套儿童托育服务及生育健康服务（刘梅君，2008）。为育有子女的家庭提供工具性协助（如托育服务），增加父母照顾子女的选择弹性，调和亲职责任与劳动力市场之间的紧张关系，增加女性的就业持续参加劳动力市场的可能性。

改革开放以前，我国的儿童照顾政策虽然不健全，但以单位办社会方式供给的托育政策，其强烈的妇女就业支持导向和“去商品化”特征，增加母亲照顾子女的选择弹性，调和母职责任与劳动力市场之间的紧张关系，它帮助原本在家里从事无薪照顾劳动的女性，被解放出来进入劳动市场，跟男性一样取得经济自主以及生涯发展的机会，社会出现“双薪家庭”图景。仅从这一层面看，中国单位体制内女性的享有的性别平等，远远高于同时期的许多发达国家。

同时，原本由家庭承担的照顾需求被释放到家庭之外，由企业和其他社会主体所分担，创造了许多职业照顾劳动岗位，给予一批妇女参加就业的机会，她们可以借由劳动市场提供照顾服务而赚取薪资。换句话说，单位制时期儿童照顾责任“去家庭化”，一方面，原本被家务劳动束缚的女性得以从无薪的家务劳动中走出，通过加入就业市场来取得经济自主，取得个人发展机会。另一方面，照顾需求由单位承接之后，单位内部有大量的照顾性服务岗位，这由另一批女性来承接，给予了她们职业机会。

妇女就业的人数规模迅速扩大。在 1949—1957 年 8 年间，女职工人数从 60 万人增加到 328.6 万人，1952 年后，年平均增长率在 12.7%，女职工占职工总数的比例由 7.5% 逐步上升为 13.4%。（蒋永萍，2000）20 世纪 50 年代中期，我国的单位制初具雏形。在单位体制下，国家对就业过程的控制更为严格，新中国成立初期的统一安置的就业政策成长为国家统包统配和人力资源指令性计划安置模式，并持续地为我国妇女就业提供保护。一般来说，国家通过劳动人事部门以性别搭配的形式把女性分配到企事业单位，企事业单位有接收之义务，但无招聘职工权利、无辞退职工权利，国家分配女职工到单位之后，企业只能尽可能地将其安排在适合的位置。截止到 1978 年，企业女职工数量超过 3000 万，占职工总数 30% 以上，城市劳动年龄内妇女就业的比例超过 90%。（万敏、孙超，2010）

儿童照顾政策帮助职业妇女平衡工作和家庭的冲突，让妇女在工作和育儿之间相对均衡，形成了就业和生育之间的双赢局面。新中国建立以后，分别在 1949—1958 年和 1962—1975 年出现两个生育高峰，妇女的生育率总和在不少年份达到 5.0 以上，在如此之高的生育率下，中国的城市妇女依然保持了极高的就业率，这与中国极具妇女就业导向的托幼政策的支持是分不开的。我国的托育服务虽然覆盖面有限，但对于一大部分单位体制内享受了托育服务的女性来说，确实极大地减轻了育儿负担，对维持当时极高的生育率功不可没。

2. 初现“蜡烛两头烧”的困境

但由于托儿所和幼儿园的覆盖面较低，对于一部分不能享有高水平儿童照顾政策的女性来说，在当时妇女解放的大潮下，她们工作热情前所未有的十分高涨、干劲十足，每天起早贪黑忙工作，顾不上自己的家，晚上回家才有时间收拾家务。管孩子。换句话说，这些女性不但要和男性一样承担养家责任，同时也没有摆脱家务劳动者和儿童照顾者的角色。即使是那些有儿童照顾政策的单位的女职工，除了儿童照顾以外，其他的家庭琐事仍为妇女的“工作”范围，这部分妇女一样在工作之余要整理家庭内务。我国“妇女解放”运动，把争取女性就业权利当成是最重要目标，女性大量进入了公共劳动领域。但进入劳动力市场的女性依然需要从事家务劳动和儿童照顾工作。家庭领域中的男女不平等如同一块遮了幕布的“黑箱”，始终没有进入国家政策议程，甚至没有进入社会讨论，这显然对于女性来说是不公平的。男性只顾赚钱养家，不理家务琐事，女性却得工作和家庭两头耗费心神，台湾学者把这种现象叫作“蜡烛两头烧”。（黄志隆，2012；王舒芸，2014）我国改革开放以前，妇女实际上已经面临“蜡烛两头烧”的困境。

四、儿童照顾项目发展的不均衡性

改革开放前我国的儿童照顾发展呈现碎片化状态。儿童照顾政策分属不同的法规规章，政策性质不同，分属不同部门管理，由不同法律制度规制，碎片化十分严重，不同制度的发展呈现明显差异。其中，制度执行最好的是产假及其津贴制度。产假及其津贴属于社会保险五大险种之一的生育保险。按照马克思的产品扣除理论和列宁的国家保险理论，社会保险属于社会主义分配制度的一部分，劳动者有权利从劳动所得中积累丧失劳动力时的生活储备基金。新中国建立之后，随着国家对社会生产与消费等资源统一配置能力的增强，包括养老、医疗、工伤、失业、生育保险在内的社会保险制度很快建立起来，所有的工人都统一享有慷慨的社会保险津贴，它和低工资制度联系在一起，构成新中国社会分配系统的两个核心。有此渊源，生育保险制度的执行完全不打折扣，受其规制的产假及其津贴的发展最为稳定可靠。

哺乳时间、调整工时属于女工劳动保护条例规定之内容。我国的女工保护法在1950年开始起草，但由于一些条文的规定达不成一致意见，也因为一些特殊年代（如“文化大革命”时期）对于女性劳动保护需求持怀疑态度，我国的女工保护条例迟迟未获得通过，唯一向全国发布的是中央1960年印发的《关于加强女工保护的通知》，这导致各地对哺乳时间和调整工时的实践极为有限。

托育机构有托儿所和幼儿园之分。托儿所的主管行政部门是卫计委，工会女工部和妇联组织协助监督管理。幼儿园属于教育政策，教育部门设立幼教处，管理的制度化状况托儿所状况较佳。1955 年国务院号召工矿、企业自办幼儿园，幼儿园和托儿所开始同属于单位的集体福利事业，这给它们的发展争取了一定保障。

儿童照顾项目之间发展参差不齐，给政策的保障效果带来负面影响。一般来说，任何福利议题环环相扣，一荣俱荣，一损俱损，政策一旦被切割，牵扯了许多的业务部门，都将让所有的干预行动或者计划的效果大打折扣。我国改革开放之前的儿童照顾政策，不仅存在政策切割过于分散的问题，政策甚至还存在难以跨越性质鸿沟，儿童照顾政策系统性和整合性过差，导致儿童照顾政策效益受损，保障效果变差。

综上所述，改革开放以前，我国通过在单位内部的设置托育照顾机构，把原来由妇女负责的照顾责任外移，形成了“国家＋单位＋家庭”的儿童照顾责任多元共担模式，具有鲜明的“去家庭化”特征。但由于儿童照顾政策的总体目标是为了支持妇女参加公共劳动，国家不重视儿童津贴政策，不太重视保障母婴健康的哺乳环节，仅仅产假和托育服务得到发展，儿童照顾政策附在单位，变成劳动力市场的一环，那些在正规单位就业的妇女可以享受该服务的同时，还有大量的劳动妇女游离在劳动力市场之外，这部分妇女工作的同时，还得承担儿童照顾等家务劳动，面临比较重要的工作、生活选择问题。这样看来，我国改革开放之前儿童照顾政策不具有普遍性，我们将其形容为有限的“去家庭化”。

第二节　改革开放后：儿童照顾的“再家庭化”

“再家庭化”是对“去家庭化”过程的一种逆转，具体而言，“再家庭化”可以被认为是通过削减国家公共照顾投入和鼓励家庭照顾优先的方式来促使家庭承担照顾责任。如果说“去家庭化”描述的是儿童照顾制度的产生、发展的原因和过程的话，“再家庭化”则主要说明的是 20 世纪 80 年代以后我国政府在福利领域全面撤出，公共政策期待私人家庭作为儿童照顾福利的主要供给单位的趋势和过程。

改革开放以后，我国儿童照顾政策巨变，呈现明显的“再家庭化”趋势。虽然儿童照顾政策同样具有照顾假期和托育服务两个类目，但是政策的具体构成发生了局部改变。①产假制度得到延续。1988 年起，我国的产假延长至 98 天。②出台晚婚、晚育假期和计划生育奖励假期政策。20 世纪 80 年代，为了鼓励计划生育，各地政府纷纷设立在产假的基础上，设立这一政策，符合这项政策的家庭女性能够再获得 15～90 天的奖励产假，男性可获得 3～30 天的陪产假。③哺乳时间制度化。1988 年《女工劳动保护条例》出台，哺乳期妇女（产后 1 年）可以获得每天 2 次、每次 30 分钟的哺乳时间。④托育服务缩水。托儿所在 80 年代逐渐消失，幼儿园虽然得以保留，但公私结构发生巨变，市场为主的幼儿教育机构不仅价格十分高昂，保育职能亦难觅踪迹。产假时间有所延长，哺乳时间和调整工时制度化，但托育机构的公共性却在飞快消失。从这些政策的走向来看，它们似乎是矛盾的。前者意味着进步，后者意味着退步，但是实际执行结果来看，这些儿童照顾政策的变化是同步的。这是因为产假、哺乳时间和调整工时在市场大潮的冲击下，政策执行遭遇困难，保障程度十分有限。我国的儿童照顾制度岌岌可危，儿童照顾责任最终回归到家庭。

一、儿童照顾的“再家庭化”

（一）国家责任后退

这一时期国家仍然提供制度供给，政策甚至比以往更加完善和健全。例如，产假得以延长、哺乳时间和调整工时完成了制度化、托幼机构的制度规划程度得以提升，但在这些表象的背后，是国家的财政投入的逐年减少和管理监督角色的严重缺位，我国政府在儿童照顾中的责任实际是后退了。

表 4–2 我国幼儿园的教育经费

年份	教育经费（亿元）	幼儿园教育经费（亿元）	幼儿园教育经费所占比例（%）
1995	1877.95	—	—
1996	2262.34	—	—
1997	2531.73	34.2	1.35
1998	2949.06	39.99	1.36
1999	3349.04	45.54	1.36
2000	3849.08	51.63	1.34

续表

年份	教育经费（亿元）	幼儿园教育经费（亿元）	幼儿园教育经费所占比例（%）
2001	4637.66	60.28	1.30
2002	5480.03	67.58	1.23
2003	6208.27	74.26	1.20
2004	7242.60	87.52	1.21
2005	8418.84	104.55	1.24
2006	9815.31	—	—
2007	12148.07	157.14	1.29
2008	14500.74	198.84	1.37
2009	16502.71	244.79	1.48
2010	19561.85	728.01	3.72
2011	23869.29	1018.58	4.27
2012	27695.97	—	—

资料来源：教育部官网。

国家不愿为托幼机构再做投入。表 4–2 展示了我国幼儿的教育经费投入状况。1997 年我国幼儿园教育经费占所有教育经费的比例为 1.35%，2001 年降低到 1.30% 左右，2003 年继续降低到 1.20%，创历史最低水平。这种状况一直持续到 2010 年。公立幼儿园国家投入不足，教育经费捉襟见肘，这导致各地纷纷通过提高公立幼儿园收费标准来弥补幼儿园的入不敷出。2004 年上海市幼儿园收费经过几次上调之后，公办示范性幼儿园的管理费最高标准为每生每月 800 元，（上海市财政局等，2004）2004 年上海市的月平均工资为 2033 元，最低工资标准为 635 元。幼儿园收费占到月平均工资的 40%，超过了最低工资标准 165 元。这说明，在国家缺少投入的情况下，公立托儿园已经失去了福利性质，变成了付费性市场机构。国家的管理监督缺位。这表现在儿童照顾政策的多个方面：第一，产假、哺乳时间和调整工时流于形式。1988 年，产假看似有所延长，哺乳时间和调整工时看似制度化，但这三项政策在实施中由于缺乏监督，最终无法落到实处。自 20 世纪 80 年代起，国有企业改革开始，企业用人自主化使女性的就业劣势凸显，对利润的追求使得企业自动削减“女性福利”。市场经济之后私营企业快速增长，进一步加剧了产假制度的执行困难，一些私营企业的女性怀孕就被迫辞职。第二，20 世纪 80 年代国家撤销了托儿所的管理机构，不再设置托儿所管理部门，托儿所自生自灭，最终消失在民众视野。第三，国家幼儿园的管理上缺乏有效手段，幼儿园存在较为严重的违规办学事件，诸如食物中毒、食品安全、乱喂药物、校车安全、体罚虐待学生的报道常见诸报端。第四，幼儿照顾所依赖的私人保姆体系十分混乱。由于缺少相应的法律规制，政府的管理无法可依，保姆市场管理效果极差，时常出现保姆虐童、偷窃等恶性事件，家庭选择保姆的成本过高、风险太大。

（二）单位不再承担社会福利功能

单位制改革的最终目标是把国有企业改造成现代企业，让国有企业走向市场，自负盈亏。为了达成这个目标，企业不应再承担社会福利功能，包括养老金、住房、医疗和种类繁多的职工集体福利事业都应与企业剥离。国家建立社会保障制度承接原来由企业负担的社会福利。

与儿童照顾政策有关的生育保险制度、托儿所和幼儿园在这场改革中全部走向社会化。过去，生育保险由企业承担，企业之间不互通有无，每个企业自行负责生育保险基金的筹集，职工个人收益却不需供款，如果单位亏损，国家就会提供援助，即所谓的国家保障、单位负责。单位制改革以后，我国建立了社会化的生育保险制度，该制度的特征是生育保险的费用的收集和分配由国家进行，企业只负责部分缴费，不再成为生育保险的第一责任人。托儿所和幼儿园进行了社会化处理。企业不再直接举办托幼机构，原来由企业举办的托幼机构或向社会开放，或转交当地教育部门，企业以亦不再为职工入托、入园提供资金补助，托幼机构的费用由家庭负责。

（三）市场保育功能有限

依据照顾政策与服务输送之财务来源、责任归属、与执行单位来说，托育服务体系可分成：完全公共化与高度资本市场化两个光谱的极端，而在这光谱中间还有社区化、第三部门举办、公设民营、公民共办等形式。我国政府在托育服务改革上的用词使用的是“社会化”，如“鼓励社会力量办园”等，看似并不主张完全的市场放任主义，事实并非如此。“福利的社会化实质就是福利私有化（市场化）的一种委婉说法”，（黄黎若莲，2001：74）我国政府在改革过程中并未去培育社区或者第三部门的服务供给功能，社会化的托育机构一直未能发展起来，市场化的机构反倒在政府有意无意地培育下占据主流。

20 世纪 80 年代市场力量和儿童照顾制度惯性相互胶着，虽有削减儿童照顾迹象，但市场未能完全占据上风。20 世纪 90 年代以后我国的托育服务市场化进程加快，政府加大了照顾服务的产业化的步伐，民办托育机构数量快速增长，托育服务收费按照市场原则运行，价格迅猛增长。到了 20 世纪 90 年代末期，市场机制破坏了儿童照顾政策的应有机能，我国的儿童照顾政策腐坏变质，其福利性和服务型特质消失。

0 岁 ~ 3 岁的托儿所首先遭遇滑铁卢。这个年龄段的孩子脆弱又难懂，不仅需要密集照顾，还需要照顾者付出十足耐心。换句话说，它所需的投入太高，没有哪个市场机构愿意提供，这部分儿童的照顾责任流向了家庭组织，并最终由妇女承担。

3 岁 ~ 6 岁儿童所在的幼儿园被市场青睐，但却完全被市场投入与产出原则主导。表现在：第一，幼儿园价格猛涨。为了提升幼教市场之的利润，一些幼儿园在早教理念的包装下，打出特色课程招牌，比如音乐教学、双语教学、艺术特长班等，受限于少子化脉络与小孩不能输在起跑点的社会意识，家长对于此类幼儿教育机构趋之若鹜。受到市场的鼓励，这一类幼儿园大多以大型连锁式的教育机构的形式发展，透过企业精算成本与利润的经营方式，大量地复制机构，恶性竞争和垄断市场，这导致零散家庭无法与规模庞大的托育机构大腕们相抗衡，幼儿园的价格连年上涨。据 2010 年“成都市物价局监督检查分局”发布的一份报告显示，成都市私立幼儿园按照收费水平分为三类：①高等私立幼儿园，每年收取与入园挂钩的教育费 10000 元 ~ 20000 元，另每月收取保育费 1200 元 ~ 2000 元不等，或者一年 30000 元 ~ 50000 元全包。②中等私立幼儿园，每年收取教育费 5000 元 ~ 10000 元，每月保育费 800 元 ~ 1000 元。③普通私立幼儿园，每年赞助费 1000 元 ~ 5000 元，每个月保育费 130 元 ~ 800 元。（成都市物价局监督检查分局，2010）当年成都市的年平均工资为 30515 元。高等私立幼儿园的收费标准远远高于社会平均工资，中等私立幼儿园的收费标准需要几乎与年平均工资持平。全美托育倡议团体一致认为，托育费若超过该家庭收入的十分之一时，这时候的市场价格俨然太高，（姜贞吟，2010）并造成了基础教育的阶级分化。中上层经济富裕的家庭，能接受学费昂贵的幼儿园，低收入家庭只能选择品质良莠不齐及收费低廉的幼儿园，这有违教育机会公平的原则。

第二，幼儿园品质两极分化。一类幼儿园打出高质量办园口号，这类幼儿园通常环境优美、活动场地阔，游戏设施齐全，配有先进的多媒体教学工具和专门的舞蹈教室、音乐教室等，并声称拥有先进的教育理念和管理模式，提供双语教学。另一类幼儿园环境普通，空间逼仄，教师师资较差，设施简陋，虽然收费较低但是毫无保教质量可言。儿童早期发展的起点完全不同。

第三，在早教理念的包装下，幼儿园从一个教养结合组织变成了一个纯粹的教育组织，丧失了保育功能。改革之前的幼儿园设置十分重视保育功能。如1952年《幼儿园暂行规程（草案）》规定幼儿园的目标是，“使幼儿的身心在入小学前获得健全的发育；同时减轻母亲对幼儿的负担，以便母亲有时间参加政治生活、生产劳动、文化教育活动等”，当时有幼儿园不放暑假之规定。幼儿园市场化之后，如火如荼的生源竞争将幼儿园之教育功能无限放大，教育质量成为“好”幼儿园生源竞争的噱头，幼儿园小学化倾向十分明显。至于幼儿园的保育职能，为母亲就业提供方便的职能几乎被社会遗忘。从幼儿园设置时间上可以看出这一点。现在的幼儿园有寒暑假，学校开学放假时间和小学一致。1996年《幼儿园工作规程》规定幼儿园可分为全日制、半日制、定时制、季节制和寄宿制，倘若如上述形式设置，幼儿园的时间设置多样化可以满足家长的就业需求，事实与之相反，各地幼儿园（包括附设在幼儿园的托儿班）主要以全日制为主，实行朝九晚五的上课、下学时间，工作的家长很难接送自己的孩子。托育机构为家长就业服务的功能十分有限。

表4–3　不同时期幼儿园的任务目标

年份	法规名称	幼儿园的任务目标
1952	《幼儿园暂行规程（草案）》	使幼儿的身心在入小学前获得健全的发育；减轻母亲照顾幼儿的负担，以便母亲有时间参加政治生活、生产劳动、文化教育活动等。
1979	《城市幼儿园工作条例（试行草案）》	对幼儿进行初步的全面发展教育，使幼儿健康、活泼地成长，为入小学打好基础；减轻家长在教育孩子方面的负担，使他们能够安心生产、工作和学习。
1989	《幼儿园管理条例》	促进幼儿在体、智、德、美诸方面和谐发展。
1989	《幼儿园工作规程（试行）》	实行保育与教育相结合的原则，对幼儿实施体、智、德、美全面发展的教育，促进其身心和谐发展；为幼儿家长安心参加社会主义建设提供便利条件。

续表

年份	法规名称	幼儿园的任务目标
1996	《幼儿园工作规程》	实行保育与教育相结合的原则，对幼儿实施体、智、德、美诸方面全面发展的教育，促进其身心和谐发展；为家长参加工作、学习提供便利条件。

资料来源：作者自制。

（四）儿童照顾责任走向家庭

政府角色的全方位弱化，单位剥离福利功能，市场趋利避害，使儿童照顾责任最终走向家庭。表现在：第一，家庭承担儿童照顾的全部责任。家庭解决儿童照顾问题，托育服务是最重要的替代方案。我国 0 岁 ~ 3 岁孩子的照顾机构消失，3 岁 ~ 6 岁孩子照顾机构过度市场化，我国儿童的照顾责任只能由家庭承担。又因为，我国除了产假之外并无其他的育儿假期，作为最重要的照顾假期的亲职假在我国尚未实行，这导致父母没有时间亲自照顾儿童，中国儿童照顾只能通过家庭内部的协调组合，或者妻子辞职回家，或者通过恢复“三代同堂”的家庭体系，依托祖辈照顾力量来解决儿童照顾问题。第二，家庭承担了育儿的所有经济风险。家庭解决儿童照顾问题，0 岁 ~ 3 岁儿童可有三种选择：妻子辞职回家，或是迎接祖父母或者外祖父母同住，或者是在市场上寻找保姆。无论哪一种，都需要家庭付出较大的经济代价。妻子辞职意味着家庭失去一半的经济收入，祖父母同住意味着家庭需要更为宽敞的住房、三代人的日常消费、以及祖辈的看病医疗，雇佣保姆意味着承担十分高昂的价格。3 岁 ~ 6 岁儿童的托育机构——幼儿园，政府并未设置托幼服务的价格补贴制度，且对托育服务的定价缺乏监管，托育机构已经完全是一个主要由私人家庭筹资的体系，托幼服务皆由市场定价，导致托育服务的价格频频上扬，逐渐超出了家庭负担能力。换句话说，中国因为没有亲职假期，缺少公共化的儿童照顾服务，家庭最后只能通过寻求祖父母帮助或者从市场上购买服务。无论是哪种情况，最后都转化成家庭的经济负担。

仔细观察我国儿童照顾责任“再家庭化”的过程，发现其具有莱特纳所说的“隐含家庭主义”的特征。莱特纳（Leitner，2003）划分了四个家庭主义模式：①选择性的家庭主义（Optional familialism），指的是政府即设置了公共化的儿童照顾设施，也慷慨地支持家庭照顾功能，家长可在两者间依偏好自由选择；②明显的家庭主义（Explicit familialism），指通过设定照顾者津贴政策强化家庭的照顾功能，社会缺乏可以替代家庭照顾的公共托育设施；③隐含的家庭主义（Implicit familialism），指的是政府既不提供去家庭化的政策、也不积极支持家庭的照顾功能；④去家庭化（De-familialism），政府或市场供给充分的服务，儿童入园率高。市场经济后，我国政府在儿童照顾服务的供应、资助和管理领域中都有所提出，国家几乎不再提供“去家庭化”的政策，但也未明确支持家庭的照顾功能，政府并未设置“照顾者津贴”类的政策强化女性的照顾责任，反倒一直在强调女性的就业权利，只是因为公共托育照顾服务的覆盖率很低，市场化的托育服务价格昂贵而又质量堪忧，家庭不得不负担起主要照顾责任。

这样一来，我国改革开放前后的儿童照顾模式就可划分为两个明显的阶段（如图 4-1）。改革开放以前，我国通过在单位内部的设置托育照顾机构，把原来由妇女负责的照顾责任外移，这具有鲜明的“去家庭化”特征，但由于服务覆盖人群有限，大量妇女难以享受到类似的服务，我们将其形容为有限的“去家庭化”。改革开放以后，家庭是儿童照顾的第一责任主体，儿童照顾政策深受残补原则（Principle of Subsidiary）的影响，政策坚持家庭应该负担家庭成员福利的主要责任，只有在家庭功能失效之后政府才需介入，儿童照顾责任走向了“再家庭化”。

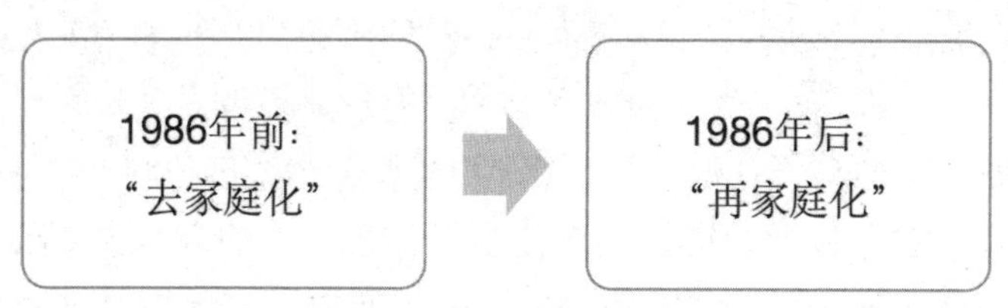

图 4-1 我国改革前后儿童照顾责任的变迁

二、儿童照顾政策的国别比较

为了进一步认清我国市场经济时期的儿童照顾政策，本书使用西方儿童照顾政策类型学已有的研究成果，通过与西方先进国家的比较，辨析我国的儿童照顾政策在国际上的相对位置，以进一步澄清我国当代儿童照顾政策的特征。

（一）我国与西方福利国家儿童照顾政策的比较

西方福利国家主要采取收入支持、育儿假期和托育服务三种制度来支持家庭照顾儿童。收入支持指国家专为家庭和儿童设立的财政补贴，常见形式有儿童（家庭）津贴、税收优惠和税收减免等。目前，大多数福利国家为有子女家庭提供普及性的定额现金津贴，将有子女家庭的收入补偿扩大到包括中产阶级在内的所有人群。普及式津贴省去申请或审查等行政程序，比起选择性给付，可以更好地跟随孩子（follow the child），尤其能让更多贫穷的孩子受惠。相对来说，选择性给付通常因父母的婚姻关系或就业与所得状况，而需要重新认定或停止等程序，筛选成本高，并且时常伴有包容和排斥的错误。儿童（家庭）津贴的给付采用定额式，根据不同年龄（0 岁 ~ 18 岁），给予不同的额度（见表 4–4）。

与西方国家比较，我国无儿童（家庭）津贴制度，唯一有关的制度是计划生育奖励津贴制度。20 世纪 80 年代，为了推行独生子女政策，我国为符合条件的家庭发动一定奖励津贴，由各省具体规定奖励额度，数额从 0 元 ~ 50 元不等。与西方国家相比，该制度为选择性制度，且多年来额度从未调整，保障作用极其有限。

福利国家育儿假期具体形式包括了产假（Maternity leave）、陪产假（Paternity leave）、育儿假（Parental leave）父亲假（Daddy quato）以及各种临时性的照顾假（Homecare leave）等。西方福利国家的产假周数大致在 14 周 ~ 18 周之间。产假普遍享有一定的薪资补贴，支付比例约在薪资水平的 70% 以上（见表 4–5）。北欧国家在产假和亲职假之间的界限模糊，体现在产假和育亲职假时间连续、薪资水平统一，且薪资水平较高。欧陆保守主义国家的产假通常单独设置，且给付慷慨，如德国产假为 14 周，给付 100% 的工资，法国 16 周，同样支付 100% 的个人工资。南欧国家的产假时间总时间较长，但是其中通常设置了强制和非强制时间，如西班牙 16 周产假，但是强制产假仅有 6 周，意大利强制 5 个月中仅有 4 周的强制产假，产妇实际有保障的产假时间较短。英国等自由主义国家中，产假近年有大幅度增长，假期薪资水平明显提高，如英国规定产假 52 周，有 90% 的平均周薪或者 159 欧元的假期补贴。

表 4–4 部分国家的儿童或家庭津贴

国家	给付名称	财务来源	给付对象	给付水准（美元 / 月）	相当于人均 GDP 的比重（%）
丹麦	基础年金津贴	税收	2 岁以下	113	4.45
			3 岁 ~ 6 岁	125	5.05
			7 岁 ~ 17 岁	89	3.60
瑞典	家庭津贴	税收	16 岁以下人口，学生延至 20 岁，学习障碍者延至 23 岁	91	4.42
挪威	家庭津贴	税收	3 岁以下	108	3.45
			4 岁 ~ 18 岁	182	5.81
荷兰	家庭津贴	税收	16 岁以下且为投保家庭	根据家庭结构 50 元 ~ 97 元不等	2.51—4.8
德国	家庭津贴	税收	未满 18 岁人口，未就业则延至 21 岁，在校学习或学徒者或参与志愿服务者，延至 27 岁，身心障碍者无年龄限制	137.5	7.3
英国	儿童津贴	税收	16 岁以下人口，在校学生延至 19 岁	最大子女 96，后面每名 64	4.74—3.16
中国	独生子女津贴	税收	家庭只生育 1 个子女者	各省不同，0 元 ~ 50 元人民币不等	

资料来源：郑清霞，养育责任的集体分担——公共财和外部性的分析，台大社工学刊，2005.

超过一半以上的 OECD 国家设有陪产假，其中欧盟国家更为普遍。各国假期长度相差较大，最短 2 天（希腊、荷兰），最长 90 天（斯洛维尼亚）。社会民主主义国家中已经设置了父亲育儿假的国家，往往不再单独设立陪产假。保守主义国家陪产假长短各异，德国无陪产假，法国 11 天、比利时 10 天。南欧国家陪产假设立的较晚，但后来者居上，西班牙设有 15 天、葡萄牙设有 20 天的陪产假。东亚的韩国和日本都设立了陪产假，其中韩国的陪产假为 3 天，但是无薪水保证。

表 4–5 部分 OECD 国家和我国的育儿假期和薪资比例（2012）

国别	假别	时长	薪资比例
丹麦	产假	18 周（产前 4 周、产后 14 周）	100% 工资
	亲职假	32 周（小孩出生至 48 周可申请）	100% 工资
芬兰	产假	15 周	70% 工资
	亲职假	至幼儿 3 岁止	定额津贴，每月 327.46 欧元
挪威	产假	不详	80% 工资
	亲职假	52 周	定额津贴
瑞典	产假	2 周（产前或者产后）	80% 工资
	亲职假	480 天（父母各强制性 60 天）	前 390 天 80% 工资，剩余 90 天定额津贴，一天 20 欧元
奥地利	产假	16 周（产前、产后各 8 周）	100% 工资
	陪产假	1 个月（公立部门）	无薪
	亲职假	2 年	100% 工资
比利时	产假	15 周（产前 6 周、产后 9 周）	公立部门 100% 工资，私立部门 30 天 82% 工资，剩余时间 75% 工资
	陪产假	10 天	100% 工资
	亲职假	父母双方各 4 个月	每月补助 679.59 欧元
法国	产假	16 周	100% 工资，最高 3031 欧元
	陪产假	2 周	100% 工资
	亲职假	至 3 岁止	每月支付 566.01 欧元
德国	产假	14 周（产前 6 周、产后 8 周）	100% 工资
	亲职假	3 年	产后 12 个月 67% 工资，其余无薪
卢森堡	产假	16 周产假（产前、产后各 8 周）	100% 工资
	陪产假	2 天陪产假	雇主支付 100% 工资
	亲职假	父母各有 6 个月亲职假	每月支付 1778 欧元
荷兰	产假	16 周产假（产前 6 周、产后 10 周）	100% 工资
	陪产假	2 天陪产假	雇主支付 100% 工资
	亲职假	父母每周工作时间的 26 倍	每月减税 723 欧元或者每小时支付 4.18 欧元

续表

国别	假别	时长	薪资比例
英国	产假	52 周	每周 159 欧元或者 90% 平均周薪
爱尔兰	产假	42 周（强制性 2 周）	前 26 周 80% 工资，最低每周 217.8 欧元，最高 262 欧元，剩余 16 周无薪
	亲职假	父母各 14 周	无薪
希腊	产假	17 周（产前 8 周、产后 9 周）	100% 工资
	陪产假	2 天，小孩出生时	雇主支付 100% 工资
	亲职假	父母各 4 个月	无薪
西班牙	产假	16 周（强制性产假 6 周）	100% 工资
	陪产假	15 天陪产假	100% 工资
	亲职假	小孩 3 岁前	无薪
葡萄牙	产假	120 天或者 150 天产假	120 天 100% 工资；150 天 80% 工资
	陪产假	20 个工作日（强制性 10 天）	100% 工资
	亲职假	父母各 3 个月	支付工资 30%
意大利	产假	5 个月（强制 4 周）	80% 工资
	陪产假	父母各 6 个月，小孩 8 岁前可申请	小孩 3 岁前，30% 工资；3 岁 ~ 8 岁，无薪
	亲职假	52 周	90% 工资
美国	产假	12 周	无薪
加拿大	产假	17 周	15 周享有 55% 工资
	亲职假	10 周	55% 工资
中国	产假	14 周	企业上年度平均工资
	晚育和计划生育奖励假期	产假 15 天 ~ 90 天不等；男性陪产假 3 天 ~ 30 天不等	企业上年度平均工资

资料来源：在“陈美瑜．探讨欧盟性别平等政策发展：以工作与家庭平衡为例．台湾大学社会科学院发展研究所硕士论文，2013.”所附相关数据基础上，增加、补充修订而成。

注：各国假期设置不同，如该国家并未设置陪产假，则上表中即无陪产假一行。

亲职假和产假在技术上分别属于不同时间段。亲职假通常安排在产假之后。各国亲职假长短不一，短的只有几个月时间，最长可达 3 年。亲职假有带薪与不带薪之分，是否带薪是衡量亲职假质量的一个重要指标。如果没有足够薪水或者补贴，父母只能尽快重返工作岗位以获取薪水，亲职假的使用率必然有限。各国比较起来，北欧社会民主主义国家亲职假质量较高，假期总时间和假期财政支持力度均在较达到较高水准。欧洲大陆的德国、南欧国家的意大利和西班牙、东亚韩国的亲职假时间均在 1 年以上，但假期没有足够的薪水保障，亲职假总体质量有待改善。

亲职假由父母双方共同享有，其中父亲享有部分称之为“父亲假”。20 世纪 90 年代，父亲假的理念获得欧盟的大力倡导。1996 年，欧盟通过的《亲职假指令》（EC Parental Leave Directive（96/34/EC）），该法令明确指出，应“促进男性参与育儿工作，进而推动男女之间工作机会和待遇的平等化”。当前已有超过一半的欧盟国家要求父亲使用亲职假，以在父母之间公平分配照顾责任。

（二）我国儿童照顾政策的体制分析

儿童照顾政策类型学研究成果丰富，科比是性别福利体制研究的集大成者，他不仅从性别观点提出福利国家的分类架构，而且模仿艾斯平·安德森的做法发展出各种模式的测量指标（见本书第二章第一节）。这里根据科比的指标体系，有利于对我国改革开放以后的儿童照顾体系做出分析。

首先，检验我国是否为“传统家庭支持模式”，该模式政府偏重于为家庭提供各种育儿津贴，其中的四项指标均为收入津贴制度，包括：①未成年子女的儿童补贴，现金或者税收减免。②对学龄以下儿童的父母的家庭照顾津贴。③通过税收体系对户主发放婚姻补助，对比我国，可以发现，新中国建立以后我国从未设立普及化的儿童或者家庭津贴制度，仅在 20 世纪 80 年代，我国为了鼓励计划生育政策的开展，有地方各省纷纷设立独生子女津贴制度，然而这是一项选择性的制度，且费用多年不增长。2016 年废止之时，多数省份都只有几十元的给予水准，因此这三项指标我国得分均为 0。另外一项指标是 3 岁至学龄儿童使用公共托育服务的比率，2012 年我国的公立幼儿园的数量占到全部数值是 54.7%，其中政府部门举办为 48.8%，集体举办为 5.9%，这高于典型自由市场国家美国的 14%。但是我国的公共托育服务意义和欧美国家不同，后者的公共托育意味着免费或极少费用的服务，而我国的公共托育仅是指由公立托儿园所提供的服务，本质上仍是付费的服务，和市场提供的商品相去不远。因此若采取严格定义的公共托育照顾，则我国的得分应该是 0，也就是低于所有国家的得分。综合三项指标的得分来看，我国显然不属于传统家庭支持模式。

其次，使用“双薪 / 双照顾家庭支持模式”的指标测量我国的性别福利体制。就第一项指标“0 岁 ~ 2 岁以下幼儿使用公共托育服务的比率”而言，我国自 20 世纪 80 年代托儿所的主管机构撤销，托儿所逐渐消失殆尽，这项的得分为 0。第二项指标“对大于 3 岁孩子的全天公共日托服务”，如上段所述，我国公立托育机构虽然披着公立外衣，但内里却有鲜明的市场化特征，近年国有虽然有加大财政投入，但是成就有限，因此得分也是 0。第三项指标“收入相关的父母保险”，我国有产假 98 天和产假期间足额给付，达到了国际劳工组织以及欧盟倡导的平均水平，但无亲职假，该项得分应远低于欧洲福利国家（见表 4–6）。至于后面三项“激励父亲更积极地照顾未成年子女”“带薪休假可以被爸爸、妈妈或者两者共同使用的周数”“带薪休假专为父亲使用的周数”，我国除了晚育和计划生育奖励的陪产假之外，并无其他项目政策，因此得分均为 0。这样我国也不是“双薪 / 双照顾者模式”。

表 4–6 我国儿童照顾政策的类型学分析

模式	指标	我国制度	得分
传统家庭模式	未成年子女的儿童补贴或者税收减免	计划生育津贴	0
	3 岁 ~ 6 岁的非全天候的公共照顾服务	幼儿园	0
	学龄以下儿童的父母的家庭津贴	无	0
	通过税收体系对户主发放婚姻补助	无	0
双照顾者模式	0 岁 ~ 2 岁孩子的公共日托服务	无	0
	大于 3 岁孩子的全天公共日托服务	幼儿园	0
	收入相关的父母保险	无	0
	有无激励父亲照顾未成年子女	无	0
	育儿假可以被父母共同使用的周数	无	0
	带薪休假专为父亲使用的周数	无	0
市场取向模式	前面两种模式指标得分都很低的国家便是此种模式	—	—

表格来源：作者自制。

我国应归入“市场取向模式”。按照科比的分类，在前两种模式得分很低的国家自动归入“市场取向模式”。市场取向模式的重要特征是由于坚持传统的育儿模式而导致的社会育儿权不彰，育儿服务主要依靠市场或者亲属之间的协调。（Korpi et al.，2009）我国社会一直将育儿看成是家庭责任，改革前的儿童照顾政策被看成是职工福利，而不是权利，改革后政府既不愿在公共托育服务上多做投入，也不赋予公民亲职休假的权利，更不对有子女家庭提供经济支持，儿童照顾主要依靠扩大化的亲属网络和市场服务来维系。这和科比所述“市场取向模式”特征相符，我国无疑应归属于此类别。我国的特别之处还在于，由于祖辈照顾的传统源远流长，也由于我国市场化的保育服务缺乏监管而质量堪忧、价格高昂、性价比低，儿童照顾责任难以向市场转移，绝大部分的家庭只能依靠祖辈照顾。

综上所述，我国改革开放以后的儿童照顾政策是消极、不情愿、父权掌控式的。在经济发展优先于社会发展的前提下，政府虽然对于女性参与劳动市场持积极态度，但就整体儿童照顾政策表现而言，国家无意为妇女就业提供支持，对双职工家庭的儿童照顾需求长期漠视，政府只在家庭失去功能时才会介入，各项攸关家庭福祉的社会政策都是残补式的。由于国家缺乏统整、一致的政策机制，无法因应妇女就业与家庭结构快速变迁所产生的育儿需求，致使儿童照顾成为一项巨大的儿童风险。

三、儿童照顾政策的性别平等效益

鼓励妇女就业的政策在本质上和儿童照顾责任的家庭化之间从根本上相互矛盾。国家如果要鼓励妇女就业，儿童照顾就是公共政策必须要解决的问题，反之，国家就应该要号召妇女回归家庭。既希望妇女承担照顾责任，又希望维持妇女的高就业率，这种双赢结果在当今世界尚未出现。在大部分的国家，照顾和就业并不能和平共处，它会带来三种社会影响：一是照顾不免限制了女性的独立自主可能性，迫使女性在工作和家庭之间做出抉择，使女性就业率可能下降或者妇女面临就业和家庭的“蜡烛两头烧”局面，女性成为这个矛盾中的最大受害者。二是儿童发展状况受损，母亲就业使母乳喂养极难维持，母亲照顾陪伴时间有限，婴幼儿的身心健康和智力发展得到母亲支持较少，发展受到一定的限制。三是它会给国家带来低生育率恶果。为了实现个人价值，一些女性选择少生育或者不生育，社会出生人口由此大幅下降，这可能导致未来劳动力不足和人口老化速度加快等社会难题。观察我国当前的社会现状，发现以下三个影响都已经存在。其中，性别平等状况恶化尤其明显，我国妇女就业率逐年下降，妇女遭遇前所未有的工作和生活冲突，家庭承担儿童照顾的金钱、时间、精力等全部成本，家庭面临巨大的儿童照顾压力。

（一）妇女就业率下降

我国儿童照顾服务的公共化程度低，以市场购买服务为主流，育儿被看作个人与家庭的责任。在传统家庭性别分工的意识形态下，它又会成为女性的责任。（唐文慧 & 杨佳羚，2006）之所以出现这样的情况，是因为在男尊女卑、男强女弱的性别刻板印象之下，家庭和社会对于男性与女性的能力及工作成就有不同的期待，社会多少存在职业性别区隔，男性多半从事高薪、高阶、专业性之工作，而女性则被排挤至低薪、低阶、劳务性之工作。因此，当国家力量采用自由放任的办法而不干预育儿责任的性别分配，个人抉择就只能由社会固有认知去主导，传统的性别角色文化这时会不断被复制进而发扬光大。

在市场化的初期（1978—1986 年），我国妇女仍维持了较高的就业率，但在企业内部的存在隐性失业状况，企业以停薪留职、休病假、提前退休、休哺乳假等方式让女职工在家休息在家。市场化的第二个阶段（1987—1992 年），没了“单位制”的制度保护，男女平等就业权利之网立即就漏洞百出。根据 1989 年全国总工会女工部对全国 11 个省 10 个行业的 660 个企业调查发现，企业在进行经营体制改革后，大批工人被优化组合下岗，成为编外人员，其中女工占 62.5%。（李银河，2005）在第三个阶段市场制度正式确立之后（1993 年以后），我国女职工数量逐年减少，1995 年城镇单位女职工为 5889 万人，2000 年减少为 4411 万人，减少了 1478 万人。[①]

在所有的失业妇女中，育龄期妇女的比例最高。1990 年，我国妇女的就业率在各年龄段几乎是恒定的，也就是育儿还未对妇女就业形成威胁。到了 2010 年，不仅妇女总体就业率下降到 71.1%，比 1990 年降低近 20 个百分点，而且育龄期妇女的就业率明显低于其他年龄段（具体分析见本书第一章）。育龄期妇女就业率下降主要是由于子女的照顾负担难以有效转化之故。“目前 3 岁以下孩子基本由家庭承担照顾责任，其中，母亲承担日间主要照顾责任的比例为

① 金窗爱 . 中国当代女性就业问题研究 [D]. 大连：东北师范大学，2012（2）.

63.2%。城镇25岁~34岁有6岁以下孩子的母亲在业率为72%，比同年龄组没有年幼子女的女性低10.9个百分点”。（中国妇联，2010）

（二）职业妇女面临严峻的工作和家庭冲突

由于家庭领域的性别角色的刻板印象没有得到清理，虽然从趋势看，我国妻子家务劳动时间下降，夫妻共同承担家务的比例上升，但是总体上我国妻子承担家务劳动和儿童照顾的性别分工模式仍未改变。我国的职场特征对妇女并不友好，采取弹性或部分工时以调和工作与家庭冲突企业十分稀少，无论男性还是女性，企业的基本预设雇佣一个劳动力而不是父亲或者母亲。这导致中国妇女面临较为严重的工作和家庭之间的冲突。

在女性负责儿童照顾的文化预设之下，一些无法兼顾工作和家庭的母亲，不得不在怀孕之后离开职场专心于子女的照顾，待到子女稍大一些之后再回归职场就业。当然，这只限于一些工作稳定性较低的妇女。对于大部分的职场女性来说，在竞争日益激烈的职场竞争的环境下仍须同时兼顾工作和家庭。艾斯平·安德森（Gøsta Esping-Andersen，2005）指出，若女性在工作与家庭间无法适当地的调和，可能产生两种情况：①女性选择就业而延迟或放弃生育，社会将面临低生育率；②女性选择退出劳动市场返回家庭，这可能导致女性的“低就业、低收入”。在我国，毛泽东时代的强力社会动员和赋予妇女就业以“解放”的意义，造就妇女就业坚实的社会基础，目前中国社会普遍认可妇女就业的权利，女性将就业看成是自我实现的一种方式。即使在生育期，妇女也不愿牺牲职业发展，而希望职业生涯和生育责任能够兼顾，这导致我国妇女的生育率越来越低，当前我国进入低生育率陷阱可以说是我国缺少儿童照顾设施的情况下妇女仍希望维持职场关系的社会代价。

（三）儿童照顾成为一种新的社会风险

家庭解决儿童照顾问题，父母休假和托育服务是两种可替代方案，它们分别代表了在家庭内照顾和在家庭外照顾，而金钱或者津贴回应的是家庭育儿经济风险，国家通过转移支付减轻家庭的育儿负担，通常和后两种方案搭配而行。大部分国家0岁~3岁儿童照顾以家庭为主，政府给予父亲足够的照顾假期辅之以现金转移；3岁~6岁的儿童则已以“去家庭化”的照顾组合为主，市场和国家都可以服务提供主体，国家以现金转移的方式帮助家庭购买市场或者公共服务。

福利国家通常将育儿的经济安全与照顾需求看成是两种不同的社会风险加以回应。我国目前的状况一种是国家没有对儿童的现金转移支付制度，儿童照顾完全依赖家庭私人筹资体系，这造成了养育儿童是家庭的一项巨大消费。如果家庭作出生养决策，那么就要面临巨大的经济风险。另一种是作为照顾方式的两个可替代方案，我国除了产假之外并无其他的育儿假期，作为最重要的照顾假期的亲职假在我国尚未实行。在照顾服务方面，政府供给极少，主要以市场化的供给方式为主。这导致父母没有时间亲自照顾儿童，同时我国0岁~3岁儿童的托育服务主要依赖私人保姆市场，3岁~6岁儿童的托育服务依赖一个以学校模式构建的幼儿园，价格均十分昂贵。家庭托育服务需求最终转换为家庭的经济压力。

双职工夫妻共同获得工资收入，双份工资积累可以帮助这些家庭购买照顾服务，如雇佣保姆。大多数家庭情况不可能是这样，一是因为雇佣保姆的费用太贵，几乎等价于一对普通夫妻工资的一半，另外，因为保姆体系乱象丛生，年幼的孩子托付给保姆并不可信。因此，中国的家庭只能将照顾责任内化，通过家庭内部的协调组合，或者妻子辞职回家，或者通过恢复三代同堂的家庭体系，依托祖辈照顾力量来解决儿童照顾问题。妻子辞职回家，意味着家庭失去一半的经济收入。迎接祖父母或者外祖父母同住照顾儿童，家庭需要付出的代价是更为宽敞的住房、三代人的日常消费、祖辈的看病医疗。我国的户籍和社会保障政策的碎片化分割，导致住房、养老、医疗都不利于三代同堂家庭存续，维持三代同堂的居住体系需要家庭付出昂贵的物质代价。

换句话说，中国因为没有亲职假期，缺少公共化的儿童照顾服务，家庭最后只能通过寻求祖父母帮助或者从市场上购买服务。无论是哪种情况，最后都转化成家庭的经济负担。育儿对中国家庭来说是一笔庞大的开销。

第三节　本章小结

改革开放以前，我国形成了以国家政策为后盾，国家部门、单位和家庭分担育儿责任的儿童照顾模式。这种照顾模式具有极强的妇女友好特征，儿童照顾政策和妇女就业紧密相连，对于促进妇女就业权益的实现具有重要的积极意义，它推翻了过去社会的“男主外、女主内”的性别角色想象，男女双方都有就业权利成为中国社会普遍接受的观念认知。

改革开放以后，我国的儿童照顾政策在市场大潮的冲击下逐渐消失殆尽，产假政策流于形式，哺乳制度难以执行，托育服务的市场化与商品化特征明显，这造成了多元影响：第一，市场生产不足且价格昂贵，一般家庭无法负担；第二，照顾工作者受到剥削，而多数从事这类工作者是女性；第三，照顾服务品质不佳导致儿童未能得到理想的照顾，儿童早期发展受损。

第五章　话语冲突与改革前儿童照顾政策的有限发展

如第四章所述，虽然儿童照顾是妇女解放的重要诉求，是社会主义新中国重要的政治诉求，但我国并未能发展出普及化的、完善的儿童照顾政策，儿童照顾服务始终未能满足社会需求。为什么会如此？本章着重于回答该问题。鉴于我国儿童照顾政策源于妇女解放的需要，儿童照顾政策和妇女运动联系紧密。某种程度上，妇女运动主导了儿童照顾的政策过程。本章尝试使用话语分析的方法，从改革开放前期的妇女话语中寻找儿童照顾政策的发展与停滞的原因。本章第一节首先分析改革开放以前我国社会中支持和反对儿童照顾政策发展的各种话语力量的来源与相互角力，第二节着重解释儿童照顾政策高调建立却仅获得有限发展的理由。

第一节　妇女话语、性别角色立场与儿童照顾政策的定位

改革开放以前我国总共出现三个不同的妇女话语，分别是：社会主义改造阶段的“妇女解放”“妇女翻身”；社会主义建设时期的“勤俭建国、勤俭持家”（简称“两勤方针”）和“文化大革命”时期的“妇女能顶半边天”“时代不同了，男女都一样”。其中，“妇女解放”的话语贯穿三个时期，后两个阶段的妇女话语是新中国成立之初妇女话语延续和发展的结果。三个阶段的话语的总特点是都支持妇女参加社会劳动，但是对妇女的家庭和母职角色的立场存在差异，由此也造就了儿童照顾政策的不同发展机会。

一、妇女解放：儿童照顾政策获政治合法性

新中国成立初期的妇女话语主要有“妇女解放”和“妇女翻身”等。“解

放”和“翻身”两者意义相近，都具有马克思主义下的阶级奴役中获得自由之义。两者都频繁出现于中国共产党的革命话语中，但是“解放”的使用频率较高，尤其是在新中国成立以后，使用率更是远高于“翻身”。（袁光锋，2013）因此，本书以“妇女解放”作为这一时期的妇女话语典型来分析。考察“妇女解放”话语，发现其有深刻的思想渊源，一是马克思主义妇女解放理论，二是中国共产党新中国成立前的革命实践。二者共同造就了我国“妇女解放”话语的意义世界。

（一）马克思主义的妇女解放理论：妇女劳动与家务劳动社会化

马克思主义认为，人们在社会上和在家庭中的地位，归根结底是由人们在社会生产中的地位决定的。社会中男女之所以不平等，既不是妇女天性低劣造成的，也不是男女生理差别造成的，而是私有财产制度的结果，是妇女丧失财产权和脱离生产事业的结果。私有财产制度不仅造成了女性内部的差别，也造成女性附属于男性而没有独立社会身份。首先，私有财产会造就社会阶级，妇女内部会出现分化，有些变成剥削阶级，有些则变成被剥削阶级。例如，奴隶社会中有女奴隶主和女奴隶，封建社会中有地主阶级妇女和女农民，资本主义社会中有资产阶级妇女和女工，各阶级的妇女地位完全不同。其次，在私有财产制度下，女性由于天生的与男性的体力差异，沦为男性的附属物，男性把女性禁锢在家庭之中，将其当作生育工具和私有财产，女性没有参加社会劳动之权利，因而不能获得自己的独立财产和社会地位。

因此，妇女要解放，必须双管齐下。一是要进行阶级革命，推翻统治阶级的压迫。二是妇女脱离男性掌控，取得独立的劳动权利。恩格斯和列宁明确指出妇女就业对妇女解放的重要意义。恩格斯（1884）认为：“妇女解放的第一个先决条件就是一切女性重新回到公共的劳动中去，而要做到这一点，又要求个体家庭不再成为社会的经济单位，只要妇女仍然被排除于社会的生产劳动之外，而只限于从事家庭的私人劳动，那么妇女解放、妇女同男子的平等，现在和将来都是不可能的”。

（二）中国共产党的妇女解放思想

1. 妇女解放从属于阶级解放

中国共产党继承了马克思主义的妇女解放理论。同样认为男女不平等的根源在于生产制度和生产关系。1951 年全国总工会女工部转发给各省市的一份学习材料，可以看出中国共产党的妇女解放思想完全继承了马克思的妇女解放理论。

男女为什么不平等？妇女为什么被压迫？这是私有的财产制度是产生的结果，是妇女丧失财产权和脱离生产事业的结果。因为压迫者和被压迫者的地位的决定，完全是根据他们对于生产手段和生产品的关系而决定的。在私有财产社会，谁占有全部或者主要的生产手段和生产品，谁就是剥削者，谁失掉了生产手段和生产品，或者仅仅占有次要的部分，谁就是被剥削者。阶级关系如此，男女关系也是如此，妇女所处的地位是根据其在生产关系中所处的地位决定的。（全国总工会女工部，1951）

毛泽东等中共领导人多次论述中国妇女解放和无产阶级革命的紧密关系。“劳动妇女的解放与整个阶级的胜利是分不开的，只有阶级的胜利，妇女才能得到真正的解放”，（毛泽东、项英、张国焘，1932）“中华民族求解放的责任，不但男同志应当承担，女同志也要承担；如果中华民族不能得到解放，妇女也得不到解放，中国革命如没有占人口半数的女同胞积极参加，就不能彻底成功，妇女要求得解放，必须积极抗日，必须依靠妇女自己努力争取权利”。（中华全国妇女联合会，2003：98）可以看出，中国共产党领导的妇女解放运动，完全区别于西方国家那种在现代性因素逐步生成的过程中，在女性自觉的基础上形成的女权主义及其社会变革，而是从一开始就与民族独立、阶级建设的历史进程紧密地联系在一起，妇女解放运动从属于民族独立和阶级解放的历史主题。

2. 妇女是伟大的人力资源

中国共产党同样视参加社会生产劳动是妇女解放之关键。基于新中国成立以前革命斗争的经验，中国共产党还视妇女为伟大的人力资源。早在土地革命时期，因根据地劳动力不足，毛泽东提出要“研究与帮助边区妇女群众广泛地参加劳动生产的问题，使一切多少可以从事劳动的妇女都走上生产战线，并和男子一同解决生产的大问题”。当时妇女迸发出的巨大生产力，使毛泽东等一批领导人开始深信妇女在生产方面的伟大作用，这个经验后来指导了延安时期的妇女运动。1940 年毛泽东在给中共中央妇女运动委员会的指示中指出：“妇女的伟大作用第一在经济方面，没有她们，生产就不能进行。”（中华全国妇女联合会，1988）解放战争时期，中国共产党提出“男子前线打胜仗，妇女后方大生产”“男子前线立战功，妇女后方立富功”等口号，广大劳动妇女在后方承担起了生产的重任。据统计，1946—1948 年，中国共产党动员全解放区的妇女共做军鞋 5000 多万双；淮海战役期间，鲁中南妇女做军鞋 170 万双，军袜 110 万双，军服 460 万套，有力地解决了军民的穿衣问题。（虞花荣，2007）

（三）新中国成立以后的妇女解放运动

马克思主义的妇女解放观和中国共产党的革命征程共同塑造了新中国成立以后中国妇女运动的实践。新中国成立以后，作为官方的妇女运动领导组织，全国妇联对“妇女解放”的定义是：“把妇女从被压迫、被剥削、被奴役的，从男女不平等的地位中解放出来，实现政治的、经济的、文化教育的、社会的和家庭中的平等权利”。（全国妇联妇运史研究室，1989：2）中国共产党认为，妇女压迫的本质是阶级压迫。只有推翻资产阶级的压迫，妇女才能获得解放。“真正的男女平等，只有在整个社会的社会主义改造过程中才能实现”。（全国妇联，1988：64）因为只有社会主义制度才能为妇女参加社会劳动开辟道路。全世界妇女中，只有“苏维埃俄罗斯”妇女获得解放地位，这是因为她们在实际上已参与改造社会的工作，与男子毫无区别。社会主义全面保障妇女的人身、政治、经济等各项权利，妇女和男子一样可以获得土地、劳动工具，男女就业可获得同工同酬。社会主义制度保护女工的特殊权益，保障女工在健康和安全方面的权益。要使妇女真正全面参与社会劳动，社会主义要建立公共机构解决妇女的育儿负担。

新中国建立以后，首先积极从制度文本上赋予妇女各项权益。1949 年《中华人民共和国共同纲领》规定：“妇女在政治的、经济的、文化教育的、社会生活的各个方面均享有与男子平等的权利。”1954 年我国在《中华人民共和国宪法》又明确规定：“中华人民共和国妇女在政治的、经济的、文化的、社会的和家庭的生活各方面享有同男子平等的权利”，“妇女有同男子平等的选举权和被选举权”，“婚姻、家庭、母亲和儿童受国家的保护”。此后，我国政府相继颁布了《婚姻法》《土地法》《劳动保险条例》，国家通过积极发动自上而下的运动式的动员和组织，快速且全面地帮助妇女实现了财产权利、婚姻自由和劳动保护和家务支持等多种权利。

1950 年 6 月 28 日公布的《中华人民共和国土地改革法》规定，分配土地时不分男女，按人口统一分配，将男女平等的原则贯穿于生产资料的分配当中。据1952年统计，华东、中南、西南、西北四个大行政区有4000万农村妇女加入了农协，占农会会员总数的1/3，在划分阶级、分配土地时，各地农会都吸收妇女参加土地分配委员会，妇女参加了土地的调查、评议和丈量工作，在土地分配中妇女做到了“人人有名字，个个有产权”。（孙晓梅，2008：33）

宋庆龄、邓颖超等妇女运动领导人多次强调妇女参加社会生产的重要性。“妇女只有参加了生产，成为社会和家庭财富的创造者，才能真正实现政府所规定的各项男女平等的法令，才能真正享受男女平等的各项权利。为此，我们必须坚持贯彻妇女运动以生产为中心任务的方针。”（邓颖超，1950：47）“妇女群众参加生产是促进男女地位平等、彻底解放妇女的关键，发动妇女参加生产劳动和各项社会公益事业，是中国经济建设时期的妇女工作方针。（邓颖超，1953：300）”全国妇联提出“以生产为中心任务”的行动方针。中国妇女第一次全国代表大会《关于中国妇女运动当前任务的决议》中就明确指出：“尽量组织劳动妇女参加工业、手工业生产和商品流通工作……应当适应工业生产的需要，吸收工人家属和能劳动的妇女参加生产，尽可能组织大批家庭妇女参加劳动”。（湖南省妇联妇女干部学校编，1987：264）社会主义制度赋予了妇女前所未有的权利，妇女跨越了一个旧时代，城乡妇女均走出传统家庭成了社会主义的建设者。

二、两勤方针：强调妇女的照顾角色

（一）“两勤方针”及其行动口号

1956年三大改造完成之后，中国进入了社会主义建设时期。中共八大（1956年9月）提出未来中国的目标是集中发展生产力，实现国家工业化。中国妇联相应地提出了社会主义建设时期的妇女工作方针。1957年，在中共中央的支持下，全国妇联副主席章蕴在全国妇女第三次全国代表大会上发表题为“勤俭建国、勤俭持家，为建设社会主义而奋斗”报告，将“勤俭建国、勤俭持家”（简称“两勤方针”）确立为社会主义建设时期妇女工作的总方针。报告称“勤就是辛勤劳动，俭就是厉行节约；勤可以增加生产，增加收入；俭可以减少浪费，增加积累；两者结合起来，既可以建好国，又可以持好家”。（章蕴，1957：391）

当时，城市就业岗位还不能满足全体妇女的就业需要，“两勤方针”不仅针对职业妇女，还针对家庭妇女。对职业妇女来说，“两勤方针”从家庭和工作两个层面规定了中国妇女的生产生活。第一，勤俭建国是一个工作要求。在经济文化落后的情况下建设社会主义，节约是扩大社会主义积累的一个方法，国家要求妇女在工作中树立节约光荣的思想，积极参加劳动，努力提高生产技术，学习先进经验，节约原材料，提高生产效益。第二，勤俭持家是一种生活制度。要求妇女在家庭中精打细算，勤俭节约，努力节约每一两粮食、每一寸棉布，重视储蓄，在可能的条件下，积极开展多种多样的家庭副业生产。对家庭妇女来说，“两勤方针”强调家务劳动和社会劳动同样重要。女性应和男性一样有就业之权利，社会主义国家要争取尽可能多地使妇女能够走上社会劳动岗位，但是在家务社会化还未完成之前，女性暂时还不能放弃家庭责任，要积极参加社会劳动，也要主持家务，为家庭成员服务。“在人民做了主人的新中国，一切劳动都是直接或者间接为建设社会主义祖国服务。今天的家务劳动，也是社会劳动的一种，是为参加社会生产和国家建设的家庭成员服务的”。（章蕴，1957：338）

为了推动“两勤方针”的执行，全国妇联提出“五好”——“勤俭持家好、团结互助好、教养子女好、清洁卫生好、努力学习好”的行动口号，作为贯彻勤俭建国、勤俭持家方针的行动标准。妇联每年评选“五好”先进人物，作为妇女的行动楷模。“两勤方针”除了“大跃进”时期被短暂抛弃以外，在 20 世纪 50 年代和 60 年代对我国妇女角色塑造意义重大。

“大跃进”时期，刚确立不久的“两勤方针”遭到批判和放弃。妇联认为“两勤方针不能体现妇女参加社会劳动的远景”，为了赶美超英，妇女应“鼓足干劲、力争上游，参加社会主义建设”。“大跃进”对国民经济造成了极大的伤害。1961 年，在中共中央的带领下，全国妇联对“大跃进”时期的妇女工作方针进行了反思。邓小平代表中共中央做了重要讲话，他指出勤俭建国、勤俭持家都很重要，“勤俭建国、勤俭持家一定要联起来，只提一个不够。有了强盛的国，家才会富起来。首先是勤俭建国，其次是家要管好。”“两勤方针”应是妇女工作的长期方针，至少十年要保持不变。这样在“文化大革命”之前“两勤方针”是体现我国妇女角色定位最为重要的话语。

（二）两勤方针的妇女角色定位

“两勤方针”和“五好”行动口号，充分显示了社会主义建设时期的妇女角色定位。“两勤方针”占据首位的是“勤俭建国”，但是逻辑起点是“勤俭持家”。（刘维芳，2007）传统中国的“男主外、女主内”家计承担模式，假定一个好的男性应承担赚取家计所需之收入，一个好的女性不仅要照顾好家中儿童和老年人，还应打理好家庭细碎事务，包括家庭消费计划、副业管理等。善于持家、善于理家是妇女的美德。“两勤方针”要求妇女不仅将这种精打细算、精简节约的持家精神运用到自己的日常生活中，还要运用到为国家工作之中，妇女要像为家庭节约理财一样，也要为国家节约生产资料，妇女不仅要自己身体力行，还要影响家庭成员，让他们也学会勤俭，学会节约。

“五好妇女”中三好——勤俭持家、教养子女、清洁卫生直接指向传统家庭中之妇女角色，团结互助在某种程度上可以看成是传统主义女性在家庭中扮演的情感角色之转化，仅最后一个努力学习与工作角色相关。这说明“五好”标准在很大程度上在宣扬中国几千年的传统性别角色的规范。妇女最重要的工作是能教育和照顾好家里的小孩，会精打细算过日子，既能让全家吃饱穿暖，还能有效地控制家庭消费。当时的一些典型妇女先进人物有诸如“糠菜半年粮”“三顿改两顿”之事迹。如下面这一段材料所述：

1961年贡山大队口粮平均28斤（主粮），可是黄婵庄同志真正做到了以丰补歉，细水长流的来安排好生活。她经常三餐只安排一餐有米的稀饭来吃，而且掺杂着粗粮混吃，其他两餐都采用“瓜菜代”。有时候吃些番薯汤，有时候是瓜菜混吃……由于她一贯勤俭持家，节约用粮，日积月累，从1959年至今秋收，积存稻谷三百三十斤……在家庭副业方面，她搞得很出色，去年她养20只鸡，每天产下4~5个鸡蛋，每月至少有120个鸡蛋收入，她把这些鸡蛋全部拿出去卖。她还养了1只母猪，去年产6只小猪，买去4只，共130元，全部存入信用社。勤劳是黄婵庄同志的高贵品质，她能安排好各大队的生产，又要照顾家务劳动，一刻也不闲着，但她却很愉快。（普宁市四届妇代会资料，1962）

勤俭建国是妇女勤俭持家角色的延伸和发扬。在工作中间，心灵手巧的女性创造出的“劣煤优质法”“旧衣翻裁法”“衣料套裁法”，为国家节约一粒米、一寸布、一滴水、一块煤、一度电都被视为是勤俭建国的典型，会受到表彰奖励。当时很多“五好”妇女先进人物的优秀事迹的表述逻辑都是首先具备在家庭中精打细算，把自己的家庭安排得井井有条，保障了家人健康，继而在工厂或者社队的生产中做出贡献。母亲角色、持家角色和社会角色并重。如全国“五好”妇女先进人物晏桃香的故事：

晏桃香的丈夫早逝，留下4个孩子和一笔债务。在乡党委的关怀下，她积极参加互助组、初级社、高级社，全家人“像一窝燕子那样忙”。同时她尽可能节俭，家务安排得井井有条，终于还清了外债，日子也越过越好。晏桃香感谢共产党给了她一家人新生，因而爱社如家，她把社里的一头小瘦牛牵回家喂养得又肥又壮，还冒雨保护了社里6000斤小麦。晏桃香被评为特等劳动模范，并被推荐为湖北省孝感市朋兴乡和平二社管委会副主任，加入了中国共产党。陈毅副总理在《中国妇女》杂志上赋诗颂扬她是新中国千百万妇女中的典型，也是几万个典型妇女中的一员。（顾秀莲，2013：78）

“两勤方针”的社会动员效果是妇女在就业的同时，也积极地负担了家务劳动。出于把家务劳动看作是社会劳动的一部分，要求妇女积极承担任何社会分工的叙述方式，“两勤方针”不仅没有挑战传统的性别分工，还进一步宣扬了妇女传统之家庭角色。妇女的传统持家角色并未削弱，反倒在一定程度上强化。社会主义制度虽然在很大程度上赋予了女性个人自主权、经济、政治权利，但这一时期强调妇女应做到母职、持家和工作兼顾，官方话语中从未讨论男性之家庭角色，从未提出男女平等分担家务劳动的性别分工观念，因此两性家庭传统分工并没有真正破除。与男性单一的社会角色比较起来，“妇女传统的角色分工之外又加上了新的经济活动，负担更沉重了”。（师春苗、丁晓芳，2001）这说明，女性面临工作和家庭“蜡烛两头烧”之模式在这个时候就已经有了苗头。

三、妇女能顶半边天：儿童照顾夸大妇女的特殊需要

“文化大革命”时期，“勤俭建国、勤俭持家”的妇女工作方针被诬之为阶级斗争熄灭论，污蔑“两勤方针”是要妇女脱离三大革命运动，只关心小家庭的生活安排，关心自留地和家庭副业，走发家致富的资本主义道路，让妇女为一家一户的私利而精打细算，以瓦解妇女群众的革命斗志，使妇女工作围绕

“私”字打转，走向资本主义的死胡同。妇女应有大无畏的革命精神，必须和男子一样参加生产劳动，由此中国占支配地位的妇女话语再次发生改变。这一时期妇女话语的特点是激进地追求“男女都一样”，不加批判地将男性标准强加于妇女，两性之间的差异被忽略，社会普遍认为刻意强调女性的特殊需求会干扰性别之平等和妇女解放的可能性。这一时期有代表的妇女话语是“妇女能顶半边天”和“时代不同了，男女都一样”。

“妇女能顶半边天”被当成毛泽东语录广而传之，但实际并非毛泽东所言。据学者考证，“妇女能顶半边天”形成于《人民日报》之妇女社论，最早是用半边天形容妇女，全句首次出现是1966年7月10日《人民日报》之文章标题（耿化敏、张蕾蕾，2015）。“时代不同了，男女都一样，”男同志能办到的事情，女同志也能办得到由《人民日报》1965年“毛主席畅游十三陵水库”报道中首次披露，后因《人民日报》在1970年3月8日以此为通栏标题报道了劳动妇女们的先进事迹而广为人知。（金一虹，2006）

“妇女能顶半边天”和“时代不同了，男女都一样”是“文化大革命”时期对于男女地位和性别角色的再次塑造。在这些激情符号下，那个时代出现许多在今天看来不可思议的“男性化”妇女英雄形象，妇女从外而内朝着男性标准看齐。形象上，毛泽东诗作“中华儿女多奇志，不爱红装爱武装”引领了这一时期的妇女形象装扮，女子以爱穿肥大不显身形之蓝色、灰色、绿色的男式“武装”为荣，行动、作风也要求有男子气概和风度，各种宣传画报中，结实强壮、活泼开朗的女性形象被大肆宣传，受到社会推崇。妇女在工作上也要和男子看齐，一系列铁姑娘生产队伍诞生，其事迹受到广泛报道，如女子测量队、女子采油队、女子钻井队、女子带电作业班、女子架桥班、三八女子运班。“‘铁姑娘’最早是人们对大寨青年妇女突击队的赞誉之称，赞扬其铁肩挑重担，‘一不怕苦、二不怕死’的精神，后来则演变成为‘男同志能办到的事情，女同志也能办得到’思想的体现、一个具象化的符号”。（金一虹，2006）

已有的很多研究都在批判那个疯狂年代把“男女平等”解释为“男女都一样”，对妇女特质视而不见，一味以男性标准来要求女性，而对女性身体造成的伤害，（金一虹，2006；钟雪萍、任明，2009）批判中国的妇女解放运动是以男性为中心的，是“极端左”的一种性别平等观念。然而如果抛去女权式的价值判断，仅从妇女角色定位方面去观察，可以发现这一时期党和政府非常强调妇女的工作角色。“妇女能顶半边天”鼓励妇女承担社会公共角色，认为在社会公共场合，女性和男性具有同等的能力和地位。当时的戏曲作品中赞扬的女性是穆桂英、花木兰，社会宣传的先进人物是女劳模李秀英、吕玉兰、郝建秀、吴莲英、尉凤英，第一代知青邢燕子、侯隽，大寨铁姑娘郭凤莲、江水英，这些女性的典型特征是拥有同男性一样甚至超越男性的能力，能够承担政治、经济等多种角色的公共人，一时间，妇女的工作角色宣传登峰造极。今天的中国，女性的工作权利不容置疑，无疑是这个时期宣传动员的结果。某种程度上，“妇女能顶半边天”的话语体系还替代了20世纪60—80年代的第二次世界妇女运动，为中国妇女争取了工作权利，甚至比西方更为彻底。

但是，“妇女能顶半边天”对于女性能力过于豪情的想象，忽略了女性特质，不加批判地将男性标准强加于妇女，两性之间的差异被忽略。妇女在特殊时期的身体状况，被看作是片面强调、夸大妇女的特殊问题。儿童照顾政策是刻意强调妇女的特殊需要，归根结底是强调男女的差别，反对妇女革命。儿童照顾政策在建国初期的“妇女解放”运动中获得的合法性被消解，发展遭受到严重挫折。

第二节　为何出现“巨人”话语和“矮子”实践？

鼓励妇女就业的口号铺天盖地，显示了政府有意在妇女就业及其支持措施方面多做投资介入。事实证明，新中国成立以后的头30年，我国政府以国家保护的方式推动了妇女普遍就业，妇女的社会地位确实获得极大提升。但是，除了产假制度执行尚可之外，托育服务的供给始终不能满足职业妇女之需求，哺乳时间和调整工时一直未能制度化，儿童照顾政策并未如宣传口号所描述那样获得充足发展，有口惠而实不至之嫌。本节主要回答是什么原因导致了话语和实践的巨大差异。

一、国家对妇女角色定位模糊

话语对于政策实践有重要的指导意义，它强烈地反映了国家在做政策改革时的立场和态度。不同时期的妇女话语，背后都有国家对于男女不同的性别角色假设、家计负担模式想象，以及欲追求性别平等目标。我国改革开放之前的妇女话语由“妇女解放”统领，“两勤方针”和“妇女能顶半边天”是对“妇女解放”思想体系的延伸和补充，因此“妇女解放”最能体现我国改革之前的国家意志。在中国共产党的思想中，“妇女解放”的第一要务是摆脱家庭束缚，参加社会劳动进而获得独立的经济权利。新中国成立之初，我国政府以保护者的姿态推动妇女就业，大量妇女获得了独立的经济权利。可以看出，我国改革开放之前妇女角色预设是劳动者，妇女和男子一样都被看成是伟大的人力资源，均是为社会主义建设者的重要组成部分。国家对于标准家庭的想象是双薪模式，由于女性就业受到社会思想的重重束缚，中国共产党先是利用马克思主义的妇女解放思想建构了妇女有平等就业权利的社会意识，紧接着通过设置家务劳动社会化设施把妇女从锅前灶台解放出来，儿童照顾作为家务中的重中之重，由此得到了较大的发展空间。

但妇女的角色假设并不是一贯这样清晰，它时左时右，飘忽不定。“两勤方针”在某种程度上重新解构了前述妇女之角色。它虽然对妇女就业仍持积极态度，但也强调了妇女的传统家庭角色——如持家理财、教养子女等，它带动当时社会对妇女角色认知朝着传统的方向回归。我国传统社会中合格的妇女应能上得厅堂，下得厨房，丈夫在外奔波维持家计之时，妇女在家应能勤劳简朴，精打细算，既要让家人吃饱穿暖，还得让丈夫辛苦所得细水长流，长长久久。1957年提出“两勤方针”之时，我国刚刚完成社会主义改造，社会主义建设形势紧迫、任务繁重。在这一形势下，中国共产党要求妇女发扬传统美德，一方面吃苦耐劳为国家创造财富，另一方面厉行节约为国家节省出发展资金。当时妇女的就业还不充足，对那些已经就业的妇女，国家的要求是勤俭建国和勤俭持家并行；对于那些暂未就业的妇女，国家认为勤俭持家，不浪费一颗米、一块煤也是为国家做贡献。这样看来，“两勤方针”的执行时期，妇女的角色假设是双重的，由于勤劳、节俭自传统而来，笔者认为它更倾向于妇女的家庭角色。

“两勤方针”的执行并不是一帆风顺，“大跃进”时期这一方针遭遇中断，由此更加剧了妇女角色定位的模糊性。“两勤方针”才确立不久，“大跃进”时代来临，要求人人都参加社会生产劳动、跑步进入共产主义的年代。所有妇女都被要求参加生产劳动，家务劳动迅速社会化，家庭内拆塘破灶，劳动工具上缴，生产和生活功能全部移交社队单位。这一时期托儿所和幼儿园数量激增。将妇女定位在家庭之中的“两勤方针”显然不符合这一时期的社会状况，很快被抛弃，直到“大跃进”结束之后（1961年）才在邓小平的主持下再次恢复。

到了“文化大革命”时期，“两勤方针”再遭到批判，党内有人认为该方针让妇女只注意针头线脑的小事，忽略了革命大计，是走资本主义道路。这样批判是毁灭性的，“两勤方针”被“妇女能顶半边天”替代，从此消失在历史舞台。“妇女能顶半边天”主张妇女应有大无畏的精神，和男子一样参加生产劳动。该口号以一种异常激进——不尊重生理特征和个人需求的姿态，不仅将妇女的衣着装扮从头到脚“男性化”，而且在工作上妇女也要“铁肩挑重担”，干和男子一样的活，吃和男子一样的苦。换句话说，这一时期妇女的角色假设变成了和男子一样，它支持女性的就业角色，但又远不止如此，它不主张妇女谈及自身的特殊困难，托育服务被诬之为夸大了妇女的特殊性，是资本主义社会的福利主义，因而这一时期我国的托育服务被取消，儿童照顾政策遭遇前所未有的打击。

妇女角色定位清晰，儿童照顾政策的发展才有连续性。我国改革前的妇女话语虽然整体来说方向一致，都鼓励妇女外出就业。但不同时期妇女话语又不尽一致，它时而着重强调妇女就业，时而又倡导妇女持家育儿，时而又追求妇女男性化。任何一个可持续发展的政策体系都依赖于一个稳定而连续的政策背景设置，而我国改革之前的三个妇女话语——妇女就业还是勤俭持家亦或是文革激进“男女都一样”的导向重点的差异，阻碍了儿童照顾政策的健康平稳发展。以幼儿园的数量为例，1956 年提出“两勤方针”之前，幼儿园的数量增长平稳而迅速，由 1949 年的 0.13 万所增加到 1955 年的 0.71 万所，每年增长幅度基本保持一致。1956—1957 年幼儿园数量开始加快，分别是 1.85 万所和 1.64 万所，但还在可控范围之内。“大跃进”开始之后，幼儿园数量不正常激增，1958 年幼儿园数量变成 69.53 万所，是 1957 年 1.64 万所的 42 倍强，1960 年继续增加到 78.49 万所。1961 年“两勤方针”回归之后又迅速下跌，一年之内就下降到 6.3 万所。此后在“两勤方针”的影响下持续下降到 1.92 万所。1973 年在我国的幼儿园又增长到 4.55 万所（“文化大革命”前期数据缺乏）。可以看出，托育政策在模糊的妇女角色定位之下，发展忽快忽慢，十分不稳定。

二、“妇女解放”释义片面

在中国共产党意义世界中，男女不平等的根源在于妇女不能取得财产权和进入社会生产体系，妇女解放关键是妇女参加社会生产劳动。新中国成立以后的妇女话语——无论是“妇女解放”“两勤方针”还是“妇女能顶半边天”“时代不同了，男女都一样”，均鼓励妇女参加社会生产劳动，为社会主义发展服务。妇女只要和男子一样有参加生产资料和生产手段的权利，两者就可达成平等之愿景。换句话说，妇女解放的意义就是推动妇女角色向家庭之外的各个领域延伸，国家集中全部力量作用于女性本体，对于家庭内部的劳动分工则持漠不关心的态度，忽略对于男性家庭化角色的建构，这和西方世界的性别平等的推进路径有很大区别。

社会主义制度—妇女进入公共劳动体系—妇女和男子一样取得独立经济权—妇女解放—男女平等。

20世纪50年代，瑞典的女权主义学者就认为，妇女家庭角色制约着其社会角色。（Lundqvist & Roman，2008a）20世纪60年代开始的第二波世界妇女运动认为，女性所受之压迫不仅在政治、经济、法律、婚姻等方面，家庭和母亲角色所建构的性别观念亦是妇女受到歧视与不公平待遇的根源。（俞彦娟，2008）据此，欧美国家的男女平等运动，以家庭角色为起点，而以男权和男性的“去家庭化”为批判对象。她们认为，劳动市场上的性别平等，并不是仅通过促进妇女就业平等的法律规制或政策方案就能获得。说到底，女性在劳动市场中遭受的差别待遇，与家庭中的男女分工息息相关。家庭领域的性别不平等建构着公共领域的性别不平等。以此，推动性别平等政策方案将矛头指向传统福利国家家“男主外、女主内”的性别分工假设。（Fraser，1994； Korpi，2010）以瑞典为首的福利国家通过设立父亲育儿假积极推动男性承担育儿责任，通过男性的“再家庭化”改变家庭劳动的性别分工，打破传统的母职角色（motherhood）概念，建立具有性别平等意义的“亲职角色”（parentalhood）体系，进而建立一个妇女有平等的工作机会，同时男女共同在家中分担照顾责任的社会，彻底扭转整个社会对家务照顾女性化规范。即这些国家的逻辑是对女性友善的就业政策，是对性别平等的目标；而对男性友善的照顾政策，是性别平等的起点。当在家庭内部的性别友好氛围形成，最终才能推动社会体系对于女子的接纳。（Korpi et al.，2009）如果性别平等政策止步于家庭门前，照顾负担仍加在女性身上，那么再完善的针对性别平等的劳动力市场都如同无本之水、无木之源，最终只能是空中楼阁。

挑战男子的私人角色—男女两性同为照顾者—家庭内部的平等分工—妇女

取得平等的工作机会—男女在家庭和市场两个领域的平等。

中国妇女解放运动的参加者只局限于女性本体，从女性参加社会生产取得经济独立开始，到最后将女性的工作角色固定为一个社会意识，其中不涉及男性角色的讨论。落实到儿童照顾政策上，这一时期中国政府从未试图在照顾假期中纳入男性角色，政府为女性设计了产假，但男性没有陪产假，更无亲职假。生育保险的单位制让一些以男性为主的企业逃脱了生育责任。国家设置了托育设施帮助职业妇女缓解就业和育儿之间的紧张关系，但当儿童照顾设置不足时，国家从未倡导男性加入照顾领域，分担妇女的家务负担。

结果证明，我国这种片面的只追求女性角色向外延伸的做法无益于性别平等社会的最终建立。改革开放以后，儿童照顾政策中的国家角色后退，照顾事业岌岌可危，社会的第一反应是让妇女回家，妇女权益保护似乎在我国没能够生根发芽。我们认为，这跟改革开放之前我国未彻底处理好的性别关系紧密相关。这是因为性别角色分工和性别意识形态是相互强化的循环关系。“男主外、女主内”的性别角色分工会不断强化男性作为养家者和女性作为照顾者的刻板印象。这种印象会反过来加重劳动力市场对于女性能力的歧视，导致最初通过国家强制力勉强构建的男女平等环境逐渐坍塌。当劳动力市场对女性的歧视在工资和晋升前景上有所体现，家庭在决定谁退出劳动力市场养育孩子时，表面看来是家庭内部的私人决定或者选择，但这个选择其实是劳动力市场的情势所迫，是国家政策运作之结果。

三、政治话语统领下生产和福利之冲突

政治话语对改革开放以前的中国社会构建的重要意义已不用再多做解释。改革开放前，中国的任何话语的生存都要先通过政治的检验，国家追求生产力和经济的发展，是因为社会主义先进性的要求，国家推动妇女解放，同样是因为社会主义先进性的要求。

（一）两个社会主义先进性之间的矛盾

1. 社会主义先进性—生产力

中国共产党信仰马克思主义，因而在中国建立了社会主义制度，并把共产主义当成最高的理想。按照马克思主义的观点，社会主义是比资本主义具有更为先

进的社会形态，社会主义的先进性体现在其消灭了剥削制度，建立了生产资料公有制，分配制度更为合理，人民群众全面获得解放，因而生产力更高。中共八大以后，我国社会主义改造完成，国家将注意力放在了生产发展上。毛泽东明确指出，“我们的根本任务已经由解放生产力变为在新的生产关系下面保护和发展生产力。”因此，我们要调动一切积极因素，建设强大的社会主义新中国。

2. 社会主义先进性—妇女解放

在中国共产党的意识形态中，妇女解放同样代表了社会主义制度的先进性，妇女在社会主义条件下可获得彻底解放是其区别于其他落后社会制度的标志之一。因为在社会主义的公有制度下，可以消除了社会各阶层以及男女两性之间的剥削关系，任何阶层的妇女都能和男子一样获得土地、财产以及工作的权利，社会主义中国把妇女所应获得的权利都陷入了宪法和其他的社会法律之中。这在资本主义社会下，妇女之间存在巨大的阶级以及男女就业和薪酬极不平等的状况完全不同。胡锦涛在总结中国共产党领导中国妇女运动经验时指出，“中国共产党自成立之日起，就把妇女运动作为自身工作的一个重要方面和推进中国发展进步的一支重要力量，根据党的中心任务和我国妇女实际制定实施了一系列方针政策”，“新中国成立后，我们从政治上彻底结束了旧中国对广大妇女受压迫受奴役的悲惨历史，我国妇女运动发展进入一个崭新时代”。

在通过暴力革命取得政权以后，共产党人对妇女的地位做出了全面的结构性改革，比如，鼓励妇女参加劳动，在城市单位内部进行家务劳动社会化的改革，在农村举办农忙托儿所，在家庭内夫妻平权……尽管有上述信仰，共产党人仍然非常现实，他们承认家务劳动社会化在一段时间内不可能实现，原因是国家经济落后，无法举办健全的家务劳动社会化设施。在共产主义来临之前，物质的极大富裕还不能实现，家务劳动社会化只能在有限的人群范围内、有限的项目范围内实现，未来当经济发展起来之后，在优越的社会制度的保证之下，家务劳动社会化总有实现的一天。

（二）儿童照顾政策在生产和福利之间摇摆前行

社会主义先进性在生产力和妇女解放两个方面的体现把儿童照顾政策置于一种两难困境之中。当社会主义的先进性体现在生产力方面时，国家要求一切生产要素均投入到社会生产之中，包括劳动者和经济资本等。其中，劳动者是生产力要素中最活跃的因素，占据人口半壁江山的妇女就成为伟大的人力资源，在国家的号召下全力投入到生产之中，这时候不响应国家号召参加社会劳动的妇女被指责为落后分子、甘做男子的附属。当社会主义的先进性体现在“妇女解放”时候，又要求国家为妇女提供先进的就业支持设施和劳动保护措施，包括托儿所、幼儿园、妇女健康保健、妇女四期保护等。社会主义先进性的两个体现具有内在的矛盾性——生产利益与妇女权益保护属于一个硬币的两面，始终剑拔弩张。尽管国家也会经常向站在妇女一边，但是当社会主义的生产力发展和妇女解放两种属性明显冲突时候，国家就会坚定地站在生产力发展一边。这一点集中体现在托育服务的举办和女工劳动保护的裹足不足上。

1. 托育消费让位于生产投入

国家要为扩大生产积累资金，就不可能愿意拿出资金投入到托幼机构的建设中。为了达成生产发展之目标，中国共产党长期坚持加大对于生产资料的投入，生产资料的增长必须超过消费资料的增长，而且产量必须扩大以最终超过消费。因为对领导人而言，社会消费是非生产性的。在中国这样的国家，即使稍微提高社会消费也会用掉大量的资料。在社会总产品有限的情况下，政府必然会选择压缩消费。（黄黎若莲，2001：154）这种消费的倾向导致了我国投入到儿童照顾上的资金极其有限。由于国家经济落后，无法举办健全的家务劳动社会化设施，普及化的托育照顾服务在当前一段时间内不可能实现，现阶段只能在有限的人群范围内举办，未来当经济发展起来之后，在优越的社会制度的保证之下，家务劳动社会化总有实现的一天。在长达30年的时间内，政府一直要求人们忍耐，把社会主义生产建设放在第一位。

托育服务实在有必要举办时，国家建议可以使用“多条腿走路”和“多、快、好、省”“鼓励社会力量参与”“因陋就简”等办法举办。国家从不强制要求企业等组织，而是倾向于使用软性词汇，以倡导的方式加以鼓励，政府文件之中偏向于采用“鼓励”“有必要时”和“可能时”“提倡”“尽可能”之以非强制性的口吻。比如1950年邓颖超在《关于城市妇女工作的几个问题的报告》的用词是“提倡各有关工厂、矿区、机关、学校行政……提倡社会热心儿童事业、公益事业的人士兴办各种保育机构”。1951年《中华人民共和国劳动保险条例实施细则（草案）》的用词是“经企业行政方面或资方与工会基层委员会双方协商，有必要和可能时，设立托儿所”。1955年国务院发布的《关于工矿、企业自办中、小学和幼儿园的规定》，提出各工矿企业“根据需要与可能的原则，独立或联合创办职工子女中、小学和幼儿园”。1956年《保护女工条例》的用语是“女职工比较多的单位，应当以自办或者联办的形式举办托儿所”。这种非强制性的推动方式某种程度弱化了社会主体的参与动力，我国托儿所的发展从未充分满足妇女就业支持之需要。

2. 女工哺乳育儿频频让位于生产发展

在女工劳动保护方面，生产和妇女权益保护之间的矛盾更为突出。我国的《女职工劳动保护》自1950年开始起草，历时38年（直至1988年）方才尘埃落定，期间经过几十次的反复修订，争议焦点在于孕期和哺乳期的工时调整是否调整和调整幅度，实际上是女工生产义务和休息权利之间的冲突，激烈的争论使这一条例多年不能通过，这是反映生产和福利矛盾的最佳案例。

1951年劳动部制定了第一稿的女工劳动保护条例，其中的第六条规定，“怀孕满6个月及有哺乳婴儿未满4个月的女工，禁止加点”。这一条遭到一些部门和企业的激烈反对。1956年条例将其修改为“怀孕满7个月后和在哺乳未满6个月婴儿期间，不得从事夜班工作”，实际上是缩减了女性的休息权，但仍然不能通过。1965年条例中休息权利再次缩减，改为“怀孕7月后和哺乳未满4月婴儿的女工，不得从事夜班工作”。“执行怀孕和哺乳女工不做夜班的规定却有困难的单位，允许其采用缩短夜班工作时间（早班8小时，中班8小时，夜班6个半小时）的办法，以达到保护怀孕、哺乳女工的目的”，“从事某些轻便工作的女工不受此限”，这样可使享受此待遇的范围可以缩小三分之一。到了1988年国务院最终通过的《女职工劳动保护规定》中，该条例最终落成为“怀孕7个月以上（含7个月）的女职工，一般不得安排其从事夜班劳动”。

早期版本中有关怀孕和哺乳期女工不上夜班的规定，遭到一些部门和企业的激烈反对。以1956年条例为例，各部门反对女工获得休息权利的理由是：①女工从怀孕满7个月开始到哺乳婴儿满6个月共有8个半月，期间除了2个月产假不计以外，享受此项待遇的女工实际上有6个半月不做夜班工作。在纺织厂中，能够多做夜班工作的女工除了孩子多的、年老的、体弱的和基层骨干外，只占到女工总人数的一半左右，因此，在不增加定员的条件下实行这项规定，在人员上是调配不过来的。②在纺织厂中享受此项待遇的女工集中在早班、中班以后，代替她们多做夜班的工人的班次和工区就会打乱，影响生产管理、竞赛评比。③享受此项待遇的女工集中在白天工作，托儿所设备和保育人员也需要增加。④有些工厂由于受到市内电力供应的限制，白天有部分时间不能进行生产，必须利用一部分深夜时间进行生产。综合来说，企业认为所有已经怀孕 7 个月和哺乳未满 6 个月婴儿的女工不做夜班工作，有碍于生产的发展，执行起来颇有困难。纺织工业部计算，如果确实要执行该条例，那么纺织企业需要“在原来定员的基础上增加 6.4% 的代替工”，天津纺织部门测算，“约需增加 4000 余名职工”，这将导致“劳动生产率将相对地下降 7.75%，成本提高 1%”。（广东省劳动局等四家，1979）

1979 年我国再次重启女工保护条例的修订工作，同年 10 月劳动部向各地发出《女工保护条例调查提纲》，其中特别要求各地提出“如实行女工在怀孕、哺乳期不做夜班，应规定多长期限比较合适？”。众口难调之下，1988 年的《女职工劳动保护规定》直接未出现哺乳期调整工时的字眼，只规定“怀孕 7 个月以上（含 7 个月）的女职工，一般不得安排其从事夜班劳动”。女性孕产期的休息权利第三次削减。2012 年新修订的《女职工劳动保护特别规定》在这一条上照搬了 1988 年规定（见表 5–1）。

表 5–1　不同修订版的法规中的哺乳时间和调整工时规定

法规	哺乳时间	哺乳期工时安排	产假规定	产前检查
1951 年《保护女工暂行条例（草案）》	有未满 1 周岁婴儿的哺乳女工，每隔 3~4 小时应给予哺乳时间 20~30 分钟，如为双生子，应给予 30~40 分钟。哺乳时间按工作时间计算	怀孕满 6 个月及有哺乳婴儿未满 4 个月的女工，禁止加点	产假由《劳动保险条例》规定，为 56 天	无规定
1956 年《女工保护条例草案》	无	怀孕 7 月后和哺乳未满 6 月婴儿的女工，不从事夜班工作	产假由《劳动保险条例》规定，为 56 天	孕期定期检查应在业余时间进行
1960 年《关于女工劳动保护工作的报告》	婴儿不到 1 周岁的，应在工作中给予 1 次或者 2 次的哺乳时间，每次哺乳时间以 20 分钟为宜，哺乳以及往返所费时间均应算作工作时间	无	无	无

续表

法规	哺乳时间	哺乳期工时安排	产假规定	产前检查
1965年《中华人民共和国女工保护条例草案》	婴儿未满8个月哺乳2次，满8~12个月哺乳1次，每次哺乳时间20分钟，哺乳往返时间单位自定，哺乳和往返时间均算作工作时间	怀孕7月后和哺乳未满4月婴儿的女工，不得从事夜班工作	女工生育假期为70天，怀孕不满7个月流产，可以根据月份给予20天～45天假期	孕期定期检查应尽可能在业余时间进行
1988年《女职工劳动保护规定》	女职工育有不满1岁婴儿者，每班可获得2次哺乳时间，每次30分钟；2次哺乳时间，可以合并使用；哺乳和往返途中的时间，算作劳动时间	怀孕7个月以上（含7个月）的女职工，一般不得安排其从事夜班劳动；在劳动时间内应当安排一定的休息时间	女职工产假为90天，其中产前休假15天。难产的，增加产假15天	怀孕的女职工，在劳动时间内进行产前检查，应当算作劳动时间
2012年《女职工劳动保护特别规定》	哺乳期女职工每天可获得1小时哺乳时间	怀孕7个月以上（含7个月）的女职工，用人单位不得延长劳动时间或安排夜班劳动；在劳动时间内应当安排一定的休息时间	女职工生育享受98天产假，其中，产前可以休假15天	怀孕女职工在劳动时间内进行产前检查，所需时间计入劳动时间

资料来源：作者自制。

作为一个极力倡导妇女权益保护的社会主义国家，女职工的保护应属于核心而不是边缘政策，但一部《女职工劳动保护》反复讨论38年而不得通过，法律修订过程中的讨论充满了企业生产效益而和妇女保护之间的博弈，企业生产效益的话语凌驾于妇女劳动保护的立法之上，导致立法协商变得十分困难，1988年最终劳动保护仍是向企业效益进行了妥协，以延长产假但取消哺乳期夜班保护的代价得以立法通过。

这样一来，在儿童照顾诸项目中，唯一执行制度执行最好的是产假及其津贴制度。产假及其津贴属于社会保险五大险种之一的生育保险。按照马克思的产品扣除理论和列宁的国家保险理论，社会保险属于社会主义分配制度的一部分，劳动者有权利从劳动所得中积累丧失劳动力时的生活储备基金。新中国建立以后，随着国家对社会生产与消费等资源统一配置能力的增强，包括养老、医疗、工伤、失业、生育保险在内的社会保险制度很快建立起来，所有的工人都统一享有慷慨的社会保险津贴，并和低工资制度联系在一起，构成新中国社会分配系统的两个核心。有此渊源，生育保险制度的执行完全不打折扣，受其规制的产假及其津贴的发展最为稳定可靠。

总体说来，改革开放以前，我国的儿童照顾发展呈现碎片化状态。儿童照顾政策分属不同的法律规章，政策性质不同，分属不同部门管理，由不同法律制度规制，碎片化十分严重。儿童照顾项目之间发展参差不齐，给政策的保障效果带来负面影响。一般来说，任何福利议题环环相扣，一荣俱荣，一损俱损，政策一旦被切割，牵扯了过多的业务部门，都将让所有的干预行动或者计划的效果大打折扣。我国改革开放之前的儿童照顾政策，不仅存在政策切割过于分散的问题，政策甚至还存在难以跨越性质鸿沟，儿童照顾政策系统性和整合性过差，这导致儿童照顾政策效益受损，保障效果变差。

第三节　本章小结

我国发展儿童照顾政策的目标在于支持妇女就业进而促使妇女获得解放，儿童照顾政策的发展和国家对于妇女角色的假设密切相关。本章首先分析了改革开放前的三个代表性的妇女话语“妇女解放”“两勤方针”“妇女能顶半边天”，发现我国政府对于妇女角色缺乏清晰的假设，新中国成立初期积极支持妇女就业，“两勤方针”时期要求妇女扮演好家庭管理者的角色，导致了妇女传统持家育儿角色回归，“妇女能顶半边天”要求妇女和男子角色保持一致。妇女角色的不同假设使得儿童照顾政策的发展缺乏连续性。

一方面，我国妇女解放话语对于妇女解放的理解有较大缺陷。我国的妇女解放强调妇女就业进而取得独立的经济权利，将此看作是促进妇女解放之关键，而不处理家庭内部的劳动分工，不提倡男子承担照顾责任。这和现代西方国家对男女工作家庭角色的结构不同。现代西方妇女解放理论认为，女性在劳动市场中遭受的差别待遇，与家庭中的男女分工息息相关。我国不处理家庭中的男女角色分工，只片面地追求女性角色向外延伸的做法无益于性别平等社会的最终建立。

另一方面，妇女解放话语和生产发展话语同属社会主义先进性的体现，但两者之间存在巨大的矛盾：当社会主义的先进性体现在生产力方面时，国家要求一切生产要素均投入到社会生产之中；当社会主义的先进性体现在“妇女解放”时候，又要求国家投入巨额资金为妇女提供先进的就业支持和劳动保护措施。当两者的矛盾激化之时，我们常常发现政府牺牲妇女权利而选择站在生产力一边，儿童照顾政策的有限发展，以及女工劳动保护制度迟迟不能通过，都集中体现了我国政府的这一选择。

第六章　话语联盟与改革后儿童照顾政策的变革

我国改革前后的儿童照顾政策呈现截然不同的两幅图景。改革开放以前，我国积极鼓励妇女就业，为此建立了极具“妇女友好”性的儿童照顾政策，原本由女性负责的儿童照顾责任外移至国家和单位，形成了儿童照顾的“国家+单位+家庭”的多元主体格局，儿童照顾具有鲜明的“去家庭化”特征。改革开放以后，政府隐秘而巧妙地从该领域抽身，单位在改革的名义下大张旗鼓地甩出儿童照顾责任，市场残补原则逐渐取代了国家全面保障理念，主张家庭成员福利应由家庭机构负责，儿童照顾朝着家庭主义的方向复归。因儿童照顾政策的变革涉及儿童、妇女、家庭、单位、政府若干变量，其改革应是一个相当复杂的过程，内里应有十分精妙的话语联合和力量博弈。本章试图再现这个改革过程，并解释清楚以下问题：为何我国儿童照顾政策在这一时期可以顺利巨变，哪些力量推动了这样的一个过程？它说明了我国社会政策变动的逻辑为何？本章第一节回顾梳理改革开放以后出现的四次“妇女回家”讨论浪潮，分析其这些讨论中所出现的话语主体及其所持观点态度。本章第二节介绍“男女平等”基本国策的颁布及其意涵，分析其如何建构了新时期我国妇女政策之框架，并取代了“妇女解放”话语。第三节介绍改革开放以后新出现的独立儿童话语、人口话语。第四节在综合上述话语的基础上，分析这些话语之间如何形成联盟，如何博弈并持续推动了儿童照顾政策改革。

第一节　“妇女回家”：瓦解妇女解放论调

改革开放以后，妇女话语开始逐渐脱离政府掌控，社会上出现独立的妇女话语主张，其中所体现的性别角色定位出现较大的转变，其中最具影响力的是纵贯20世纪80—90年代的四次“妇女回家”大讨论。“妇女回家”主张妇女回归家庭持家育儿，这与“妇女解放”所倡导的妇女广泛参与公共劳动之论调完全对立。因这场讨论旷日持久，且参与者众多，“妇女回家”瓦解了新中国成立之初确立的“妇女解放”思路，对我国儿童照顾政策的“再家庭化”进程重要影响。本节就四次“妇女回家”的产生背景、讨论内容、讨论结果、不同主体所持观点立场以及对儿童照顾政策的影响做出说明。

一、四次“妇女回家”大讨论

自20世纪80年代初期开始，我国“妇女回家”的讨论从未停止。本节介绍20世纪80年代初、80年代末期、90年代中期和世纪之交的四个讨论高潮，（范红霞，2011；宋少鹏，2011）即所谓的四次“妇女回家”大讨论。

（一）第一次妇女回家大讨论

1. 背景：严峻的失业危机

第一次“妇女回家”讨论发生在20世纪80年代初期，发生在我国城市社会的失业问题非常严重的背景下。造成这次严重失业的原因主要有两个：①返城知青。知青大部分出生在1950—1958年第一次人口出生高峰时期。根据劳动力自然成长的周期，这一时期出生的人口本应在1968年（18周岁）以后逐步步入劳动年龄。而当时我国正处于国民经济遭受严重破坏的“文化大革命”时期，城镇就业无法落实，只能以上山下乡的形式把就业压力导向农村。据估计，当时约有1700万的城镇青年响应党的号召上山下乡。1978年12月，中共中央和国务院决定调整上山下乡政策。于是，大量的知识青年开始返城。知青回城以后立刻转换成城市的就业问题。1979年，以回城知青为主的城镇待业人员总数已经达到1500万人。②“文革一代”生育高峰。我国1962—1975年第二次生育高峰里共出生3.55亿人口，他们分别在1978年以后进入劳动年龄。这也就是说，文化大革命结束后，这两个高峰期间出生的城镇人口，被集中到同一时期就业，就业的压力可想而知。80年代初，城市失业率继续居高不下，失业人口高达到20%以上。（程连升，2000）严重的城市失业问题产生了社会和政治危机。据北京市一份调查报告指出，由于无法就业，部分青年经济非常困难，难以维持正常的生活。精神负担和压力很重，许多人思想苦闷，悲观失望。家庭争吵，婚姻困难，个别青年想自杀。大批青年无所事事，游荡在社会上，惹是生非，犯罪率上升，败坏社会风气。失业成为一时最严重的社会问题。（任

晓伟，2011）

为了解决失业问题，国家将统包统配的就业模式撕开一个缺口，允许和鼓励待业青年兴办个体经济、集体经济和合作经济组织。但是，城市劳动市场每一年能够容纳的劳动力仍然极为有限。

表 6-1 新中国成立以来中国城镇公开失业人员数及失业率（1949—2014 年）

年份	失业人数（万人）	失业率（%）	年份	失业人数（万人）	失业率（%）
1949	474.2	23.6	1992	363.9	2.3
1950	437.6	—	1993	420.1	2.6
1951	400.6	—	1994	476.4	2.8
1952	376.6	13.2	1995	520.0	2.9
1953	332.7	10.8	1996	552.8	3.0
1954	320.8	10.5	1997	570.8	3.1
1955	315.4	10.1	1998	571	3.1
1956	212.9	6.6	1999	580	3.1
1957	200.4	5.9	2000	595	3.1
1978	530	5.3	2001	681	3.6
1979	567.6	5.4	2002	770	4.0
1980	541.5	4.9	2003	800	4.3
1981	439.5	3.8	2004	827	4.2
1982	379.5	3.2	2005	839	4.2
1983	271.4	2.3	2006	847	4.1
1984	235.7	1.9	2007	830	4.0
1985	238.5	1.8	2008	886	4.2
1986	264.4	2.0	2009	921	4.3
1987	276.6	2.0	2010	908	4.1
1988	296.3	2.0	2011	922	4.1
1989	377.9	2.6	2012	917	4.1
1990	383.2	2.5	2013	926	4.05
1991	352.2	2.3	2014	952	4.09

注：部分年份数据缺失，因此未列出。本表 1949—1957 年数据来自程连生文章，其余年份摘编自 2015 年的《中国统计摘要》。

2. 讨论的内容和过程

为了缓解异常严峻的就业压力，一些社会人士发表了让“妇女回家”来消除就业压力的文章。其中最早的一篇文章是 1980 年 5 月在上海署名为厉璠的作者发表的《上海妇女就业问题探讨》，该文对中国计划经济下实行了 30 多年的妇女充分就业提出疑义，指出妇女就业实际上挤占了男子的就业岗位。该文后由《光明日报》转载，并引发了广泛的社会争论。

社会的讨论引起政府部门的注意。1980 年 7 月，对当时失业问题束手无措地劳动和社会保障部建议“以妇女回家方式缓和就业压力”。但是，该建议遭到全国妇联的激烈反对。1980 年 8 月 3 日，全国妇联书记处致函中共中央书记处书记、国务院副总理万里和中央书记处书记彭冲，表明妇联不赞成让已经就业的妇女回家料理家务的观点。全国妇联书记处表示，“妇女在社会主义建设发挥了重要作用，让妇女回家，不利于社会主义现代化建设，不利于妇女的解放事业；家务劳动不是妇女就业的出路，逐步实现家务劳动社会化和现代化才是解决家务劳动繁重的根本办法。”1980 年 8 月 7 日上午，中央书记处召开会议，讨论劳动部的报告。全国妇联副主席、书记处第一书记罗琼，在中央书记处的会上再次阐述了妇联的意见，对“妇女回家”将会产生的负面影响进行了深入分析。其他参会者纷纷发表意见，都不同意以实施妇女回家的措施来缓解就业紧张问题。（顾秀莲，2013：77）会后，中央书记处发布会议纪要指出：“现在有些人主张要妇女回家搞家务劳动，全国妇联不赞成，书记处同意妇联意见。”万里副总理也在同期债考的全国劳动就业会议总结中明确指出：“对妇女就业要充分重视，实行男女平等，同工同酬的原则，并根据妇女的特点，因才使用，发挥其特长。”中央书记处总书记胡耀邦认为让妇女回家解决就业问题是消极办法，并批示应用积极的方式，广开就业门路，解决就业难问题。（顾秀莲，2013：77）

20 世纪 80 年代初的这场妇女回家讨论，在社会对该议题的讨论尚未形成声浪之时，劳动和社会保障部就接棒形成制度条文，并报中央审批，由此形成新中国第一次国家层面的妇女问题论争，虽然最后因妇联的反对和党与国家领导人的干预而未能实行，但确实推动了我国党政部门从根源上思考妇女政策走向，也由此决定了长达 20 年的妇女工作还是就业之间的论争基调。

（二）第二次妇女回家讨论

1. 背景：国企改革和单位制破产

1978年，十一届三中全会把党的工作重心转移到以经济建设为中心上来。同年，我国开始推动国有企业改革。扩大企业自主权是国企改革的起点，它的主要内容是企业在完成计划后提留剩余利润，用作发展生产、改善集体福利、发放职工基金；企业扩大用人自主权，可以定员、定额内按照实际需要，决定机构设置，任免中层及以下干部，有权择优录取和辞退职工。1980年6月底，全国参与扩权改革的企业数量达到6600多家，约占全国预算内工业企业数的16%，产值的60%，利润的70%。（荀大志，1988）1981年，企业开始试行利润包干经济责任制，企业在完成包干任务后，可以获得超收利润的大部分，由此国企改革推广到36000个工业企业。（荀大志，1988）

此后国企改革的步伐不断加大。1986年，国务院颁布《国营企业劳动合同制暂行规定》，这标志着国有企业正式开启劳动用工制度改革进程，企业剥离富余人员，同时也意味着实行30多年的单位制开始解体。据全国总工会女工工作委员会对北京、辽宁、黑龙江、河北、甘肃、宁夏、湖北、四川、江苏、广西、广东11个省市10个行业（机械冶金、石油化工、水利电力、交通运输、金融保险、商业、纺织、邮电、电子）的660位企业领导和15000名在职职工所做的一项调查表明，企业还存在大批富余劳力，企业实际需要的女工人数仅占企业女职工总数的21%。（全国总工会女工工作委员会，1988）这意味着大量的企业富余人员被迫解除劳动关系重新择业。在男权思想的影响下，让妇女回家从而保住男子饭碗的社会声音再次响起。

2. 讨论内容和过程

在第一次妇女回家大讨论之后，虽然中央已明确给出反对妇女回家的意见，但是并未让社会对妇女回家的热情有所消退，一些学者研究并介绍了法国、日本、南斯拉夫等国家的家庭育婴政策，（金一虹，1989；莫利纽克斯、费涓洪，1983；M. 拉罗克、殷世才，1982）并提出妇女阶段性就业的设想。

“阶段性就业”指的是职业妇女在婚后自动退职回家，从事家务劳动和抚育子女，待孩子长大后再重新就业。当时学者提出的一些阶段性就业的设想包括：①给予女职工2~4年的哺乳抚幼假期，并保留一定比例的工资。后这条建议被劳动部采纳，劳动和社会保障部提出“在企业和女工双方自愿的原则下，实行哺乳期女工休假 2 年左右是可取的，可以进行试点”（劳动和社会保障部办公厅，1989）；②在职妇女从怀孕 7 个月到 3 岁停职休息，在家哺育儿女，领取 75% 的工资；③孩子 3 岁 ~ 6 岁期间实行半天工作制；④孩子 7 岁后恢复全天工作。（李银河，2005）

对怀孕哺乳抚幼的女职工实行 4 年长假，保留原工资 90%。这种考虑的出发点是妇女怀孕哺乳抚幼期间，家务负担最重。妇女从怀孕起休假 4 年后，小孩 3 岁多，送幼儿园生活可以自理。妇女在休假期间拿原工资的 90%，在经济上比请保姆合算得多，就是同白天把孩子托在别人家，或送哺乳室、托儿所相比，由于可节省部分牛奶费和其他开支，生活水平也不会降低多少。况且，妇女这期间在家对幼儿的发育、母亲的健康都是有益的，符合优生优育的要求。（王树林，1983）

“阶段性就业”至少有六大好处：①孕前的休息是为了母婴的健康，适当的孕前休息能减轻婴儿体重。②产后休长假有益于孩子的早期教育，母奶喂养也有利于儿童健康。③有益于女职工本人的健康。56 天产假过后就要上班，妇女过于劳累，导致身体虚弱多病。④有益于家庭。在家务劳动社会化程度低的情况下，一味强调妇女参加工作，只会加重妇女的负担，造成双职工家务繁重，家庭无人照顾，家庭不能美满。⑤有利于企业。阶段性就业能够避免女职工孕产哺乳期工作效率下降给企业造成的损失。⑥有利于社会。妇女阶段性就业可以缓解失业问题的压力。（劳动和社会保障部办公厅，1989；李银河，2005；王树林，1983）

据统计，今后全国城镇每年进入育龄期的妇女有 200 万人，如果有 90% 的人享受怀孕哺乳抚幼假（4 年），20 年就能腾出 14400 万人年的就业机会。现有的近 4000 万女职工 20 年内若有 70% 的人达到改革后的退休年龄（45 周岁），又能腾出 14000 万人年的就业机会。两项合计，共能腾出 28400 万人的就业机会。按每人工作 30 年计算，就可以安置 947 万人就业。无疑，这将有助于缓和就业的巨大压力。（王树林，1983）

面对社会上越演越烈的“妇女回家”讨论，1988 年全国妇联在其下属杂志《中国妇女》发起“我们的出路在哪里”的主题讨论，并邀请中央电视台在电视媒体上发起“让妇女回家”类的话题讨论，这一系列举措将这一轮“妇女回家”

讨论推向高潮。经过广泛收集民间投稿，一年间该杂志共发表各类女性回家的来稿 60 多篇，（马丽珍，1989）社会各阶层妇女的声音都有所体现。《中国妇女》杂志编辑部还和中国社会调查系统在全国城市进行了关于“女人出路”问题抽样调查，从中获悉绝大部分的女性有较高的就业意愿。但有 59.3% 的人赞成阶段性就业方式（结婚怀孕后暂时回家，拿少量补贴，等孩子长到 5 岁左右再出去工作），年龄在 26 至 35 岁的人赞同阶段性就业的为数最多；受教育年限越长的，赞同阶段性就业的人数比例越高。（《中国妇女》思想理论部，1989）

（三）第三次妇女回家大讨论

1. 产生背景

20 世纪 90 年代，国家加快了对国有大企业的股份制、公司制改造，对国有中、小企业采取改组、联合、兼并、租赁、承包、出售等多种形式开放搞活，并鼓励兼并，规范破产，下岗分流，减员增效。我国的下岗人员人数急剧增加。据统计，1994 年底，全国下岗工人达 196 万人，此后持续增长。这种情况下，有关妇女回家的讨论又一次展开。

2. 讨论内容和过程

这次讨论的参加者以学者为主。1994 年，《社会学研究》组织的妇女回家专栏，邀请了郑也夫、孙立平、李银河三位重量级学者的发表对妇女回家的看法，三位学者观点各异，由此激发了广泛的社会讨论。郑也夫（1994）提出了妇女解放的超前论，认为过去政治推动的妇女解放使中国失去了自己的女性，失去了自己的家庭生活，中国的每个家庭需要重新考虑其角色分工，由此主张妇女回到家中。孙立平（1994）认为以妇女大量就业为特征的广泛就业制度打乱了社会的角色分工，从而导致社会功能紊乱及其他社会问题，从国企下岗的现状出发，以减少妇女就业来解决中国就业问题，是一种代价最小、最可行的方法。李银河认为，“女人回家不回家（或说就业不就业）应当由她们自己决定，这是女性的基本人权之一”。如果“女人回家”是对女人本身的呼吁，尚有一定道理；“如果一个社会把就业的大门对妇女关闭，它能否因此得到效率尚需存疑，而它将因此丧失公平却是必定无疑的了”。（李银河，1994）1995 年，《社会学研究》又组稿 6 篇对“妇女回家”议题再次论辩。学者的大量加入大大加深了“妇女回家”议题的讨论深度。“妇女回家”议题被拓展到“男女平等”“性别角色”和“公民权利”等层面。

（四）第四次妇女回家大讨论

1. 背景

第四次妇女回家讨论发生在1997—2001年，是历次妇女回家讨论中持续时间较长、规模最广、影响最大的一次讨论。它同样发生我国城市失业严峻之背景之下，下岗工人的矛盾给中国城市带来巨大的压力。根据官方统计，1996年我国城镇失业率超过了3%，此后几年持续增长。1999年全国有1210万下岗职工，当年再就业492万人，再就业率为42%，那么未就业人员为629万之多。2000年，全国有1098万下岗职工，当年再就业361人，再就业率为35%，未就业人员超过700万（程连升，2000）。这场失业的危机使得已经酝酿讨论近20年的妇女回家讨论不仅在社会上达到一个前所未有的高潮，并通过了政策议程最终进入立法阶段。

2. 讨论内容和过程

1997年3月，全国政协八届五次会议期间，一些经济学界的学者和全国政协委员提出，应该制定妇女阶段就业的政策以减少劳动力供给，缓解就业压力，这些观点影响到劳动和社会保障部门的态度。对此，全国政协的全国妇联党组委员们呼吁，绝不应该出台任何形式的妇女阶段就业的政策法规。全国妇联旗帜鲜明地反对和一些专家学者、妇女组织的共同努力，成功阻止了妇女阶段就业政策的出台，劳动和社会保障部在提案的答复中承诺3年内不出台关于妇女阶段的就业政策。

然而，这并没有能终止有关妇女回家和妇女阶段就业的论争。2000年10月18日我国公布了《中共中央关于制定国民经济和社会发展第十个五年计划的建议》，在“积极扩大就业，健全社会保障制度”一节中提出了“建立阶段性就业制度，发展弹性就业形式”的政策建议。大会秘书处对“阶段性就业”的解释是“指劳动者在其职业生涯中，因生育、抚养子女、照顾亲属、就学或参加其他没有报酬的活动而自愿退出劳动力市场一段时间，之后再次就业的一种形式”。（荣维毅，2001）在大会秘书处编辑了一本小册子，关于阶段性就业的解释是以妇女为例，指妇女在走出校门以后可以工作，但在生育之后的3年里应该停止工作，待身体恢复、孩子度过哺乳期再重新就业。（艾珂，2001）

扩大就业是促进经济发展和维护社会稳定的重要保证，也是宏观调控的一项重要内容。要继续保持经济较快增长，进一步发展劳动密集型产业，积极发展集体企业和个体私营企业，以提供更多的就业岗位。建立阶段性就业制度，发展弹性就业形式。发育和规范劳务中介组织与劳动力市场，完善就业服务体系，加强职业培训，形成市场导向的就业机制。引导下岗职工和失业人员转变就业观念，继续实行鼓励自谋职业的优惠政策，促进多种形式再就业。（中共中央关于制定“十五”计划的建议，2000 年）

十五规划建议稿中的“阶段性就业”和“弹性工作制”就业政策得到数千网民的赞成，其中约 80% 是男性公民，这引起了全国妇联及各级妇联组织、妇女研究机构及女性学者的高度警惕。《中国妇女报》于 2001 年 1 月 15 日至 2 月 22 日推出“阶段就业是否伤害女性”的一系列讨论，极力反对妇女阶段就业论调。全国妇联表示不同意出台任何形式的妇女阶段就业的政策法规，就业权是《中华人民共和国宪法》赋予妇女的基本人权，是实现妇女其他劳动权利的前提和基础，妇女阶段就业既不符合国际潮流，也不符合中国目前的国情，其结果是造成妇女整体素质的下降，无视和贬低妇女生育的社会价值。

2001 年 3 月，在第九届四次政协会议召开期间，全国政协委员王贤才做了“家政呼唤与回归——男女平等与分工的思考”的发言，鼓励女职工在自愿的基础上回家主政，把家管好，把孩子带好，实在是一件利国利民、利人利己的好事。这使得在 2001 年两会期间，继续了上年度党代表大会期间对于妇女阶段就业的讨论。最终，由于许多群众尤其是多数妇女和社会学、妇女学专家学者不赞成（韩廉，2008）。在第九届四次全国人大（2001 年 3 月）正式通过的《国民经济和社会发展第十个五年计划纲要》没有采纳“阶段性就业”政策提议，把“阶段性就业”和“弹性工作制”的提法改成了“建立灵活多样的就业形式”，这意味着“阶段性就业”在“十五”期间不会作为国家制度推行。

2001 年的这次妇女回家大讨论被视为改革开放以来最激烈、规模最大、层次最高的女性性别角色论争。这次争论涵盖了多个方面的声音，不仅有社会讨论、理论争鸣，还有党代会和全国两会期间人大代表和政协委员之间的唇枪舌剑，最后还进入了政府决策层面，在决策层面停留多月，政策的研究者、制定者、决策者成为参加本次讨论的主角。劳动和社会保障部与全国妇联就建立阶段性就业制度问题进行针锋相对的对话，多种社会反映和建议被直送中央和国家高层领导。论争的焦点也不再是解释或改变妇女的具体现实处境，而是深入到在社会转型期公平和效率发生冲突时，我国公共政策应该选择何种价值立场，问题探讨比较深入。综合来看，“阶段性就业”论调虽有一部分拥护者，但是妇女就业权利更为深入人心。

二、“妇女回家”立场分割及博弈

纵观上述四次妇女回家大讨论，可以发现其中涉及主体多种多样，立场观点各不相同，理由各异。劳动和社会保障部和妇联都属于政府机构，两者多次在妇女回家的辩论中针锋相对，这表明政府机构对于妇女角色定位是模糊不清的。社会力量包括学者和普通群众，立场分化同样鲜明，多位学者以妇女回家与否观点交锋，普通群众亦持不同意见。

（一）政府组织立场出现分化

新中国成立以后，中国共产党将“妇女解放”当作社会主义制度优越性的体现之一。在这一政治大旗的指引下，党政部门对于妇女就业态度一致，都持支持态度。改革开放以后，意识形态领域的反思使“妇女解放”等政治话语面临危机，政府内部的妇女工作立场开始出现分化。

面临着严重失业压力的劳动和社会保障部，成为“妇女回家”的第一个官方粉丝。第一次、第二次和第四次“妇女回家”讨论，劳动和社会保障部门都参与了讨论，并以一种实用主义态度，将“妇女回家”当成解决失业问题的药方，几次将让“妇女回家”写进部门政策建议之中，并提交给中央讨论。另外，劳动和社会保障部有督促企业履行劳动权益保护责任之责，20 世纪 80 年代，面对众多企业以放哺乳长假的方式变相辞退女工的做法，劳动和社会保障部的选择是“视而不见”，实际上是放弃监管职责。80 年代末期，劳动和社会保障部还试图推动了妇女哺乳抚幼长假的政策实验。可以看出，劳动和社会保障部在长达 20 年的时间内，一直是“妇女回家”声音的坚定支持者。

全国妇联的态度与此相反。在经济建设为中心的口号下，全国妇联开始反思“文化大革命”期间的妇女工作方针，1978 年中国妇女第四次全国代表大会发出的时代最强音是“四个现代化需要妇女，妇女需要四个现代化。”第二年全国妇联重新确立妇女以生产为中心的工作方针，号召广大妇女“我们的心要想在四个现代化上，劲要使在四个现代化上，聪明才智要发挥在四个现代化上”。要“以生产为中心，调动各族、各条战线妇女运动的社会主义积极性，发挥她们的特长，积极投入增产节约运动，为出色完成今年国家的工农业生产任务，在调整国民经济中，做出新的贡献”。（全国妇联，1979）此后，妇联积极在妇女中开展“双学双比”“巾帼建功”“三八红旗手”等评比活动。为了促进妇女就业，妇联仍积极推动托幼事业发展。自1985年以后，妇联的工作日程中虽然再难觅托幼事业的字眼，但是在“妇女就业”的立场上，妇联毫不含糊。20世纪80年代末期、90年代中期、世纪之交的妇女回家讨论中，妇联均表明了对妇女就业立场的坚决拥护。在劳动和社会保障部将妇女回家立场转化成政策条文供上级部门审批之时，妇联都立场坚定地提出反对意见，经其坚决阻挡之下，“妇女回家”的建议最终没能成为法律条文，而只是维持在讨论层面。

（二）企业支持并实践“妇女回家”政策

自1978年12月中国共产党把我国的工作重心转移到以经济建设为中心上来，我国市场经济的发展就已经开启。（王绍光，2008）20世纪80年代初期，属于市场经济特征的一些词汇如利润、盈利、效益、效率、优胜劣汰、个人责任已经受到改革企业的追捧。这一时期企业对于员工的能力和产值非常关注，这使在人力资本市场上占优势的男性更受欢迎，女性劳动力的劣势凸显。据全国总工会的调查，第一，女性怀孕和生育的最初几年，会把部分精力投入到生养孩子这件事情上去。用人单位的损失在这几年是双重的，企业不仅得不到这位生育中的妇女的全部劳动力，而且还要为生育哺乳期的妇女支付福利、工资。第二，因女性比男性早退5~10年，比男性少付出5~10年劳动，却比男性领退休金时间长。第三，企业雇佣女工，托幼机构的支出费用不菲。企业普遍将女性判定为低效劳动力。

“88.7%的行政领导不愿招女工的真实原因是女职工生育哺乳会影响企业的经济效益。即使是那些对男女都合适的工种，也仅有5.3%的人愿招女职工。其主要原因是：有51.2%的人认为，由于‘妇女要生儿育女，给单位造成经济损失’；有23.5%的人认为，‘妇女要干家务，影响工作’；10.2%的人认为，‘妇女退休早，比男职工贡献小’；有15%的人认为，‘妇女工作能力不如男人’。就连在一向被认为最适于招女工的89个纺织企业中，也有75%的企业领导人

不愿招女工。”（全国总工会女工工作委员会，1988）

由此，一部分企业打出“宁要武大郎，不要穆桂英”的招工口号，想方设法拒绝招收女工，统包统配的就业模式遭到一些企业的抵制。如此事例不胜枚举。例如，1985 年，辽宁省本溪市某工厂申请招工 100 名，市劳动和社会保障局要求其中至少有 10 名女工，否则不批指标，最后该厂宁可不招工也不要女工。再如人民银行总行 1983 年的招干文件中，在规定择优录取的同时，又规定男性不得少于半数。天津市 1984 年底招工中原规定男性占 97%，女性占 3%，后经天津市妇联出面做工作，才将女性比例提高到 20%。（顾秀莲，2013c：77）

一些企业变相辞退女工。自 1980 年鞍山钢铁厂对实行计划生育的女职工试行婴儿哺乳期间留职休假制度，该方式得到《工人日报》的宣传介绍，不少企业积极效仿鞍钢做法。据鞍山、本溪两市的不完全统计，企业让孕期、哺乳期女职工放长假有 18000 多名；东北电业管理局抚顺火电工程处决定，怀孕满 6 个月的女职工，一律办理留职休假手续，到婴儿满 6 周岁为止；湖南株洲市试行了女工生育休长假四年的制度以及女工年满 40 岁至 45 岁可以提前退休制度。（李银河，2005）

一些企业削减儿童照顾福利。全国总工会的报告指出：“一些企业在实行经营责任制中，任意缩短产假时间；有的干脆取消了产假；还有的把产假工资与奖金捆在一起浮动。有的企业把往返哺乳室的途中时间算作哺乳时间，甚至把哺乳时间缩短到 15 分钟；有的企业在哺乳时间里也计算生产定额；还有一些企业撤销了托儿所和哺乳室”。（全国总工会工作委员会，1984）

这些举措综合说明了，企业在经济改革的压力之下，对于妇女劳动力的态度发生根本性改变。单位制宽松的、非竞争性的就业环境在市场机制的逼迫之下，已经让位于现代企业以利润挂帅的、高度竞争性的用工环境，按照市场优胜劣汰原则，企业不再愿意选择女性职工，因此企业成为妇女回家的坚决支持者。

（三）社会声音分化

20 世纪 80 年代初期，社会对“文化大革命”时期倡导女性形象做出批判性反思。这一时期文学、话剧作品、电影表达了对铁姑娘女性形象的厌弃，转而呼唤美丽、温柔、善良、坚韧等传统女性之美，认为应该让女性把情感和幸福重新带回给家庭，一些社会人士也表达了对于妇女回家的渴望。

为了迎合社会需要，一些学者开始将目光转向国外，研究他国关于妇女、儿童和家庭政策，介绍他国的政策经验，并向社会推崇妇女“阶段性就业”的观点。学者观点得到主流媒体的热烈回应，《中国妇女》杂志、《中国妇女报》《光明日报》《北京日报》以及不少电视台都刊载过学者的妇女回家言论，这些言论打破了政治话语霸权，一定程度上开启了民智，亦使得“阶段性就业”成为之后的妇女回家讨论的主要方向。

“阶段性就业”得到不少普通群众的支持，包括相当一批的女性也对此观点表示出赞赏之态，但是相对来说，男性赞同的比例更高，广大的妇女对此并不认可。据 80 年代的一项调查表明，超过 70% 的女性认为即使家庭物质条件良好，仍会去参加工作，超过 66% 的丈夫也赞成妻子工作。（唐修哲，1985）

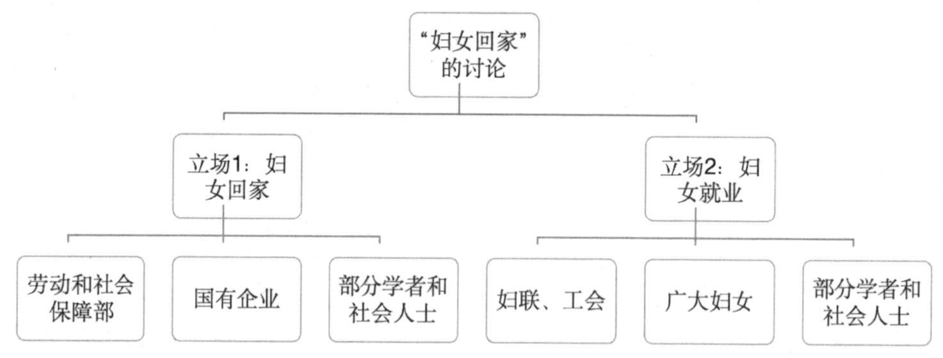

图 6–1 “妇女回家”中的话语主体及其立场

综上所述，无论是支持还是反对“妇女回家”的讨论，我们可以把上述话语主体分为两个组别：①劳动和社会保障部、国有企业、部分学者和社会人士支持妇女回家；②妇联组织、部分学者和社会人士，以及大部分的妇女支持妇女就业。前者认为，妇女回家有利于减缓事业，亦有利于妇女儿童健康和家庭稳定，后者认为妇女就业是宪法赋予的权利，是妇女解放的保障。这种存在官方、学界和民间话语对立持续了长达 20 年的时间。虽然妇女回家最终并未得到我国立法部门的认可，但这场讨论促使社会全面反思了妇女解放、妇女就业、家务劳动社会化等多年来主宰我国妇女工作之论调，妇女的传统角色有回归之迹象，社会对女性角色的看法走向多元化。它亦改变了我国的儿童照顾政策的历史进程，新中国成立之初树立的托育服务之合法性——为妇女就业提供保障，在这场博弈中失去了政策合法性。

第二节　“男女平等”基本国策：重塑妇女工作框架

1949年《中华人民共和国共同纲领》规定我国妇女在政治、经济、文化教育、社会生活的各个方面均享有与男子平等的权利。从这一时期开始，男女平等就是我国宪法的一条重要原则，但男女平等成为基本国策始于1995年的北京世界妇女大会。1995年，在第四次（北京）世界妇女大会开幕仪式上，时任国家主席的江泽民同志向全世界庄严宣告：“中国政府一向认为，实现男女平等是衡量社会文明的重要尺度。我们十分重视妇女的发展与进步，把男女平等作为促进我国社会发展的一项基本国策。我们坚决反对歧视妇女的现象，切实保障和维护妇女在国家政治、经济和社会生活中的平等地位和各项权益”。男女平等由此转变为基本国策。2005年，修订后的《中华人民共和国妇女权益保障法》首次把“男女平等”基本国策以法律条文形式固定下来，明确了基本国策的法律地位。2012年，党的十八大把男女平等基本国策写进全国党代会报告，则更进一步将其明确为执政党的追求。

一、“男女平等”基本国策的内涵

（一）男女平等是基本人权

1995年，第四次世界妇女大会在北京召开。这次妇女大会对我国自新中国成立以后就产生的“男女平等”的释义体系产生了极大的冲击，大会颁布的《北京宣言》指出“提高妇女地位和实现男女平等是人权问题，也是社会正义的条件”。“妇女的权利就是人权”，我国开始从权利视角而非政治角度解读男女平等问题，这推动了我国对男女平等的释义与国际接轨，也解决了80年代妇女解放重新释义之后造成的妇女工作价值观混乱的难题。

《北京宣言》主张承认和尊重性别差异，承认要达成性别平等愿景，就要给予妇女必要的政策倾斜与保障。男女平等不是男女都一样，也不是对妇女能力的歧视，因为女性在生理上有别于男子，她们身挑两副重担，既要养育子女，又要参加工作。因此必须在劳动工种劳动量的负担、四期保护及生育等方面对女性有特殊照顾，才能保障女性有条件和男子一样健康安全地参加劳动。

（二）确立男女平等的关切领域

鉴于1985年内罗毕第三届世界妇女会议中所通过的《内罗毕提高妇女地位前瞻性战略》所制定的许多目标还未实现，世界各地仍持续存在政治、经济和生态危机，无论是侵略战争、武装冲突、内战或恐怖主义，带来的生存威胁、粮食短缺、经济衰退等，均不利于妇女权利与地位的提高，甚至根本无法保障妇女的基本生存和自由。因此，有必要列出当前世界妇女所迫切面临的关切问题，以优先采取行动。《北京宣言》列出促进男女平等需重大关切的领域包括：妇女贫穷、妇女教育和培训、妇女保健、对妇女的暴力、妇女经济和生活资源、妇女参与决策、妇女地位、妇女人权、女童权利等。

二、“男女平等”重塑妇女工作框架

世界妇女大会之后，国际妇运的关注重点和关注视角，大大促进了我国对于妇女问题的认知，我国妇女工作的框架地发生了较大的转变，这种变化集中反映在我国制定的三部“妇女发展纲要”之中。

第一部《中国妇女发展纲要（1995—2000年）》制定在北京世界妇女大会之后，它从10个方面列出了促进妇女发展任务，分别是妇女参与决策和管理、妇女就业、妇女劳动权益、妇女教育、妇女健康、妇女与家庭、妇女贫困、妇女与社会环境、妇女国际交往和妇女研究，这与《北京宣言》列出的妇女迫切需要关切的领域一脉相承，我国的妇女工作范围获得了极大拓展，妇女工作不仅局限在就业、参政等领域，而是包括了健康、贫困、环境等新的领域。尤其值得注意的是，妇女在家庭内部遭遇的不平等得到高度关注，有关家庭暴力、家务劳动时间价值化等问题首次获得重视。

第二部《中国妇女发展纲要（2001—2010年）》共包含六个方面的内容，它剔除了妇女国际交往和妇女研究之内容，合并妇女就业、妇女贫困、妇女劳动权益方面，将其归入“妇女与经济”类目之下。从这部纲要所列妇女发展的类目顺序，“妇女与经济”超越妇女参与经济决策与管理，成为排在第一顺位的妇女工作内容，这体现了在一个市场话语占据霸权年代的政府导向，即在城市下岗失业问题严峻的背景之下，我国政府仍旧坚持保护妇女的就业权利。

第三部《中国妇女发展纲要（2011—2020年）》，除了增加“妇女与社会保障”一项以外，其他内容和第二部妇女发展纲要相同，只是在排序上，“妇女与健康”“妇女与教育”排在“妇女与经济”之前。之所以发生这样的改变，是因为政府意识到健康和教育是妇女可行能力的基本组成部分，就业是具有可行能力之后的自然结果而非基础，只有在教育和健康方面给予妇女赋权，才能带来妇女地位长期的发展变化。另外，鉴于21世纪以来妇女劳动权益保护每况愈下的实际状况，政府增加“妇女与社会保障”方面的内容，显示了政府在这方的决心（见表6-2）。

表6-2　中国不同年代的妇女发展纲要内容框架对比

中国妇女发展纲要（1995—2000年）	中国妇女发展纲要（2001—2010年）	中国妇女发展纲要（2011—2020年）
妇女参与决策和管理	妇女与经济	妇女与健康
妇女就业	妇女参与决策和管理	妇女与教育
妇女劳动权益	妇女与教育	妇女与经济
妇女教育	妇女与健康	妇女参与决策和管理
妇女健康	妇女与法律	妇女与社会保障
妇女与家庭	妇女与环境	妇女与环境
妇女贫困	—	妇女与法律
妇女与社会环境	—	—
妇女国际交往	—	—
妇女研究	—	—

资料来源：作者自制。

总体说来，与改革前的妇女话语框架相比，这一时期的话语仍然以教育、就业、参政等新中国成立以后我国妇女工作的传统领域为核心，传统的妇女工作领域得到继续积极推动。三部纲要都谈到要推动妇女就业、提升妇女受教育水平、提高妇女在管理岗位中的比例水平，都提出了明确的量化目标。例如，2001和2011年的妇女纲要均提出要把“妇女从业人员占从业人员总数的比例保持在40%以上”。三部纲要均提出要提高妇女参与国家和社会事务决策及管理的程度，最新的2011年纲要规定提出的目标是“提高女性在全国和地方各级人大代表、政协委员以及人大、政协常委中的比例”，“县级以上地方政府领导班子中有1名以上女干部，并逐步增加”。同时，与之前相比，我国的妇女话语框架出现了一些全新的内容，主要包括：

（一）首提夫妻共担家务和抚育子女

《中国妇女发展纲要（1995—2000年）》谈到，应提倡夫妻共同承担家务劳动和抚育子女，搞好社会服务，发展托幼事业和家务劳动服务事业。然而，这一提法很快被抛弃，自《中国妇女发展纲要（2001—2010年）》起，我国不再提及夫妻共担育儿责任，只建议在社区优先发展对家庭生活有直接影响的公共服务，实现家务劳动社会化，逐步增加妇女的自我支配时间。《中国妇女发展纲要（2011—2020年）》提出了比较具体的妇女就业支持措施，主张男女平等基本国策进一步落实，形成两性平等、和谐的家庭和社会环境，开展托幼、养老家庭服务，为妇女更好地平衡工作和家庭责任创造条件，大力推进社区公共服务体系建设。发展面向家庭的公共服务，为夫妻双方兼顾工作和家庭提供支持。发展公共托幼服务，为婴幼儿家庭提供支持。强化城乡社区儿童服务功能，提高家务劳动社会化程度。

（二）出现新的关注领域

家庭暴力、重婚（二奶）、卖淫嫖娼、女童问题等成为1995年以后我国妇女政策新的重点领域。与这些新话题有关的辩论挤出了以往妇女就业、家务劳动社会化和托育服务的政策讨论。以家庭暴力为例，与之相关的讨论热情持续高涨，挤压了其他妇女问题的社会讨论空间。过去我国说夫妻打架是家丑不可外扬，又说“夫妻床头打架床尾和”，这是典型的私人领域，外界对此一应多加干涉。而国际妇女运动认为，“对妇女的暴力恰恰是对妇女最深刻的歧视，是对妇女基本权利的粗暴践踏”。（刘伯红，1998）世界妇女大会之后，中国社会对于家庭暴力问题的关注度达到前所未有的高度，政府、学术界和社会媒体召开多场讨论会议，从社会文化、社会变迁、大众传媒、法律、家庭体制、伦理道德等方面，寻找对妇女的家庭暴力的存在机制、原因、防范办法（仪缨，1998）。官方宣传和社会讨论使社会对于家庭暴力的关注持续高涨，社会认知发生较大转变，现在社会却将家庭暴力看成是罪不可以容忍的社会事实之一。

第三节　人口和儿童话语：构建新型儿童福利框架

人口政策和儿童政策常常是你中有我、我中有你，各国常常将两者做糅合处理。改革开放以后，我国首次出现独立的儿童话语。几乎同时，国家提出控制人口数量，提高人口素质的口号。

一、儿童“抚育、培养、教育”

改革开放以后，四个现代化需要人才储备，国家开始重视人力资本投资。儿童作为未来的四化建设者，在国家的经济地位显著提高。这一时期，从中央书记处到党政部门，均对儿童的培育发展提出很高期望，党政各部门出现多种关注儿童培育和发展的文件和讲话。这些讲话把儿童比喻为社会的宝贵财富、国家、民族的未来和希望、共产主义事业的接班人、四化建设的预备队、21世纪的建设者等。

“目前，全国14岁以下的儿童和少年有3亿以上，到20世纪末、下世纪初，他们将陆续成为我国社会主义事业的生力军。抚育，培养，教育好这3亿多儿童和少年，是为社会主义现代化建设培养优秀的劳动后备军，为共产主义事业培养接班人的大事，也是关系到发展社会主义建设成果和共产主义事业代代相传的大事，当前又是为国家职工和各行各业的劳动者解除后顾之忧，为他们专心致志搞好生产、工作和学习创造条件的大事，符合千家万户，亿万父母的迫切心愿。我们必须大力加强这方面的工作”。（中共中央，1981：38-39）

为更好地做好儿童培育工作，1990年，国务院成立了妇女儿童工作委员会。在中央的推动下，目前各省、自治区、直辖市和90%以上的地（市）、县（市）均建立了妇儿工委。因20世纪80年代初期全国未入园的儿童占学龄前儿童总数的70%左右，因此各地妇联加大家庭早期教育的宣传力度，编印了儿童早期教育的知识材料，通过广播、电视、各种学习班等方式向父母传授早期教育的正确观点和科学方法，表扬教育做得好的家长。这些措施推动了我国早期教育的发展。

二、控制人口数量，提高人口素质

经济和人口政策紧密相连。1979年，邓小平同志确立了我国的GDP目标，到20世纪末，争取国民生产总值达到人均1000美元，实现小康水平。人均1000美元能否实现，人口数量成了一个关键变量。倘若我国的人口保持继续增长，该目标的实现大约会被无限推迟。1979年起，邓小平反复提到人口是制约我国经济目标实现的关键因素。邓小平指出，人口多、耕地少和底子薄是中国实现四个现代化必须看到的两个重要特点，人口众多，使我国在生产还不够发展的条件下，吃饭、教育和就业就都成为严重问题，因此在社会主义现代化建设中，必须大力加强计划生育工作，争取到1985年把人口增长率降低到1%以下，降不到这个水平不行，国家负担不起。（杨发祥，2004）

1979年，国务院计划生育办公室将生育率降低到1%作为未来几年的工作目标。由此，我国计划生育政策从宽松转向严格。1980年9月25日，中共中央发布《关于控制人口增长问题致全体共产党员、共青团员的公开信》，提出一对夫妇只生一个孩子，并明确提出，计划生育关系到四个现代化建设的速度和前途，要求广大共产党员带头响应国家号召，把人口数量降下来。1982年我国把计划生育政策确定为基本国策，写入宪法。政府同时还出台了独生子女家庭在入托、入学、就医、招工、住房、土地分配等方面的奖励扶助政策和严格超生处罚政策。

在控制人口数量的同时，我国提出提高人口素质的战略目标。提高人口素质是我国人口政策的重要方面，同控制人口数量一样，是一项战略任务（陈慕华，1982）。提高人口的素质，包含着优生、优育一系列的工作要做，从孕期围产保健开始到小儿早期教育、幼儿园教育一整套的儿童优生优育政策出台。当时计划生育部门提出“三普及”，即普及人口理论、节育知识和优生知识。要向社会宣传晚婚、优生、少生、优生、早育（儿育）、优育（裴应范，1982）。计划生育部门要重视优生学的学习和研究，结合计划生育工作搞好优生的宣传教育工作；要向社会宣传优生结婚，鼓励开展婚前检查，防止遗传病的传递；要求孕妇开展产前检查，产前检查可确定多种先天性遗传疾病，避免低质儿出生；向父母开展小儿的大脑发育与早期教育有密切关系；对小儿性格的培养和锻炼，要适合小儿的特点，要寓意于游戏之中，使他们乐于接受、能够接受，同时还要善于发现和培养孩子的特长。

计划生育部门的这些宣传很大程度上改变了中国家庭资源的分配。一是中国家庭对孩子质量的追求逐渐替代了孩子的数量需求；二是家长愿意把更多的资源转移到儿童的教育方面，儿童的教育可用资源变多，培育质量获得改善；三是家庭照顾的方向发生变化，家长更愿意多在孩子身上花费时间，亲自照顾和教养而不是甩手给托育机构的观念逐渐占据上风。

三、儿童发展

国务院妇女儿童工作委员会牵头制定的《九十年代中国儿童发展规划纲要》《中国儿童发展纲要（2001—2010 年）》《中国儿童发展纲要（2011—2020 年）》，集中体现了中国政府官方的儿童概念框架。三个国家级儿童发展纲要始终使用儿童发展作为总框架，这使儿童发展成为 1990 年以后我国最具代表性的儿童话语。在儿童发展概念下，中国官方还使用儿童健康、儿童教育、儿童法律保护、儿童环境和儿童福利五个次级概念，它们和行政管理部门的职能对口，儿童健康归卫计委门管理，儿童教育归教育部门，儿童法律保护归司法公安部门、儿童环境归妇联和文化部门管理 。

20 世纪 90 年代以后，这些部门各司其职，颁布一些儿童保护的专门性法律（见表 6–3）。这些法律法规的干预范围覆盖了婚姻家庭、母婴保健、义务教育、儿童收养、未成年人社会保护、预防未成年人犯罪等领域。从这些法条的背后，我们可以看到国家对于儿童事务的基本假设：第一，儿童应为家庭和父母抚养；第二，儿童是弱势群体，需要国家与社会的保护。这是一种典型的残补主义的思考方式，即政府坚持家庭应该负担儿童福利供给的主要责任，只有在家庭功能失效之后，政府才需介入和干预。政府的介入方式是惩罚那些超出社会常规忍受范围的恶性事件或承接那些不能对儿童负责的残破家庭之责任，其他儿童教养责任均归于家庭。

表 6–3　不同年代的儿童发展的概念框架对比

20 世纪 90 年代中国儿童发展纲要	2001—2010 年中国儿童发展纲要	2011—2020 年中国儿童发展纲要
人口、计划生育	儿童与健康	儿童与健康
妇幼保健与营养	儿童与教育	儿童与教育
提高生活与环境质量，加强安全饮水和卫生处置排泄物工作	儿童与法律保护	儿童与福利
基础教育与扫盲	儿童与环境	儿童与社会环境
社区、家庭保障	—	儿童与法律保护
保护处于困难条件下的儿童	—	—
儿童权益保护	—	—
优生、优育、优教	—	—

资料来源：作者自制。

表 6-4　中国儿童福利法律法规一览表

签署机构	签署时间	相关法律法规名称	适用领域
中国政府	1990.08	《儿童权利公约》	儿童权利
中国政府	1991.03	《儿童生存保护和发展世界宣言》	儿童福利
中国政府	1991.03	《执行九十年代儿童生存、保护和发展世界宣言行动计划》	儿童福利
全国人大	1998.12	批准国际劳工组织《关于准予就业最低年龄公约》	禁用童工
全国人大	2005.04	关于批准《跨国收养方面保护儿童及合作公约》的决定	儿童收养
全国人大	1991.09（2006.12 修）	《中华人民共和国未成年人保护法》	社会保护
全国人大	1991.12（1998.12 修）	《中华人民共和国收养法》	儿童收养
全国人大	1992.04	《中华人民共和国妇女权益保障法》	女童权益
全国人大	1994.07	《中华人民共和国劳动法》	童工问题
全国人大	1994.10	《中华人民共和国母婴保健法》	母婴保健
全国人大	1995.03	《中华人民共和国教育法》	义务教育
全国人大	1999.06	《中华人民共和国预防未成年人犯罪法》	社会预防
国务院	1990.04	《学校卫生工作条例》	儿童健康
国务院	1992.02	《九十年代中国儿童发展规划纲要》	儿童发展
国务院	1994.08	《食盐加碘消除碘缺乏危害管理条例》	儿童健康
国务院	2001.05	《中国儿童发展纲要（2001—2010 年）》	儿童发展
国务院	2001.06	《中华人民共和国母婴保健法实施办法》	母婴保健
国务院	2002.10	《禁止使用童工规定》	禁用童工
国务院	2003.07	《城市生活无着的流浪乞讨人员救助管理办法》	流浪儿童
国务院	2005.03	《疫苗流通和预防接种管理条例》	免疫接种
教育部	1989.09	《幼儿园管理条例》	儿童教育
卫计委	1994.12	《托儿所、幼儿园卫生保健管理办法》	托幼卫生
卫计委	1995.06	《母婴保健监督员管理办法》	母婴保健
卫计委	1995.06	《母婴保健专项技术服务许可及人员资格管理办法》	母婴保健
卫计委	1995.06	《母婴保健医学技术鉴定管理办法》	母婴保健
公安部	1995.10	《公安机关办理未成年人违法犯罪案件的规定》	少年司法
卫计委	1996.08	《学生集体用餐卫生监督办法》	食品安全
教育 / 公安	1998.03	《流动儿童少年就学暂行办法》	流动儿童
司法部	1999.05	《未成年犯管教所管理规定》	少年司法
民政部	1999.05	《中国公民收养子女登记办法》	儿童收养
民政部	1999.05	《外国人在华收养子女登记办法》	儿童收养
民政部	2001.02	《儿童福利机构基本规范》	儿童福利
最高法院	2001.04	《关于办理未成年人刑事案件的若干规定》	儿童犯罪
最高检察院	2002.03	《人民检察院办理未成年人刑事案件的规定》	儿童犯罪
民政部	2006.07	《流浪未成年人救助保护机构基本规范》	儿童救助

续表

签署机构	签署时间	相关法律法规名称	适用领域
卫计委	2009.12	《全国儿童保健工作规范（试行）》	儿童保健

资料来源：刘继同．中国儿童福利立法与政策框架设计的主要问题、结构性特征[J].中国青年研究，2010(03):25-32.DOI:10.19633/j.cnki.11-2579/d.2010.03.006.

国际社会通常把儿童福利需求总结成八类：①获得基本生活照顾；②获得健康照顾；③获得良好的家庭生活；④满足学习的需求；⑤满足休闲和娱乐需求；⑥拥有社会生活能力的需求；⑦获得良好心理发展的需求；⑧免于被剥削伤害的需求（曾华源＆郭静晃，1999）。比较起来，我国的儿童话语中有教育、健康保健、免于被剥削伤害等反面的内容，但是缺少儿童照顾视角，儿童政策框架、法律框架刑罚化与法律化思维盛行，偏重于对儿童权利保护和刑事责任界定，而难觅儿童照顾、生活服务、经济保障等日常生活的保护性规定，服务性的色彩十分淡薄。

第四节　话语联盟、博弈和儿童照顾政策的变革

话语联盟框架（Discourse Coalition Framework）的政策变迁的解释工具之一，指的是如果存在对于政策问题的多种相互冲突的故事情节，那么接受不同故事情节的人就实际形成了不同的话语联盟。（李亚、尹旭、何鉴孜，2015）不同话语联盟之间会展开激烈的争论，借以形成话语霸权进而转变为公共政策。改革开放以后，来自政治体制改革、经济体制改革、社会管理体制转型以及源于社会主义甚至更早时期的制度遗产、文化遗产相互博弈、相互结盟，推动我国的儿童照顾政策朝着“再家庭化”的方向快速迈进。

一、妇女话语的联盟与博弈：儿童照顾政策初变

20世纪80年代初期到我国建立市场经济体制（1992年），儿童照顾政策迅速变革。根据上述有关话语内容的分析，可知这一时期推动我国儿童照顾政策初变的力量十分多元化，来自政治、经济、人口和社会多个方面的话语分化为两个界限的组成，它们各自发表见解并相互博弈。其中主张妇女回家的一方力量强大，它们在较短的时间内就改变了我国儿童照顾政策的进程，实行多年的“国家＋单位＋家庭”的儿童照顾多元责任模式遭遇停滞。

（一）“妇女回家”话语联盟：极力推动儿童照顾家庭化

在我国，话语联盟的前提条件是意识形态领域的松绑。意识形态领域是中国改革开放时期最为关键也最为敏感的领域。（萧功秦，2006）社会主义初级阶段理论是这一时期意识形态领域改革的核心。1981 年，党的十三大提出社会主义初级阶段理论，该理论指出我国虽已进入社会主义，但正处于初级的阶段，初级阶段的最大特征是生产力落后，商品经济还很不发达，我们必须正视而不能超越这个初级阶段。一切都要从（社会主义初级阶段）这个实际出发，根据这个实际来制定规划。社会主义初级阶段理论表明中国共产党开始正视经济发展的规律，并对新中国成立前三十年的“左”倾冒进主义做出深刻反思。

“妇女解放”话语也在反思之列。过去，我国的“妇女回家”“妇女解放”话语一直寓于社会主义制度的宏大叙事之中，它代表了社会主义制度的优越性，并被看成社会主义制度的应有之义。社会主义初级阶段理论促使中国共产党开始反思，在生产力落后、商品经济很不发达的状况下，为妇女解放提出的家务劳动社会化是否适宜？20 世纪 80 年代的新看法是妇女完全的解放只有在生产力高度发达，家务劳动能够大规模社会化的时候才能实现。到了共产主义阶段，社会生产力发展水平极大提高，家务劳动将被转化并承认为社会劳动，那时妇女完全可以脱离家务劳动之束缚，才可实现完全的解放。而在当下的社会主义初级阶段，生产力还很不发达，家务劳动的社会化还不能实现，这个时候要求把妇女完全从家务劳动中解放出来是不现实的，家务劳动主要还应是家庭内部的私人活动。

当“妇女解放”这个主导话语失去掌控能力，妇女的角色定位自然而然就会出现分化之势。这一时期在政府机构内部，以劳动和社会保障部和妇联为代表，对“妇女回家”持有完全不同的态度，前者支持妇女回家，主张使用妇女回家的策略让出就业岗位，解决城市失业难题；后者反对妇女回家，认为妇女回家是妇女工作的倒退，会伤害女性的基本权益。学界、社会人士、普通群众也对妇女回家持有不同的态度。两个派别的力量相互联合，形成了比较清晰的话语联盟。

最早出现话语联盟是在劳动和社会保障部门和社会之间的。在社会人士发出让妇女回家的声音不久，为城市严峻的失业问题焦头烂额的劳动和社会保障部门就抓住机会采纳这一话语，将“妇女回家”写入文件并上报中央。之后的

20 年，每当城市失业高峰来临之时，劳动和社会保障部门就会和社会势力联手，重提“妇女回家”，并掀起一轮“妇女回家”的讨论高潮。笔者梳理了改革以后的城市失业高峰和妇女回家讨论出现的年份，发现两者有极高的重合率。如图 6–2 所示，第一次失业高峰出现在 1978—1980 年，在知青返程和文革一代的青年进入就业年龄的双重压力之下，这三年的城镇登记失业率都在 5.5% 左右，如此之高的失业率让作为社会主义国家的我国难以忍受，于是 1980 年我国出现第一次妇女回家大讨论。第二次失业高峰出现在 1989—1991 年，由于国企分流人员的需要，1989 年需要安置的城镇就业人员为 1050 万人，实际安置率只有 30% 左右，有 750 万人没有找到工作，加上当年新增劳动力约 450 万人，实际上有 1200 万人处于待业状态，同年我国再次出现妇女回家的大讨论。第三次失业高峰出现在下岗潮之后，1993 年我国的下岗失业人员开始猛增，社会对此下岗失业潮流一片哗然之声，下岗潮出现的第二年（1994）我国学界就妇女回家问题展开了一次大讨论。第四次失业高峰发生在 1996 年之后，1996—1999 年的城镇登记失业率分别达到 3.0%、3.1%、3.1%、3.1%。如果把下岗职工考虑在内，1998 年城镇真实失业率为 7% ~ 9%。1999 年我国第四次妇女回家大讨论开启，该次讨论一直持续到 2001 年，关于“妇女回家”提案甚至提交了立法机关讨论，虽然最后未能通过，却是我国持续时间最长，级别最高的一次讨论。

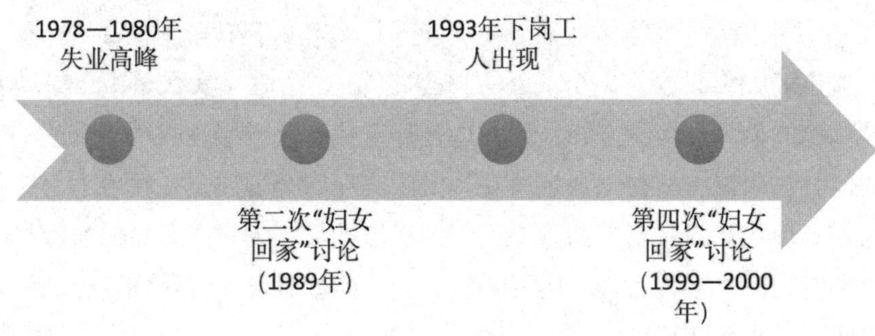

图 6–2　改革以后的失业高峰和“妇女回家”讨论的时间对比图

劳动和社会保障部门和企业之间也出现话语联盟。20 世纪 80 年代初期的国有企业改革标，让利润、效率等词汇极受企业追捧。企业一方面通过劳动力的生产绩效和用人制度的改革提高生产效率，另一方面通过甩出企业办社会模式下的沉重负担，全力投资于生产。一些企业以提高生产效率作为幌子，打出“宁要武大郎，不要穆桂英”的招工口号，拒绝招收女工。为了甩出儿童照顾等沉重的社会负担，企业提出“甩掉包袱、轻装上阵”口号，削减了企业内部的儿童照顾福利。当时的劳动和社会保障部门一方面在利润追求的驱动下，对该现象采取了“睁只眼、闭只眼”的态度，放纵了企业的行为。政企之间合谋使得在这一时期企业内部的儿童照顾政策不进反退。

以上三个部门——劳动和社会保障部门、企业和社会之间的话语联盟，在削减儿童照顾政策得到了联合，国家和企业开始抛弃儿童照顾责任。而“妇女回家”的话语提供了儿童照顾责任的去向，即把儿童照顾责任转移给家庭(母亲)，这使被抛出去的儿童照顾责任有了落脚点。问题是家庭如何就轻易接过了儿童照顾的责任呢？经济目标、人口政策和传统文化在这其中起到关键的作用，它促使家庭顺利地接过了儿童照顾之重担。

人口话语某种程度上起到了为儿童照顾政策的变革保驾护航的作用。为了实现 20 世纪末我国的人均国民生产总值应达到 1000 美元以上的目标，我国政府做出以下举措：第一，实行独生子女政策，缩减家庭子女数量。我国在 20 世纪 80 年代初期开始实施独生子女计划生育政策，家庭儿童数量急剧减少。20 世纪 70 年代中国每个妇女要生育 5~6 个孩子，80 年代迅速降低到 2~3 个孩子，大部分城市的妇女只生育 1 个子女（见表 6–5）。家庭子女数量减少是减轻家庭照顾负担的最为直接的方式，同时也是降低社会儿童照顾政策需求的一个最为有效的办法。第二，强化儿童培育。为了实现四个现代化。政府大力宣传儿童作为四个现代化的接班人的重要作用，引导社会加大对于儿童的教育投入。这一时期我国的早期教育理念得到宣传，幼儿园的教育质量得到充分关注，儿童照顾转向了儿童培育。

表 6-5　新中国成立以后的生育率数据

年份	年末总人口（万人）	出生率（%）	死亡率（%）	自然增长率（%）	总和生育率（个）
1950	55196	37.00	18.00	19.00	5.81
1960	66207	20.86	17.91	2.95	4.02
1970	82542	35.07	7.60	27.47	5.81
1980	98705	18.26	6.34	11.92	2.24
1990	114333	21.06	6.67	14.39	2.17
2000	126743	14.03	6.45	7.58	1.22
2010	133972	—	—	—	1.18

资料来源：根据中国统计年鉴数据制作。

政府还能从传统价值观中找到盟友。中国人自古以来就有自力更生和家庭责任观念，家庭一直是我国重要的福利供给单位，家庭之间、亲属之间有良好的互助传统。相对来说，国家在福利事务中作用极小，仅在扶危济困、救急救灾等方面可以看到政府的影子。新中国成立以后，我国建立国家社会保障体系，但除了社会保险制度以外，社会福利服务如幼儿护理、残疾人服务、孤寡老人服务通常是不足的，这时我们总可以看到家庭作为责任挺身而出，并提供各种自给自足的福利服务。换句话说，在长期残补主义福利思想的影响下，中国大部分普通老百姓并不完全依赖国家服务，家庭的福利供给比与个人无关的管理机构的帮助更值得依赖。这种家庭主义传统的保持使国家和单位在儿童照顾领域撤出之后，社会并未显示出恐慌和不满，人们心平气和的再次求助于从未退出福利供给领域的家庭。

社会和劳动就业部门的妇女回家的话语，企业为了追求经济效率而削减社会福利，儿童人力资本积累以及传统的家庭福利文化，在削减儿童照顾政策得到了联合，共同塑造了一个儿童照顾责任“再家庭化”的政策变革路径（见图6–3）。国家和企业开始抛弃儿童照顾责任，“妇女回家”的话语提供了儿童照顾责任的去向，即把儿童照顾责任转移给家庭（母亲），这使被企业抛出去的儿童照顾责任有了落脚点。而计划生育缩减了人口数量，家庭儿童数量减少，减轻了家庭的照顾负担，降低了中国家庭对于儿童照顾政策的需求。多管齐下，中国的家庭顺利地接收了儿童照顾的任务，而儿童照顾政策得以顺利变革。

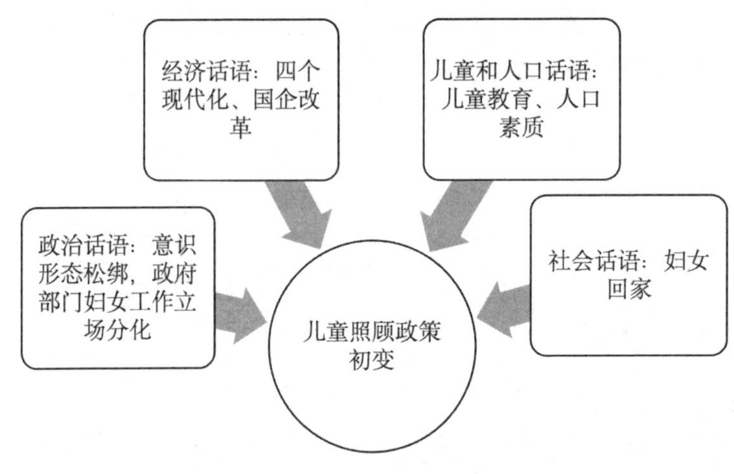

图 6-3　话语联盟推动儿童照顾政策变迁

（二）“妇女就业”话语的联盟、博弈与落败

在儿童照顾“再家庭化”话语联盟的强劲势头之下，妇联组织联合广大妇女群众提出反对意见，并以劳动和社会保障部门为首的妇女回家暨儿童照顾的“再家庭化”派别展开博弈。

妇联组织在我国是一个特殊的组织。从性质上来说，它是个社会组织。但由于其建立初衷在于帮助政党组织和联系妇女群众，及时向党政组织反映社情民意，扮演是一个上传下达的桥梁角色，由此妇联又成为一个准政府组织。既和党政之间保持了密切关系，又立足于群众之间的特性，使其所具的实力不容小觑。在儿童照顾政策的变革过程来看，妇联组织凭借其特殊的地位优势，既拉拢立法部门，又联合广大群众，积极参与和“妇女回家”话语联盟的博弈，形成了妇女就业话语派别。该派别参与博弈的方式有二：第一，直接参与政策制定。妇联基于法律授权，可以直接进入政策制定的核心领域，作为正式成员参与国家权力机关或者政府组织的会议和委员会，自上而下影响公共政策的制定过程。在第一次妇女回家讨论中，面对劳动和社会保障部门提出“让妇女回家来缓解就业危机”的政策建议，妇联组织负责人直接向党中央陈情，表达了妇联坚决反对牺牲妇女地位来挽救失业危机的做法，得到党中央的肯定。第二，妇联组织联合广大群众，收集社情民意后向中央反映。妇女自我角色认知不应被当成一个静态事务，过去的历史、文化和制度遗产在建构今天的社会事实。新中国成立以后，在长达30年的时间内鼓励妇女就业，形塑双薪家庭的模式，这改变了妇女乃至整个社会对妇女就业认知，妇女就业角色被看成是理所应当的权利。在历次的“妇女回家”讨论之中，妇联都有依托其从中央到地方的庞大网络，层层收集社会意见和建议，并利用自身系统向上汇总至最高组织级别，向更高级别的组织如党中央或者全国人大反来自民间的声音。中国共产党自来十分重视民心民意，妇联所发出的政策倡议通常极受重视，因此屡屡起到挫败妇女回家的效果。

然而，话语联盟之间的博弈并非一劳永逸。因为话语之间博弈的胜败依靠话语自身的合理性，以及话语所处的社会关系网络、话语宣称主体的权力地位和所拥有的资源状况，（张海柱，2015）因此即使话语内容保持不变，当话语主体所具有权力资源发生变化之后，话语之间的力量对比就会发生改变。妇联组织虽然在第一次的妇女回家讨论之中挫败了劳动和社会保障部和社会人士组成的联盟，但是随着经济改革的深入，市场经济的话语越来越深入人心，企业改革的话语越来越具有正当性，人口和儿童话语也逐渐加入进来消解儿童照顾的合法性，这最终打破了妇联和劳动和社会保障部之间的相互抗衡状态。20世纪80年代中期，从1982年全国托幼办公室取消并入妇联，以及1985年妇联不再倡导举办托幼事业来看，这一时期妇女就业话语联盟已经处于弱势。

“单位制”破产进一步该话语联盟最终处于下风。当时，除了社会性质的托育机构之外，超过一半的托育设施是设置在单位内部，因此单位剥离集体福利设施对托幼服务的打击是致命的。尤其是0岁～3岁孩子的托儿所服务，自此失去了最后的依托，遭遇灭顶危机。单位举办的幼儿园逐步由教育部门接手，数量不断缩减，其地位逐步由民办幼儿园取代。另外，“单位制”破产推动了我国生育保险制度的社会化改革，打破了国家高度监控之下的产假执行环境，产假受市场力量侵袭执行变得困难。

综上所述，20世纪80年代，由于国家对于妇女就业持模糊立场，作为妇女就业支持措施的儿童照顾政策失去了依托，其政策的合法性逐步消失，儿童照顾政策初现制度颓势。

二、市场主导下的话语联盟：儿童照顾政策的退出

20世纪90年代，我国签署了联合国《儿童权利发展公约》，制定了第一部儿童发展纲要，确立了“男女平等”基本国策，儿童照顾政策看似是良好的

发展契机，但实际并非如此。这些话语和此时已经完全取得霸权地位的市场经济、持续发酵的国企改革以及“妇女回家”政策组成新的话语联盟，反倒彻底摧毁了我国儿童照顾设施重建的可能性。

（一）市场主导下的政企社联合：国家在儿童照顾政策领域的全面退出

我国市场经济的发展分为三个阶段：第一阶段是市场的出现（1979—1984年），市场在整体经济中的作用仍十分有限，行政权力对经济行为的干预依然很强，非市场体制与关系仍然占据上风。第二阶段是市场制度的出现（1985—1992年），其间等价交换、供求关系、竞争等市场原则开始在经济生活中发挥作用，但它们还没有大规模侵入非经济领域。第三阶段是市场社会的出现（1993—1999年），其间市场原则开始席卷非经济领域，大有成为整合社会生活机制的势头。（王绍光，2008）20世纪80年代，市场的力量在国企改革中有所体现，但远未成为一种社会机制。1993年以后，国家确定建立市场经济体制之后，市场机制开始全面主导我国的经济和社会生活。市场运转、资本至上和经济增长被我国各级政府奉为至上信条，并优先于社会发展，优先于权利保障和社会福利，政府并优先考量以GDP增长而不是社会发展。

在市场的高歌猛进之下，我国大量的社会资源流向生产领域，进而挤压了教育、医疗与福利等公共领域的资金投入。20世纪90年代我国的社会保障改革中，计划经济时期建立的老人、职工、妇女、儿童社会福利制度全线败退。国家虽无否认妇女的就业权利，但是认为妇女就业属于个人的市场行为，国家不再给予福利支持，亦不热心对已经制度化的妇女福利行监督职责。集中表现在产假政策执行变得越来越困难，托儿所几乎消失殆尽，幼儿园全面市场化之后价格高昂，且保育功能日渐弱化。

市场力量进一步推动了企业和社会之间的联合。自1992年起，我国的国有企业改革步入一个新的阶段——清退冗余人员，一时之间城市工人人人自危。那么，谁应该下岗呢？ 1994年《社会学研究》发表的几篇重量级的关于妇女回家辩论文章，吸引了一批知识精英进入该联盟之内，其中郑也夫、孙立平的文章支持了“妇女回家”论调，认为让妇女回家是解决当时城市下岗问题代价最小的办法，此看法得到一批忠实拥护者的进一步吹捧。知识精英在获得权力的同时，也利用其话语霸权为企业顺利淘汰女性劳动者开辟了空间。这一时期，在企业下岗风潮之中，妇女下岗人员占据比例超过60%，这无疑推动儿童照顾政策的家庭化进程。

（二）“男女平等”基本国策：挤出儿童照顾政策的讨论空间

1992年《妇女儿童权益保护法》提到“国家保障妇女享有与男子平等的劳动权利”。1995年，中国政府在第四届世界妇女大会上承诺未来将推动妇女在家庭领域的平等和养育子女需要父母、男女和社会分担责任。同年制定的《中国妇女发展纲要（1995—2000年）》提出，提倡夫妻共同承担家务劳动和抚育子女的妇女工作目标和搞好社会服务，发展托幼事业和家务劳动服务事业的政策实现途径。社会服务的典型特征是不以营利为目的，主要采用免费或弥补部分成本收费的形式，具有福利特征，政府在其中的责任不言而喻。实际的状况是政府并未对托幼事业和家务劳动服务事业投入资金，使该政策一直处于搁置状态，夫妻共同承担家务劳动和抚育子女只限于提倡，口号形式大于实质。政府反倒把工作重心放在家庭暴力、重婚（二奶）、女童保护等政策中。

本书认为，1995年的北京妇女大会是我国妇女政策框架的一个重要转折点，在此之前，我国延续社会主义妇女解放思想所衍生出的妇女工作内容，比如妇女自主婚姻、妇女拐卖、妇女就业、妇女参政议政等。在北京世界妇女大会召开之后，我国的妇女政策框架和国际接轨，政府注意到我国妇女工作的一些盲区，并力图弥补这些工作盲区，以追赶世界妇女工作的潮流。这些政策议题吸引了政府和社会的注意力，就挤出了其他妇女政策的发展空间。同时期的国际社会（尤其是欧洲）讨论的最为热烈的话题是儿童照顾政策，并就妇女权利和儿童照顾之间的关系达成普遍共识，即缺乏可负担得起的托儿设施和妇女在兼顾就业和家庭生活的障碍被认为是妇女的公民身份的关键障碍之一。（Korpi et al., 2009）许多欧洲国家在这一时间段内重点推动了普遍化的儿童托育政策，以及更长、更有保障的育儿假期制度。但这时候的中国，虽然已经打开国门召开了世界妇女大会，却仍将这些政策辩论声音隔绝在外。某种程度上，儿童照顾政策是被家庭暴力、重婚（二奶）议题挤出在社会辩论空间之外，没有取得独属于它的讨论空间，官方和民间几乎都无儿童照顾政策内容讨论，国际上的儿童照顾政策改革信息的传递完全没有声音。

当然，家庭暴力和重婚（二奶）议题属于规制性政策，它无须政府资金投入，比较符合这一时期大行其道的发展主义逻辑。而举办托育照顾需要大量的资金投入，于是政府可以仅把责任限制保留在儿童教育方面，3 岁以上儿童的幼儿园的经费投入得到了一定的保留，但是也维持在最低限度。

（三）妇女和儿童发展纲要：切断妇儿话语之间联系

20 世纪 90 年代政府分别制定了儿童和妇女发展纲要，两者各自拥有一套独立的政策概念体系。妇女发展纲要确立的妇女工作体系包括了妇女教育、参政、健康、就业和贫穷等内容；儿童发展纲要确立的儿童政策体系包括了儿童教育、健康、法律保护、环境、福利等内容。妇女发展纲要重新解读了妇女就业，提出妇女就业是基于基本人权而非妇女解放。国家主要采取鼓励妇女创业、税费减免、开发公益性岗位、专设就业服务窗、举办专场招聘会、组织专门培训、开展小额信贷、监控就业性别歧视等措施支持妇女就业，至于改革前提及的解除妇女的后顾之忧、家务劳动社会化、举办托育设施则闭口不谈。儿童发展采取的是综合发展视角，通过普及教育、儿童保育、家庭和社会环境建设推动儿童综合发展条件改善，也未提及儿童照顾政策。

西方儿童照顾政策的历史表明，只有将性别平等和儿童照顾做统一考虑，才能发展出既有利于女性就业，又有利于儿童成长的儿童照顾政策（刘毓秀，2011）。而此时我国的妇女、儿童工作体系各自为政、相互切割，使儿童照顾政策失去了价值依靠，这一时期可能取得的政策发展空间由此消失。相对于政策消失而言，这种根上的断裂对于儿童照顾政策的后续发展的更为致命。

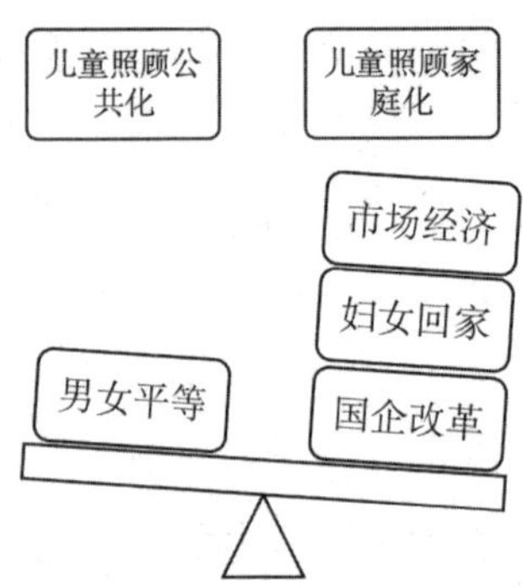

图 6-4　20 世纪 90 年代话语联盟与博弈

综上所述，20 世纪 90 年代，市场话语作为主导力量，引领着儿童照顾政策的行进方向，国家话语与社会话语则成为市场话语有力的左膀右臂。（吴小英，2009）国家不断强调经济建设的中心位置，将国有企业改革作为市场经济改革的关键一环，号召包括社会福利在内的各项事务的建设都应让位于经济建设。虽然国家仍喊出男女平等、妇女就业等口号，但当女性发展受挫时，国家选择视而不见，并巧妙地将妇女就业维持在市场原则允许的范围内，并未给予需要养育儿女的妇女应有的支持。国家话语为市场服务的特征十分明显。而社会话语中所宣扬的性别文化规范又恰恰与市场话语对女性角色资源和竞争力的评估相一致，（吴小英，2009）它常常以市场话语的合作者出现，社会精英人士将赤裸裸的市场优胜劣汰包装成改革的必要手段，不断为市场话语开辟空间。市场、政治、社会力量最终整个为一个强大的联盟，彻底摧毁了我国儿童照顾政策的根基，儿童照顾成为一个不再受到讨论和关注的私人领域。

第五节　本章小结

改革开放以后，我国的妇女儿童话语更加丰富，话语之间的分化和对立开始出现，这给政策发展都带来动力，同时也带来阻力。

首先，20 世纪 80 年代以后，长达 20 年的时间内，我国出现四次妇女回家大讨论，成功塑造了女性以家庭和母职为中心社会角色，并成功消解了妇女解放运动建构的儿童照顾政策的政治合法性。其次，1995 年北京世界妇女大会推动我国的妇女话语转变，男女平等成为我国的基本国策，我国由此开始从权利视角解读妇女就业问题，权利话语取代了妇女解放话语，同时对妇女和儿童问题进行了有效切割，妇女就业和儿童照顾之间的联系渐行渐远。最后，儿童话语力推儿童教育与培养之重要性，国家出台儿童发展纲要，为儿童发展独立设计了一套政策概念框架，再次挤出了儿童照顾政策的发展可能性。

换句话说，改革开放以后我国的儿童照顾政策在政治、经济、社会等力量的联合挤压下，经历了迅速转变。政府力量看似置身事外，实际上主导了儿童照顾政策的转变过程。政府非常巧妙地抓住有利时机为各种外部力量松绑或者助力，比如政府在政治上适时松绑，让社会发出妇女回家的声音，之后借着这股潮流放出手中的托育责任，一切看似自然而然的过程，实际上离不开政府对于脱身时机的制造和把握。

第七章 结 论

第一节 中国儿童照顾政策变迁

一、儿童照顾：从“去家庭化”到“再家庭化”

与西方儿童照顾政策的收入支持、育儿假期、托育服务三大制度相比，我国的儿童照顾政策项目并不健全，只包括育儿假期和托育服务中的部分内容。前者包括产假、哺乳时间、孕产期调整工时以及计划生育奖励假期；后者包括托儿所（0岁～3岁）和幼儿园（3岁～6岁）。这些项目均创立于新中国成立之初。从这些政策的目标取向、制度内容和执行情况来看，我们可以把中国的儿童照顾政策划分为两个阶段：改革开放以前的“去家庭化”阶段和改革开放以后的“再家庭化”阶段。

改革开放以前，我国的儿童照顾政策是社会主义分配制度的一个组成部分，儿童照顾采用是“国家+单位+家庭”责任多元共担模式，具有鲜明的“去家庭化”特征。因这一时期儿童照顾政策的总体目标是为了支持妇女解放事业的实现，因此政府不太看重对有子女家庭的经济支持，较为重视产期休假和托育服务两个体系的建设。产假时间较长，处于当时世界领先水平，假期期间提供全额工资给予了生育妇女比较充足的经济保障。托育服务具有“妇女友好型”特征。政府为了营造方便妇女参加生产劳动的环境，要求托育服务具有高度的时间弹性、平易近人的价格、方便就近的服务地点。但是，由于完全没有儿童发展视角，托育机构几乎没有做幼儿早期教育工作，托育服务重点在于替代母亲“照顾”孩子，而不是改善儿童早期智力和情感发展，这一点和现代福利国家提供的托育服务完全不一样。

虽然这一时期政府鼓励妇女参与劳动市场的态度积极而明确，但在生产发展优先于社会福利的前提下，儿童照顾政策的供给却并不充足。政府的看法是，因国家经济落后，包括住房、教育、卫生和职工集体福利在内的非生产性消费不能占据太大的比例。儿童照顾政策属于典型的非生产性消费，也属于限制之列，政府只给有限的人群——城市职业妇女供给该项服务。某种程度上，我们可以把改革开放之前的儿童照顾政策看成是妇女就业政策的一环，儿童照顾权利的取得以工作身份为先决条件，产假和托育服务的享有者主要是城市劳动者，尤其托育服务数量极其有限，只供给那些政府机关、国有企事业单位的女职工。其他妇女若要参加工作，在儿童照顾服务实在有必要举办时，国家建议可以使用社会力量，以因陋就简的办法让群众自己举办。

即使在城市职业妇女身上，儿童照顾政策的供给仍是在生产和福利之间摇摆。为了体现社会主义的先进性，中国应追求较高的生产力，国家要求一切生产要素均投入到社会生产之中，包括妇女劳动者。然而社会主义对于妇女解放的推崇又要求国家为妇女提供就业支持设施和劳动保护。社会主义先进性的两个体现使儿童照顾政策发展受限，不同项目之间的发展也参差不齐。

改革开放之前，儿童照顾政策不仅存在政策切割过于分散的问题，政策甚至还存在难以跨越性质鸿沟，儿童照顾政策系统性和整合性过差，这不仅导致儿童照顾政策效益受损，保障效果变差，也为日后儿童政策的转型发展埋下隐患。

改革开放以后，父权思想开始回归，将儿童照顾责任重新归于家庭。国家对家庭照顾采用务实态度，一方面鼓励妇女就业的口号漫天飞舞，另一方面政府却不愿在儿童照顾、家庭收入支持方面多做投资，对儿童照顾有益的公共配套措施严重缺乏。同时，虽然这一时期的儿童照顾政策要好于前一阶段，但在制度规范的背后是松懈的执行和漏洞百出的监管。儿童照顾政策形式化严重，私有部门的产假和哺乳政策落实困难，幼儿园缺少公共投入，采用市场收费机制，保育功能脆弱。我国的儿童照顾政策从一种“妇女友好型”的福利制度转向具有强烈市场残补特征、家庭主义取向的福利体制。

这一时期，家庭全方位地承担儿童照顾责任。一般来说，家庭照顾儿童需要付出经济、时间和精力成本。儿童照顾的“再家庭化”使我国家庭面临多重负担，儿童养育逐渐成为社会的一个新的风险领域。第一，家庭承担儿童照顾的时间成本。我国除了产假之外并无亲职假期，父母不能亲自照顾儿童，只能通过家庭内部的协调组合——妻子辞职回家或者恢复“三代同堂”的家庭体系，依托祖辈照顾力量来解决儿童照顾问题。第二，家庭承担儿童照顾的精力成本。因0岁~3岁的托儿所消失，3岁~6岁的幼儿园保育功能消失，市场上的保姆体系质量堪忧，聘用保姆需要花费较多的监管精力，同时儿童早期教育需要父母付出大量时间，因此家长普遍感觉照顾儿童精力不足。第三，家庭承担了育儿的所有经济风险。家庭解决儿童照顾问题，可有三种选择：妻子辞职回家、迎接祖父母或者外祖父母同住、寻找保姆。无论哪一种，都需要家庭付出较大的经济代价。妻子辞职意味着家庭失去一半的经济收入；祖父母同住意味着家庭需要更为宽敞的住房、三代人的日常消费、祖辈的看病医疗；保姆市场价格十分高昂。

与他国比较起来，我国改革以后的儿童照顾模式是典型的市场取向模式。这种模式的重要特征是由于坚持传统的育儿模式而导致社会育儿权不清。我国一直将育儿看成是家庭责任。改革前的儿童照顾政策被看成是职工福利，而不是权利；改革后政府既不愿在公共托育服务上多投入，也不赋予公民亲职休假的权利，更不对有子女家庭提供经济支持，儿童照顾主要依靠扩大化的亲属网络和市场服务来维系。政府只在家庭失去功能时介入，各项攸关家庭福扯的社会政策都是残补式的。由于国家缺乏统整、一致的政策机制，无法因应妇女就业与家庭结构快速变迁所产生的育儿需求，致使儿童照顾成为一项巨大的社会风险。

二、儿童照顾与性别关系塑造

儿童照顾政策不仅为家庭照顾儿童政策提供支持，也涉及性别关系的再生产。不同国家儿童照顾政策设计背后，对照顾责任的性别分工有着不同的价值预设，从而塑造了不同的性别关系模式。

改革开放之前，我国的儿童照顾政策虽然不健全，但以单位制方式供给的平价、就近、时间弹性较高的托育服务，其强烈的妇女就业支持导向和“去商品化”特征，增加母亲照顾子女的选择弹性，调和母职责任与劳动力市场之间的紧张关系。单位制方式帮助原本在家里从事无薪照顾劳动的女性，被解放出来进入劳动市场，跟男性一样取得经济自主和职业生涯发展的机会，社会出现双薪家庭图景。仅从这一层面看，中国单位体制内女性的享有的性别平等，远远高于同时期的许多发达国家。

在职业精英群体之外，还有大量的普通劳动妇女不能享受该福利。这部分女性在当时妇女解放的大潮下，工作热情前所未有的十分高涨、干劲十足，每天起早贪黑忙工作，顾不上自己的家，晚上回家才有时间收拾家务，管孩子。换句话说，这些女性不但要和男性一样承担养家责任，同时也没有摆脱家务劳动者和儿童照顾者的角色。基于这一点，我们认为这一时期的儿童照顾政策导致性别平等的社会分层，它的确推进职业精英妇女朝着性别平等模式前进，同时也造就了另外一部分妇女就业和照顾工作“蜡烛两头烧”的问题。

性别平等的社会分层的产生与中国共产党对男女平等的意义理解密切相关。在中国共产党意义世界中，男女不平等的根源在于妇女不能取得财产权和进入社会生产体系，妇女解放关键就是妇女参加生产劳动。妇女只要和男子一样有参加生产资料和生产手段的权利，两者就可达成平等之愿景。国家集中全部力量作用于女性角色向工作场所延伸，对于家庭内部儿童照顾的性别分工欠缺系统深入地思考。而欧美国家的男女平等运动，是以家庭角色为起点，而以男权和男性的“去家庭化”为批判对象。它们认为女性在劳动市场中遭受的差别待遇，与家庭中的男女分工息息相关，正是家庭领域的性别不平等构建公共领域的性别不平等。推动性别平等的办法不仅包括女性角色向家庭外延伸，还包括男性角色向家庭内转化——只有让男女不仅都承担赚钱养家者的角色，亦都承担照顾者的角色，才能彻底扭转整个社会的性别角色规范。中国妇女解放运动的参加者只局限于女性本体，从女性参加社会生产取得经济独立开始，到最后将女性的工作角色固定为一个社会意识，其中不涉及男性家庭化角色的讨论。这种性别平等的理解，导致政府时常陷在“男主外、女主内”的性别角色假设之下（如妇女回家大讨论），无益于性别平等社会的最终建立。改革开放以后，儿童照顾政策中的国家角色后退，照顾事业岌岌可危，社会的第一反应是让妇女回家，妇女权益保护似乎在我国没能够生根发芽。我们认为，这跟改革开放之前我国未彻底处理好的性别关系紧密相关。

改革开放以后，我国的儿童照顾责任回归家庭。由于在当前中国社会，传统家庭性别分工的意识形态仍占主流，儿童照顾风险看似落入家庭，实则最终由母亲承担。我国育龄妇女普遍面临严峻的工作和家庭冲突。过去国家强力构建的性别平等的成果有崩塌的趋势。第一，造成照顾的阶层化。收入偏低的家庭无力购买照顾服务，这部分女性照顾责任只能由自己承担，她们往往在怀孕之后离开职场专心于子女的照顾，待到子女年龄大一些之后再回归职场就业，形成所谓的年轻时就业—婚后育儿—孩子大了再就业的M型就业格局。当然，这只限于一些工作稳定性较低的妇女。第二，妇女家庭角色制约着社会角色。性别角色分工和性别意识形态是相互强化的循环关系。由于就业女性常较男性负担较多的家务工作，职业妇女在家庭生活照顾与工作协调之间所承受压力较大。同时，鉴于女性常常在工作和生活冲突之间难以两顾，市场对于女性工作绩效和工作能力的认可也比较缓慢，女性则被排挤至低薪、低阶、劳务性之工作，男女性的就业工资差距持增大趋势。

我们也可以判断出，这一时期的儿童照顾政策的背后是国家对于性别平等的漠视。我国政府缺乏性别平等的视角。政府表面上对女性就业采取鼓励态度，例如会出台工作场所禁止性别歧视的诸多法案，但政府如果只把性别平等寄希望于规制性的政策，而缺乏实质性的干预策略——出台分担照顾责任的家庭政策，性别平等成就最终只会在市场力量的冲击下不断下滑。本书认为，性别平等依赖于国家的强制干预，只有通过政府的强制推动，使政府和社会意志相结合，才能最终建成“妇女友好型”社会。

第二节　中国特色的儿童照顾政策的变迁动力

根据福利国家的经验而言，儿童照顾政策变迁的解释因素包括政党政治、人口和经济结构变迁、妇女运动、社会认知等。（Mätzke & Ostner，2010）这其中除妇女组织之外，诸如政党政治、经济变迁、人口结构变化、社会认知观念更新对我国的儿童照顾产生和发展均有或多或少的影响，本节对影响原因、机制、渠道以及效果方面进行分析。

一、政治主导儿童照顾政策的变迁过程

政党政治影响我国儿童照顾政策的形成和发展吗？答案是肯定的。西方学者指出，“左翼”政党的权力资源以及制度化的影响力对儿童照顾的形成有重要的推动作用（Korpi et al.，2009）。我国虽然没有像西方那样有“左翼”与“右翼”政党之间的博弈竞争，但中国共产党属于“左翼”政党，且是我国唯一执政党，具有非同寻常的权力资源掌控能力以及观念意志的制度化能力，对于

我国儿童照顾的兴衰起到决定性质的作用。

中国共产党赋予儿童照顾政策政治意义。儿童照顾政策的发起是基于社会主义社会“妇女解放”的政治需要而非公民权利。在中国共产党的眼中，儿童照顾福利和其他家务劳动化设施，对于妇女解放具有重大意义，儿童照顾是社会主义制度优越性的基本体现，也是社会主义社会的重要组成部分。有鉴于此，新中国成立以后我国积极提倡家务劳动社会化，发展了具有高度福利性和强烈妇女就业导向的儿童照顾社会化设施。

政党政治既成就我国的儿童照顾制度，也为该制度埋下了隐患。我们观察到，在中国共产党的思想体系中，社会主义的先进性不仅体现在妇女可以获得全面解放，还体现在可以发展出高度的生产力。妇女解放和生产发展都是社会主义制度的应有之义，两者都应该获得发展资源。殊不知，这两者之间存在矛盾，妇女解放要求政府投资于妇女福利，生产发展要求政府抑制福利而全力投资于生产。改革开放以前，在社会主义政治力量的持续整合下，同属于社会主义先进性之列的“生产发展”和“妇女解放”，虽然关系比较紧张，但尚能和平共处，儿童照顾政策虽然受到生产发展的挤压，但也得到一定的发展机会。

不幸的是，政治力量对这对矛盾关系的整合只持续到20世纪70年代末期。从1978年起“两个凡是”的讨论开始，我国意识形态领域的改革开启，政党带领人民重新认识经济的发展规律，对新中国成立前30年“左倾”冒进的生产发展思路做出了深刻反思。从这个时候开始，政治力量对于社会的整合力度逐步弱化。

政治整合一朝松绑基于“妇女解放”政治目标而设立的儿童照顾立刻失去其合法性，同时改革前被政治意志强行黏合的“生产发展”和“妇女解放”之间矛盾得以暴露。随着经济话语越来越具有霸权力量，“妇女解放”思路变得越来越不合时宜，“妇女解放”被批判为不仅会破坏生产关系，而且会使人们失去了家庭生活。儿童照顾政策失去了累积了几十年的政治合法性而变得岌岌可危。

一般认为，权利视角衍生的福利体制具有极好的扩展性能。最初的福利国家保障者是男性劳动者，但是当福利是基于公民权而不是工作需要的时候，妇女、儿童等非劳动者的权利问题也会很快受到关注，继而被家庭暨儿童福利项目所覆盖。基于政治需要的福利制度通常使用自上而下的向前发展模式，往往有极大的体制依赖性。因国家的政策、资源、组织源源不断地供给的成长资源，它的自我成长能力变得极弱。当政治意志抽身不再有意愿发展该政策发展时，这种外部执导而非本身权利意识下浇灌成长起来的政策会迅速崩溃。同时，它的非自主成长经历不能够形成稳定的政策遗产，难以对后来的政策变革形成持续的影响。我国儿童照顾政策的政治松绑之后迅速发生转变，几乎毫无制度惯性的影响，政策变革速度之快令人惊讶，这都与其自上而下政治推动而非社会权利的确认密切相关。

二、始终贯彻生产与福利的博弈

2000年，霍利德（Holliday，2000）提出东亚福利体制的特质是一种生产主义的福利体制（Productivist Welfare Capitalism），具有鲜明的生产发展服务的特征，表现为经济发展是压倒一切的，社会政策服务于经济发展这一目标，社会政策从属于经济政策。通常，我国学者会用生产主义体制理论来分析市场经济时期的中国社会政策，然而本书通过对于儿童照顾政策的历史研究发现：改革开放之前，我国社会政策的生产主义特征就已经非常明显，生产主义贯穿在我国新中国成立60多年的社会政策之中，是我国从新中国成立之时就从未放弃的一条大原则。这表现在：第一，儿童照顾政策设立就是为了推动经济增长。在共产党的心目中，妇女是伟大的人力资源，是社会主义建设需要的生产要素。为了让所有可用资源投入到社会主义经济的发展之中，妇女参与就业就成为必须，由此政府通过提供“妇女友好型”的儿童照顾政策来实现社会主义对生产发展图像的想象。在社会主义改造完成和单位制的成熟之后，妇女就业比例获得相当大的提升，儿童照顾政策逐渐附属于单位体制，儿童照顾福利就和妇女就业状况挂钩，只有那些进入单位内部参加社会生产劳动的妇女，才可能享受单位举办的儿童照顾福利，儿童照顾作为劳动市场中的一环，其促进经济妇女人力要素投资的特征十分明显。

第二，儿童照顾让位于经济发展，投入严重不足。中国共产党对于生产力高度发达的追求，使其在生产投资方面非常慷慨大方，对于消费性投入，例如，举办儿童照顾政策，则异常克制。不仅如此，政府还会以生产发展的名义鼓励人们忍耐或者自力更生去改善自己的生活境况，以免产生对政府和社会的过分依赖。如本书第五章的分析，生产发展与妇女权益保护作为社会主义硬币的两面，始终剑拔弩张。尽管国家经常站在妇女一边，但是当社会主义的生产力发展和妇女解放两种属性明显冲突时，国家就会坚定地站在生产力发展一边，这集中表现在托育服务举办和女工劳动保护方面。在托育服务供给上，国家提供的托儿服务的实际供应数量从来没有和政府的承诺相匹配，儿童托育设施也是一直非常紧缺，在发展最好时期，也仅在一些大城市能满足 70% 的妇女托育。需要在女工劳动保护方面，政府偏向于生产发展的特征更为典型。在我国的《女职工劳动保护》起草过程中，劳动和社会保障部屡次提出孕期和哺乳期的工时调整计划，在生产部门的强烈反对之下，哺乳期工时调整的时间屡次削减。也是因为这一条始终不能达成一致意见，我国的女工保护条例历时 38 年方才尘埃落定，这亦可以看作是生产发展优先于妇女福利的典型体现。

改革之后，中国政府先是提倡以经济建设为中心，后又提出“发展才是硬道理”等口号，政府的导向加速了市场主义逐渐取得话语权的力量，这使儿童照顾政策的生产主义特征更加凸显出来。表现在两个方面，第一，为了经济发展默许企业削减妇女福利的行为。20 世纪 80 年代，企业为了获得利润，不仅削减儿童照顾等妇女福利政策，还试图拒绝女性就业。换句话说，儿童照顾政策的减少是在一个职业福利共同减少的过程之中，伴随着职业受到威胁，儿童照顾政策实际也在消失。第二，为了生产的发展，妇女就业权益也具有工具性。既然投资于儿童照顾设施是基于经济发展的需要，那么国家就会根据经济发展的需要或者鼓励妇女进入劳动力市场，或者让妇女返回家庭。自 20 世纪 80 年代起，每当城镇失业严重之时，就会出现鼓励妇女回家的声音。如本书第六章分析，妇女回家讨论出现的时间均是在城镇失业高峰严峻之时。政府（劳动和社会保障部）为了保持劳动力市场的平稳发展，试图以牺牲妇女就业的方法来平衡劳动力市场的供求。

总结起来，可以将我国政府处理生产发展和妇女权益的原则总结为两方面：①把妇女权益保护放在生产发展和经济进步之后，前者可以为后者保驾护航、让位牺牲。②把妇女工作保护放在男子的工作保护之后，因为妇女作为生产要素的竞争力低于男性，因此就业权益保护以男性为主，改革开放前后均是如此。新中国成立 60 多年来，政府始终贯彻这两条原则，这使我国的儿童照顾政策发展时断时续，不能连贯。以牺牲社会公平为代价追求生产的高速发展，应是中国特色的社会政策发展特征之一。

三、传统照顾文化影响的突出

传统文化对儿童照顾政策的影响十分突出。社会主义强调群体取向，但并非对家庭群体的忠诚，而是对国家和集体的忠诚。职工和工作单位之间在广泛范围内结成终生的就业和生活契约，单位取代家庭提供了大量的扶危济困设施。这种状况常使我们感觉到家庭作为一种传统的价值遭到了破坏和取消，事实并非如此。社会主义制度下的性别激进的做法打破了过去传统，但是并没有消灭该传统，传统家庭照顾文化在社会主义集体制度之下仍然运行良好。

中国社会主义宣称致力于性别平等，发展儿童照顾政策替代母职，但同时保持了对于家庭自力更生照顾观念的极高认同。鉴于生产对于福利的压制，新中国成立以后我国诸如婴幼儿照顾、残疾人服务、孤寡老人服务的供给并不充足，政府从来没有试图完全接过儿童照顾的责任，而是希望家庭能够成为照顾的后备力量。另外，对妇女角色的改造过程时断时续，在一些年份，国家特别强调妇女的工作角色，在另一些年份，国家又强调妇女的家庭照顾角色。再加上，社会主义国家妇女解放所感兴趣的性别平等议题只针对妇女，从不挑战男性传统角色，在官方性别平等话语和家庭论述中，男性的父亲义务从来没有被明确，托育服务支持对象是母亲，而不是家庭。这些均说明，社会主义对家庭照顾传统的改造既不彻底，也不成功，某种程度上也支持了传统的家庭照顾文化的发扬光大，新中国家庭照顾（更准确地说，是母亲照顾）不仅从未中断，实际上还是一支非常重要的照顾力量。

如此一来，社会一直没有形成儿童照顾公共化的理念认知。对普通民众来说，儿童照顾只是职业附带的福利措施，这种额外所得固然很好，但没有也无所谓，儿童照顾完全可以由家庭来承担，家庭的福利供给比与个人无关的管理机构的帮助更值得依赖。换句话说，社会主义没有在民众心中种下儿童照顾"权利"种子。某种程度上中国在儿童照顾责任方面是保守主义，家庭照顾的制度遗产的存在允许国家随时退出。这也解释了为何 80 年代国家和单位在儿童照顾领域撤出之后，社会并未显示出恐慌和不满，人们心平气和地再次求助于无所不能的家庭，而家庭迅速接过了儿童照顾的重担。

四、妇女运动和人口结构并非制度变迁的变量

民间社会的妇女运动对儿童照顾政策的发展十分重要，福利国家儿童照顾政策的发起普遍都受到民间妇女运动的影响，这不仅能使儿童照顾政策能在众多社会议题中脱颖而出，成为一个优先话题，也能在妇女运动的影响下，儿童照顾政策才能和性别平等政策结合在了一起。可以确定的是，我国儿童照顾政策的发展和民间妇女运动没有关联性。除了官方的妇联组织之外，我国历史中难觅西方意义上的民间妇女组织，更不用提民间发起的妇女运动，这对我国儿童照顾政策的出现和变革影响力为零。

在西方福利国家，人口结构变化是推动儿童照顾公共化的重要力量。少子化问题成为福利国家面临的普遍社会问题，传统扩大化的亲属关系网络关系崩塌，社会支持网络功能的减弱，儿童照顾都会变得十分困难。这时候，照顾责任的公共化就会成为一种社会的普遍需要，由此需要产生的政治议题数不胜数，最终推动了儿童照顾政策的发展。在我国，新中国成立之初的儿童照顾建立纯粹基于政治目标，人口结构并未发生作用。我国新中国成立以后的人口出生率保持在一个很高的水平。在政党的鼓励和传统多子多福的文化共同作用下，20世纪50年代我国妇女的总和生育率保持在4.0以上，完全不存在低生育率的问题，因此人口结构变化对儿童照顾政策的发展没有起到作用。

我国人口结构作用于儿童照顾政策的时间是在20世纪80年代。当时，在国家正尝试退出儿童照顾领域，也适逢我国独生子女政策开始实行，国家建立了庞大的计划生育执行体系，迅速把中国的人口降了下来，相当多的城市家庭只生育了一个子女，这个人口结构的转变成了儿童照顾政策的分崩离析的重要推手。试想国家把原本公共化的儿童照顾政策改为由家庭承担责任，倘若家庭还有多名子女，沉重的负担必然使家庭剧烈反弹。而独生子女人口政策却迅速把家庭的子女数量降了下来，家庭的照顾负担随之减轻，照顾公共化的社会需求也由此大大降低，仅有1名子女的家庭，绝大部分都可独立完成儿童的照顾责任。即人口结构通过改变需求进而影响了儿童照顾政策的变迁过程。

另外，我国在减少人口数量的同时，还提出提高人口素质的战略目标。儿童早期教育被提出，并拔高到一个前所未有的程度。中国传统上有“望子成龙，望女成凤”的社会意识，早期教育理念进一步激活了家长隐藏的竞争意识。一

些幼儿园以此当作商机，它们打出高质量办园口号，声称拥有先进的教育理念和管理模式，通过配有先进的多媒体教学工具和豪华的教育场地，吸引家长的目光和社会的赞誉，它们扩大市场占有率，引导了一场托育机构的重教育而轻保育的改革。20 世纪 90 年代起，早期教育理念受到我国民众的热力追捕，受到市场鼓励的幼教机构，进一步扩大市场占有率并迅速提升服务价格，我国幼儿园在重教育、轻保育的道路上越走越远。

综上所述，中国儿童照顾政策的起源、发展和改革受到制度结构的强烈影响，来自国家社会主义的妇女解放、生产发展和来自更早时期的传统文化遗产一起塑造了这场社会政策实践与变革。变革力量以内生为主，政治和经济变革几乎主导了儿童照顾政策的变化，外界因素对政策变化的影响是辅助性的。例如，独生子女政策并不是变革的发起者，该政策只是通过减轻家庭照顾负担而使变革更容易被社会接受。这些因素共同构成了中国儿童照顾政策变迁的独特之处。某种程度上，从对儿童照顾政策变迁的个案分析，既能促进中国其他社会政策变革的社会力量，也能以中国经验形成对于西方的儿童照顾理论的启示。

第三节　研究不足与进一步讨论的方向

本书的局限主要体现在研究资料的收集方面。由于采用话语分析的研究方法，需从政策文件、总结报告和领导讲话材料、统计数据及典型案例和案卷资料、儿童照顾政策变革的会议记录、人大代表建议以及过刊、报纸、杂志等渠道收集研究资料。虽然笔者在收集资料过程中始终秉持了科学研究的精神，保持了严肃认真的态度，但由于客观条件的限制，笔者发现要完成系统的资料收集十分艰难，资料收集工作稍显不足。第一，我国儿童照顾政策呈碎片化状态，分散在劳动和社会保障部门（生育保险）、教育部门（学前教育处）、妇联、工会、卫计委（历史上分管托儿所）、安监部门（与劳动和社会保障部门共管女工劳动保护）、计划生育等多个部门，进入这些部门调研门槛较高，需要大量的社会关系做支撑，笔者多方寻找，虽然都有访谈，但是部分访谈较为粗糙。第二，由于年代久远，亲身参与 20 世纪 80—90 年代儿童照顾政策变革的官员较少。笔者偏重于从档案馆寻找历史资料。档案馆对资料的把控较为严格，档案资料的数字化建设不尽如人意，档案资料不允许拍照，复印数量控制非常严格。例如，重庆档案馆每天只允许复印 20 页的档案资料，笔者查询并需采用档案资料主要依靠手抄或电脑打字录入，速度十分缓慢。新中国成立以后一些特殊敏感年份的档案资料不对外开放，完全无法使用，导致档案资料的收集存在年份的断裂。第三，研究时间和经费有限，笔者主要在重庆市和广东省档案馆查找资料，虽然在中国现有的行政体制之下，省级政府保存了较为丰富的中央决策档案资料，省级政府享有决定政策细节和执行方案的自主权，可看到政策决策时的博弈讨论，但是更大范围内的调查无疑会获取更为丰富的资料。笔者认为，未来要更好地探讨我国儿童照顾政策的变迁历史，还需要更长时间、更大范围地收集历史资料。在后续的研究中，笔者将在现有研究的基础上深入调研，寻求更多的研究资源和经费支持，以求进一步补充、细化研究资料，进一步探讨中国儿童照顾政策的变迁机制。

至于未来进一步讨论的方向，笔者认为可以从以下三个方面展开：

第一，本书考察新中国成立以后儿童照顾政策的演进过程，是一项探索性的研究，仅在儿童照顾议题的研究方面迈出了一小步。学术讨论的最终目的是为现实需要服务。自 2016 年中共中央、国务院宣布全面两孩政策，我国的儿童照顾难题已经越来越突出。未来学习福利国家的经验，高瞻远瞩地出台干预性的儿童照顾政策，缓解家庭的儿童照顾压力，是政府应该迫切考虑的问题。那么，如何从不同国家、不同时期、不同的福利制度中发现并总结出儿童照顾政策的基本规律，并将其应用于当前社会，提炼出即符合制度发展规律，又适合我国基本国情的儿童照顾政策制度，是未来可以继续的一个方向。

第二，缓解人口危机是西方福利国家出台儿童照顾政策的重要目的，也是部分福利国家已经实现的一个明确目标。中国目前无疑已经是低生育率国家，未来几十年，鼓励生育和振兴人口将成为中国的时代声音，然而，对于如何提高生育率，西方的经验还需要细致的辨别。因西方不同国家的儿童照顾政策的方式多样，收入支持、假期和托育服务的组合方式也千差万别，统一政策项目内还有国家资助水平、享用规则、弹性尺度、政策开始时机、政策污名化和处罚标准的差异。由于国家的政策实施能力和水平也各不相同，到底哪些政策方式在何种条件下能有效提高生育率，这些政策方式是否适用于我国？这是第二个可以探索的方向。

第三，中国儿童照顾政策变迁主要受到政治、经济、传统观念等内生变量的影响，人口变迁和妇女运动反倒影响有限。然而，在其他国家的儿童照顾政策的产生中，人口变迁和妇女运动却是引发政策议程的最为重要的两个变量。本书主要阐释了这些因素对过去我国儿童照顾政策变迁的影响，至于它们在未来中国儿童照顾的政策建设中又会起到何种作用，例如，当前的生育率危机是否会为我国儿童照顾政策的建设提供机会窗口，又以何种面貌提供这个机会窗口，还有待进一步观察。

参考文献

[1] Ahn, N., Mira, P. A note on the changing relationship between fertility and female employment rates in developed countries[J]. Journal of Population Economics, 2002,15（4）: 667–682.

[2] Albrecht, J., Björklund, A., Vroman, S. Is there a glass ceiling in Sweden? [J] Journal of Labor economics, 2003,21（1）: 145–177.

[3] An, M. Y. Childcare Expansion in East Asia: Changing Shape of the Institutional Configurations in Japan and South Korea[J]. Asian Social Work and Policy Review, 2013,7（1）:28–43.

[4] Alexander Mill，Clifford J. Shultz, II.Family Policy in Germany: Is the Romanticized Idealization of the Male Breadwinner Losing its Relevance?[J]. Journal of Macromarketing, 2010, 30(4):375–383.

[5] AC D'Addio，MM D'Ercole. Trends and Determinants of Fertility Rates: The Role of Policies[M]. OECD Publishing, 2005.

[6] A Henninger，C Wimbauer，R Dombrowski.Demography as a push toward gender equality? Current reforms of German family policy. Social Politics: international studies in gender, state & society, 2008,15（3）: 287–314.

[7] AH Gauthier.The state and the family: A comparative analysis of family policies in industrialized countries[M]. OUP Catalogue, 1996.

[8] A Lundqvist,R Christine. Construction（S）of Swedish Family Policy, 1930–2000[J]. Journal of Family History，2008（4）:216–236.

[9] AP Lambert. Japanese Family Policy in the 1990s: Business Consent in the Policy–Making Process[M]. University of California, San Diego，2004.

[10] AZ Duvander，G Andersson.Gender Equality and Fertility in Sweden: A Study

on the Impact of the Father's Uptake of Parental Leave on Continued Childbearing[J]. Marriage & Family Review, 2006,39（1–2）:121–42.

[11] AZ Duvander， T Lappegard， G Andersson.Family policy and fertility: Fathers' and mothers' use of parental leave and continued childbearing in Norway and Sweden[J]. Journal of European Social Policy, 2010,20（1）: 45–57.

[12] Bahle, T. Family Policies in the Enlarged European Union: Persistent Diversity in "Old" and Transition to the Periphery in the "New" Europe[R]. Paper presented at the Conference on Social Conditions in the Enlarged Europe （Dec. 8–9, 2005）, WZB, Berlin.

[13] B Hobson,M Lindholm.Collective identities, women's power resources, and the making of welfare states[R].Theory and Society,1997,26: 475–508.

[14] Björklund A. Does family policy affect fertility? [J]. Journal of Population Economics, 2006,19（1）: 3–24.

[15] Cho, E. Y.–N. De–familization typology re–examined: Re–measuring the economic independence of women in welfare states[J]. Journal of European Social Policy, 2014,24（5）: 442–454.

[16] D'Addio， Anna Cristina. Policies, institutions and fertility rates: a panel data analysis for OECD countries[J]. OECD Economic Studies, 2005,41（2）: 7.

[17] D Sainsbury. Gender, equality and welfare states[M]. Cambridge University Press， 1996:42.

[18] Earles K. Swedish family policy–continuity and change in the Nordic welfare state model[J]. Social Policy & Administration, 2011,45（2）:180–193.

[19] Esping–Andersen, G. Children in the welfare state. A social investment approach[R]. Demo Soc Working Paper No. 2005–10. Available at: http://www.recercat.net/bitstream/2072/2045/1/DEMOSOC10.pdf, 2005.

[20] Esping–Andersen, G. Social foundations of postindustrial economies[M]: Oxford University Press, 1999:49.

[21] Esping–Andersen. Why we need a new welfare state[M].OUP Oxford, 2002:49.

[22] European Council.Presidency Conclusions. Lisbon European Council[R]. Available at: www.bologna–berlin2003.de/pdf/PRESIDENCY_CONCLUSIONS _

Lissabon.pdf，2000：23–24.

[23] E Geisler, M Kreyenfeld. Against all odds: Fathers' use of parental leave in Germany[J]. Journal of European Social Policy, 2011, 21（1）: 88–99.

[24] ECD Torella.Reconciling work and family life in EU law and policy[R]. Palgrave Macmillan，2010.

[25] Feindt, Peter H.，Oels, Angela.Does discourse matter? Discourse analysis in environmental policy making[J]. Journal of Environmental Policy & Planning, 2005, 7(3):161–173.

[26] H Mandel,M Semyonov. A Welfare State Paradox: State Interventions and Women's Employment Opportunities in 22 Countries[J]. American journal of sociology, 2006,111（6）: 1910–1949.

[27] H Mandel,M Semyonov. Family policies, wage structures, and gender gaps: Sources of earnings inequality in 20 countries[J]. American sociological review, 2005,70（6）: 949–967.

[28] H Mandel,M Shalev. Gender, class, and varieties of capitalism. Social Politics: international studies in gender[J].state & society, jxp006，2009.

[29] Hubenthal, M，Ifland, A. M.Risks for children? Recent developments in early childcare policy in Germany[J]. Childhood, 2011,18（1）: 114–127.

[30] I Holliday. Productivist welfare capitalism: Social policy in East Asia[J]. Political studies, 2000, 48（4）:706–723.

[31] Javornik, Jana. Measuring State De–Familialism: Contesting Post–Socialist Exceptionalism[J]. Journal of European Social Policy ,2014, 24（3）:240–257.

[32] Jason Glynos, David Howarth, Aletta Norval, Ewen Speed.Discourse Analysis: Varieties and Methods[R]. ESRC National Centre for Research Methods Review paper，2009.08.

[33] Janet C. Gornick，Marcia K. Meyers.Creating gender egalitarian societies: An agenda for reform[J]. Politics & Society, 2008,36（3）：313–349.

[34] Janet C. Gornick，Marcia K. Meyers.Families That Work: Policies for Reconciling Parenthood and Employment[M]. Russell Sage Foundation，2003.

[35] J Gornick,M Meyers. Welfare regimes in relation to paid work and care: A

view from the United States on social protection in the European countries[M]. Revue Frangaise des Affaires Sociales. Paris，2006.

[36] J Brooks-Gunn，SB Kamerman，M Neuman，J Waldfogel.Social Policies, Family Types and Child Outcomes in Selected OECD Countries[R].2003.

[37] J Curley，M Sherraden.Policy lessons from children’s allowances for children’s savings accounts[J]. Child Welfare,2000, 79（6）: 661.

[38] J Heckman,D Masterov. The productivity argument for investing in young children[R].NBER working paper 13016，2007.

[39] J Lewis. Gender and the development of welfare regimes[J]. Journal of European Social Policy,1992, 2（3）: 159–173.

[40] J S O’connor. Gender, class and citizenship in the comparative analysis of welfare state regimes: theoretical and methodological issues[J]. British journal of Sociology,1993: 501–518.

[41] M Daly, J Lewis. The concept of social care and the analysis of contemporary welfare states[J]. The British journal of sociology, 2000,51（2）: 281–298.

[42] M Chin，J Lee，S Lee，S Son，M Sung.Family policy in South Korea: Development, current status, and challenges[J]. Journal of child and family studies,2012, 21（1）:53–64.

[43] M Gangl,A Ziefle. Motherhood, labor force behavior, and women’s careers: An empirical assessment of the wage penalty for motherhood in Britain, Germany, and the United States[J]. Demography, 2009,46（2）: 341–369.

[44] M Mätzke,I Ostner. The role of old ideas in the new German family policy agenda[J]. German Policy Studies, 2010,6（3）:119–162.

[45] Misra, Joya，Budig, Michelle J.，Moller, Stephanie.Reconciliation Policies and the Effects of Motherhood on Employment, Earnings and Poverty[J]. Journal of Comparative Policy Analysis,2007, 9（2）:135–155.

[46] M O’Brien. Fathers, parental leave policies, and infant quality of life: International perspectives and policy impact[J]. The Annals of the American Academy of Political and Social Science, 2009,624（1）:190–213.

[47] M Tokoro. Recent policy changes in the Universal Child Benefit in Japan[J].

Local Economy, 2012,27（5–6）:651–656.

[48] Neyer G R . Family policies and fertility in Europe: fertility policies at the intersection of gender policies, employment policies and care policies[J]. MPIDR Working Papers, 2006.

[49] Nicoletta Balbo,Francesco C. Billari,Melinda Mills.Fertility in Advanced Societies: A Review of Research[J]. European Journal of Population/Revue Europ é enne de Dé mographie, 2013,29（1）:1–38.

[50] N Fraser. After the family wage: Gender equity and the welfare state[J]. Political theory,1994,22（4）, 591–618.

[51] ND Gupta，N Smith，M Verner.The impact of Nordic countries' family friendly policies on employment, wages, and children[J]. Review of Economics of the Household, 2008,6(1): 65–89.

[52] Nelson Phillips，Thomas B. Lawrence，Cynthia Hardy.Discourse and Institutions[J]. Academy of Management Review，2004（29）: 1–18.

[53] OECD. "Families are changing" in Doing Better for Families. OECD publishing http://dx.doi.org/10.1787/9789264098732–3–en, 2011.

[54] OECD. Family benefits public spending（indicator）. doi: 10.1787/8e8b3273–en，2015.

[55] P McDonald. Low fertility and the state: The efficacy of policy[J]. Population and Development Review, 2006,32: 485–510.

[56] R Ciccia，M Verloo,Parental leave regulations and the persistence of the male breadwinner model: Using fuzzy–set ideal type analysis to assess gender equality in an enlarged Europe[J]. Journal of European Social Policy, 2012,22（5）:507–528.

[57] Roehling P V , Roehling M V , Moen P . The impact of work–life policies and practices on employee loyalty: a life course perspective[J]. Journal of Family and Economic Issues, 2001, 22（2）:141–170.

[58] Sherraden M S , Johnson L , Iii W E , et al. School–based children's saving accounts for college: The I Can Save program[J]. Children & Youth Services Review, 2007, 29(3):294–312.

[59] S Steinhilber. Back to the Hearth? Family Policy and Gender in Postsocialist

Poland and the Czech Republic (1990—2004).[D]. New School University，2011.

[60] S Leitner. Varieties of familialism: the caring function of the family in comparative perspective[J]. European Societies, 2003 5（4）:353-375.

[61] T Ferrarini，AZ Duvander. Earner-carer model at the crossroads: Reforms and outcomes of Sweden's family policy in comparative perspective[J]. International Journal of Health Services, 2010, 40（3）: 373-398.

[62] W Korpi. Faces of inequality: Gender, class, and patterns of inequalities in different types of welfare states. Social Politics: international studies in gender[J]. state & society, 2000,7（2）: 127-191.

[63] W Korpi，T Ferrarini，S Englund.Egalitarian gender paradise lost? re-examining gender inequalities in different types of welfare states[R]. Paper presented at the EMPLOY-FAMNET Workshop. Berlin，2009.

[64] W Korpi，T Ferrarini，S Englund.Women's Opportunities under Different Constellations of Family Policies in Western Countries: Inequality Tradeoffs Re-Examined[M]. Vol.: LIS Working Paper Series，2010.

[65] Woods, D. R. Focusing on care: Family policy and problems of analysis[R]. Konstanzer Online-Publikations-System （KOPS） URL: http://nbn-resolving.de/urn:nbn:de:bsz:352-0-346544，2006.

[66] 艾珂 . 让妇女回家 你可以赞成也可以反对 [N]. 中国商报，2001-03-18（001）.

[67] 陈慕华同志在中共中央党校所做讲话——《谈谈我国的人口问题》中有关提高人口的素质的部分 [J]. 优生与遗传，1982（00）：1.

[68] 成海军，朱艳敏 . 社会转型视阈下的普惠型儿童福利制度构建 [J]. 学习与实践，2012（08）：85-96.

[69] 成海军 . 中国儿童福利制度转型与体系嬗变 [J]. 社会福利（理论版），2012（09）：24-30.

[70] 程连升 . 中国五十年反失业政策研究（1949—1999）[D]. 北京：中国社会科学院研究生院，2000.

[71] 邓颖超 . 关于城市妇女工作的几个问题的报告（一九五〇年九月十八日中华全国民主妇女联合会第三次执行委员会扩大会议通过）[M]// 中华全国妇女

联合会 . 中国妇女运动重要文献 . 北京：人民出版社，1979：47.

[72] 邓颖超 . 关于城市妇女工作的几个问题的报告（一九五〇年九月十八日中华全国民主妇女联合会第三次执行委员会扩大会议通过）[M]// 中华全国妇女联合会 . 中国妇女运动重要文献 . 北京：人民出版社，1979：50–51.

[73] 邓颖超 . 四年来中国妇女运动的基本总结和今后任务（一九五三年四月在中国妇女第二次全国代表大会上的工作报告）[M]// 湖南省妇联妇女干部学校（编）. 中国妇女运动文件选编 . 湖南省妇联妇女干部学校，1987：300.

[74] 邓颖超 . 关于城市妇女工作的几个问题的报告（一九五〇年九月十八日中华全国民主妇女联合会第三次执行委员会扩大会议通过）[M]// 中华全国妇女联合会 . 中国妇女运动重要文献 . 北京：人民出版社，1979：47.

[75] 邓颖超 . 四年来中国妇女运动的基本总结和今后任务（一九五三年四月在中国妇女第二次全国代表大会上的工作报告）[M]// 中华全国妇女联合会 . 中国妇女运动重要文献 . 北京：人民出版社，1979：50–51.

[76] 范红霞 .20 世纪以来关于“妇女回家”的论争 [J]. 山西师大学报（社会科学版），2011，38（06）：8–12.

[77] 高翔 . 美国儿童照顾政策述评——兼论对中国儿童照顾政策的意义 [J]. 晋阳学刊，2013（03）：95–100.

[78] 高翔 . 美国儿童照顾补贴政策对儿童课后照顾方式及妇女就业的影响研究——兼论对我国儿童照顾问题的启发 [J]. 中国社会工作研究，2014（02）：129–155.

[79] 耿化敏，张蕾蕾 .“妇女能顶半边天”的考证 [J]. 北京观察，2015（03）：74–75.

[80] 顾秀莲 .20 世纪中国妇女运动史（下卷）[M]. 北京：中国妇女出版社，2013c：54.

[81] 顾秀莲 . 20 世纪中国妇女运动史（中卷）[M]. 北京：中国妇女出版社，2013b：299.

[82] 顾秀莲 .20 世纪中国妇女运动史（下卷）[M]. 北京：中国妇女出版社，2013c：77.

[83] 顾秀莲 .20 世纪中国妇女运动史（中卷）[M]. 北京：中国妇女出版社，2013b：78.

[84] 关于中国妇女运动当前任务的决议（1949 年 4 月 1 日中国妇女第一次全国代表大会通过）[M]// 湖南省妇联妇女干部学校（编）. 中国妇女运动文件选编，1987：264.

[85] 关于妇女实行阶段就业的几种意见 [J]. 中国劳动科学，1989（01）：39–38.

[86] 广东省劳动局等四家 . 关于对女工劳动保护情况调查的联合通知（19791126）[Z]. 广东省档案馆 . 档案号 233–3–94–248~259.

[87] 广东省总工会女工部 . 关于女工保护讲话（19801007）. 广东省档案馆 . 档案号 231–A1.8–44：144–149.

[88] 郭俊严 . 美国工作福利政策的形成与转化：以 AFDC 改革为例 [J]. 台湾社会福利学刊，2010，8（2）：117–159.

[89] 郭力文 . 全国妇联第四届执行委员会第四次扩大会议上的总结（一九八二年五月十七日）[M]// 中华全国妇女联合会 . "四大" 以来妇女运动文选（1979—1983）. 北京：中国妇女出版社，1983：296.

[90] 韩廉 . 社会转型期全民自觉维护政策公正的范例——世纪之交的 "妇女回家" "阶段就业" 论争与 "十五" 就业政策 [J]. 湖南师范大学社会科学学报，2008，37（06）：64–69.

[91] 胡湛，彭希哲 . 家庭变迁背景下的中国家庭政策 [J]. 人口研究，2012，36（02）：3–10.

[92] 黄黎若莲 . 边缘化与中国的社会福利 [M]. 北京：商务印书馆（香港），2001：154.

[93] 黄黎若莲 . 边缘化与中国的社会福利 [M]. 北京：商务印书馆（香港），2001：74.

[94] 黄志隆 . 儿童照顾政策与福利体制的路径变迁：瑞典、德国与美国之比较 [J]. 东吴社会工作学报，2013a，（25）：1–4.

[95] 黄志隆 . 欧洲社会投资理念的发展与分歧 [J]. 台湾社会福利学刊，2013b，11（1）：157–172.

[96] 黄志隆 . 台湾家庭政策的形成：家计承担与儿童照顾的整合 [J]. 人文及社会科学集刊，2012，24（3）：331–366.

[97] 黄志隆 . 女性就业、经济独立与性别平等 [J]. 台湾社会福利学刊，

2008，6（2）：213–217.

[98] 吉登斯 . 第三条道路：社会民主主义的复兴 [M]. 北京：北京大学出版社，2000：128–129.

[99] 姜烨瑶 . 改革开放三十年学前教育政策嬗变研究 [D]. 长春：东北师范大学，2013.

[100] 姜贞吟 . 国家与性别：台湾照顾政策性别化探析 [J]. 国家发展研究，2010，10（1）：1–34.

[101] 蒋健，梁小珍 . 领会规定精神加强女职工劳动保护 [J]. 劳动保护，1988（08）：7–9.

[102] 蒋永萍 .50 年中国城市女性就业的回顾 [J]. 劳动保障通讯，2000（03）：29–30.

[103] 金窗爱 . 中国当代女性就业问题研究 [D]. 长春：东北师范大学，2012.

[104] 金一虹 .“铁姑娘”再思考——中国文化大革命期间的社会性别与劳动 [J]. 社会学研究，2006（01）：169–193.

[105] 金一虹 . 日本妇女与 M 型就业 [J]. 世界经济与政治论坛，1989（02）：22–25.

[106] 拉罗克，殷世才 . 法国的家庭体制和家庭政策 [J]. 国外社会科学，1982，08：28–32.

[107] 李晓东 . 职工福利、剩余索取权分享与国有企业的社会成本问题 [J]. 会计研究，2010（10）：76–82、96.

[108] 李亚，尹旭，何鉴孜 . 政策话语分析：如何成为一种方法论 [J]. 公共行政评论，2015，8（05）：55–73、187–188.

[109] 李亚妮 .“工作和家庭的平衡：中国状况分析及政策研讨会”综述 [J]. 妇女研究论丛，2008（04）：66–70、75.

[110] 李亚雄 . 国有企业制度变迁：从政企合一到分离 [D]. 武汉：华中师范大学，2005.

[111] 李银河 .“女人回家”问题之我见 [J]. 社会学研究，1994（06）：71–72.

[112] 李银河 . 两性关系 [M]. 上海：华东师范大学出版社，2005.

[113] 厉育纲 . 加拿大儿童照顾政策及其对我国部分现行政策的启示——以

安大略省儿童照顾政策为个案的分析 [J]. 北京青年政治学院学报，2007（03）：15–20.

[114] 联合国 . 适合儿童生长的世界 [EB/OL].（2020–05–10）. 联合国网站：https://www.un.org/chinese/children/issue/aworldfitforchildren.shtml.

[115] 吕源，彭长桂 . 话语分析：开拓管理研究新视野 [J]. 管理世界，2012（10）：157–171.

[116] 林闽钢，吴小芳 . 代际分化视角下的东亚福利体制 [J]. 中国社会科学，2010（05）：181–193、223–224.

[117] 刘伯红 . 95 世界妇女大会与中国妇女研究 [J]. 中国妇运，1998（09）：12–14.

[118] 林万亿 . 台湾的家庭变迁与家庭政策 [J]. 台大社会工作学刊，2002（6）：35–88.

[119] 刘继同 . 当代中国的儿童福利政策框架与儿童福利服务体系（下篇）[J]. 青少年犯罪问题，2008（06）：11–21.

[120] 刘继同 . 当代中国的儿童福利政策框架与儿童福利服务体系（上）[J]. 青少年犯罪问题，2008（05）：13–21.

[121] 刘继同 . 中国儿童福利时代的战略构想 [J]. 学海，2012（02）：50–58.

[122] 刘继同 . 中国儿童福利制度构建研究 [J]. 青少年犯罪问题，2013（04）：4–12.

[123] 刘继同 . 中国特色儿童福利概念框架与儿童福利制度框架建构 [J]. 人文杂志，2012（05）：145–154.

[124] 刘毓秀 . 北欧普及照顾与充分就业政策及其决策机制的台湾转化 [J]. 女学学志 2001（29）：1–77.

[125] 刘梅君 . 性别与就业：前瞻与省思——兼检讨部分时间工作，育儿照顾政策及玻璃天花板现象 [J]. 研考双月刊，2008，32（4）：54–66.

[126] 陆士桢，常晶晶 . 简论儿童福利和儿童福利政策 [J]. 中国青年政治学院学报，2003（01）：1–6.

[127] 路风 . 单位：一种特殊的社会组织形式 [J]. 中国社会科学，1989（01）：71–88.

[128] 吕亚军，刘欣 . 家庭政策概念的辨析 [J]. 河西学院学报，2009，25

（06）：5–10.

[129] 马克思恩格斯选集（第 4 卷）[M]. 北京：人民出版社，2012：07.

[130] 马春华，石金群，李银河，王震宇，唐灿 . 中国城市家庭变迁的趋势和最新发现 [J]. 社会学研究，2011，25（02）：182–216、246.

[131] 马丽珍 . 就业还是回家？——关于妇女出路问题的讨论 [J]. 今日中国（中文版），1989（03）：77–85.

[132] 马相宜 . "哺乳假"与女工特殊权益保护 [N]. 经济日报，2005–07–15（015）.

[133] 毛泽东，项英，张国焘 . 中华苏维埃共和国临时中央政府人民委员会训令（第十号）[J]. 江西社会科学，1981（S1）：61.

[134] 孟丽媛 . 新中国成立初期北京女工的劳动保护 [J]. 北京党史，2012（02）：8–10.

[135] 莫利纽克斯，费涓洪 . 社会主义国家的家庭政策 [J]. 现代外国哲学社会科学文摘，1983（11）：37.

[136] 穆光宗 . 生育政策改革的"前生后世"[N]. 北京日报，2015–08–17（020）.

[137] 裴应范 . 计划生育与优生 [J]. 人口学刊，1982（04）：55.

[138] 在经济改革中加强女工保护工作 [J]. 劳动保护，1984（02）：6–7.

[139] 普宁市四届妇代会资料 . 勤俭持家的好榜样—黄婵庄同志 [N].（19620200）. 广东省档案馆，档案号 233–2–115–90–92.

[140] 邱志鹏，刘毓秀，翁丽芳，马祖琳 . 幼托整合政策规划结论报告 [R]. 教育部专案委托研究，2003.

[141] 全国妇联 . 毛泽东周恩来刘少奇朱德论妇女解放 [M]. 北京：人民出版社，1988：64.

[142] 全国妇联 . 紧跟党的工作着重点的转移做好妇女工作 [J]. 妇女运动，1979：3–4.

[143] 全国妇联妇运史研究室 . 中国妇女运动史 [M]. 北京：春秋出版社，1989：2.

[144] 全国总工会女工部 . 妇女解放的道路 [N]. 广东省档案馆，档案号：231–1–259–62~74，1951.

[145] 全国总工会女工工作委员会调查组 . 城市妇女在就业等方面面临的新

问题 [J]. 中国劳动科学，1988（05）：12–15.

[146] 任晓伟 . 中国共产党治理城镇失业的基本经验——改革开放以来的两次城镇就业冲击与三次全国就业工作会议 [J]. 陕西师范大学学报（哲学社会科学版），2011，40（04）：163–169.

[147] 荣维毅 . 女性该不该回家——“分阶段就业”讨论中的社会性别视角 [J]. 职业，2001（03）：19–21.

[148] 瑞文，潘使进 . 企业办托儿所利弊谈 [J]. 新闻记者，1986（12）：31–32.

[149] 上海妇联 . 上海妇女志 [EB/OL]. 上海女性网：http://shwomen.eastday.com/renda/node4420/node4465/node4468/index.html.

[150] 上海市财政局、上海市物价局、上海市教育局 . 关于本市示范性幼托园所收费问题的通知 [EB/OL].（2004–08–23）[2015–11–07]. 上海学前教育网：http://www.age06.com/age06.web/detail.aspx?infoguid=0cc989af–f9c8–4967–a432–dad3ad6a74fd.

[151] 沈可，章元，鄢萍 . 中国女性劳动参与率下降的新解释：家庭结构变迁的视角 [J]. 人口研究，2012，36（05）：15–27.

[152] 师春苗，丁晓芳 . 我国建国初期与改革开放初期就业方针比较初探 [J]. 聊城师范学院学报（哲学社会科学版），2001（06）：26–28.

[153] 宋少鹏 .“回家”还是“被回家”？——市场化过程中“妇女回家”讨论与中国社会意识形态转型 [J]. 妇女研究论丛，2011（04）：5–12、26.

[154] 孙立平，王汉生，王思斌，林彬，杨善华 . 改革以来中国社会结构的变迁 [J]. 中国社会科学，1994（02）：47–62.

[155] 孙立平 . 重建性别角色关系 [J]. 社会学研究，1994（06）：65–68.

[156] 孙晓岚 . 关于女职工劳动权益保护情况的调研报告 [EB/OL].（2013–07–20）[2015–10–23]. 湖州妇女网：http://sfl.huzhou.gov.cn/art/2014/12/24/art_2150_355615.html.

[157] 孙晓梅 . 中外妇女运动简明教程 [M]. 天津：天津大学出版社，2008（04）：33.

[158] 唐文慧，杨佳羚 . 瑞典育婴休假制度之研究：共同照顾的价值 [J]. 政大劳动学报，2006（19）：75–117.

[159] 唐修哲 . 苏联妇女的现状如何 [N]. 中国妇女报，1985-10-23.

[160] 一年来天津市保育工作综合报告 [J]. 天津市政，1950（11）：21-23.

[161] 佟新，杭苏红 . 学龄前儿童抚育模式的转型与工作着的母亲 [J]. 中华女子学院学报，2011，23（01）：74-79.

[162] 万敏，孙超 . 城市妇女劳动就业 60 年历史考察 [J]. 劳动保障世界（理论版），2010（04）：14-19.

[163] 王绍光 . 大转型：1980 年代以来中国的双向运动 [J]. 中国社会科学，2008（01）：129-148、207.

[164] 王舒芸 . 门里门外谁照顾、平价普及路迢迢？台湾婴儿照顾政策之体制内涵分析 [J]. 台湾社会研究，2014（96）：49-93.

[165] 王舒芸 . 生育、女性就业与儿童照顾支持方案—以南欧模式为例 [J]. 台湾社会福利学刊，2009（08）：149-194.

[166] 王树林 . 城镇妇女就业问题探讨 [J]. 管理现代化，1983（01）：43-47.

[167] 王跃生 . 当代中国家庭结构变动分析 [J]. 中国社会科学，2006（01）：96-108、207.

[168] 王跃生 . 个体家庭、网络家庭和亲属圈家庭分析——历史与现实相结合的视角 [J]. 开放时代，2010（04）：83-99.

[169] 吴鹏飞 . 儿童福利权体系构成及内容初探——以宪法人权理论为视角 [J]. 政治与法律，2015（02）：62-71.

[170] 吴雪 . 中国儿童福利政策框架研究 [D]. 南京：南京工业大学，2012.

[171] 习仲勋在全国妇联第四届执行委员会第四次扩大会议上讲话（一九八二年五月十七日）[M]// 中华全国妇女联合会 .“四大”以来妇女运动文选（1979—1983）北京：中国妇女出版社，1983：57-58.

[172] 萧功秦 . 改革开放以来意识形态创新的历史考察 [J]. 天津社会科学，2006（04）：45-49.

[173] 徐川府 . 建国初期的女工保护 [J]. 现代职业安全，2007（03）：94-95.

[174] 徐浙宁 . 我国关于儿童早期发展的家庭政策（1980—2008）——从“家庭支持”到“支持家庭”？ [J]. 青年研究，2009（04）：47-59、95.

[175] 续文念，程刚，赵丽远 . 英国社区照顾模式的当代中国解读——基于社区儿童照顾的视角 [J]. 中国社会科学院研究生院学报，2013（05）：104.

[176] 荀大志 . 企业改革的回顾和思考 [J]. 计划经济研究，1988（S1）：1–5

[177] 严忠勤 . 当代中国的职工工资福利和社会保险 [M]. 中国社会科学出版社，1987：194、207、226.

[178] 杨发祥 . 当代中国计划生育史研究 [D]. 杭州：浙江大学，2004.

[179] 于毅夫，杨英杰，王梓木 . 黑龙江省人民政府关于开展本省保育事业，举办机关托儿所的通知 [J]. 黑龙江省人民政府公报，1951（02）：28–29.

[180] 余宝成，刘耀国 . 国营企业社会负担问题的个案调查和思考 [J]. 社会，1986（01）：41–45.

[181] 仪缨 . 95 世界妇女大会影响下的中国妇女研究 [J]. 浙江学刊，1998（06）：78–82.

[182] 荀大志 . 企业改革的回顾和思考 [J]. 计划经济研究，1988（S1）：1–5.

[183] 俞彦娟 . 托育：美国第二波妇女运动女性主义者的理念与实践 . 女学学志：妇女与性别研究 [J]，2008，25：1–43.

[184] 虞花荣 . 论中国共产党妇女解放思想与实践的特点及其启示 [J]. 北京科技大学学报（社会科学版），2007（02）：130–134、161.

[185] 袁光锋 . “解放”与“翻身”：政治话语的传播与观念的形成 [J]. 新闻与传播研究，2013，20（05）：44–59、126–127.

[186] 张海柱 . 话语建构与“不决策”：对改革开放初期合作医疗解体的一个理论解释 [J]. 公共行政评论，2015，8（05）：74–93、188.

[187] 张亮 . 中国儿童照顾政策研究 [D]. 上海：复旦大学，2014.

[188] 张亮 . 欧美儿童照顾社会政策的发展及借鉴 [J]. 当代青年研究，2014（05）：85–92.

[189] 张秀兰，徐月宾 . 建构中国的发展型家庭政策 [J]. 中国社会科学，2003（06）：84–96、206–207.

[190] 章蕴 . 国家过渡时期城市妇女工作的任务和当前几项具体工作 [M]//1955. 湖南省妇联妇女干部学校 . 中国妇女运动文件选编 . 湖南省妇联妇女干部学校，1987：338.

[191] 章蕴 . 勤俭建国、勤俭持家，为建设社会主义而奋斗（一九五七年九月九日在中国妇女第三次全国代表大会上的工作报告）[M]// 湖南省妇联妇女干部学校编，中国妇女运动文件选编 . 湖南省妇联妇女干部学校，1987：391.

[192] 章蕴 . 勤俭建国、勤俭持家，为建设社会主义而奋斗（一九五七年九月九日在中国妇女第三次全国代表大会上的工作报告）[M]// 湖南省妇联妇女干部学校（编）. 中国妇女运动文件选编 . 湖南省妇联妇女干部学校，1987：76

[193] 郑秉文 . 福利资本主义模式的变迁与比较——政治经济学的视角（译者跋）[M]// 艾斯平 · 安德森（郑秉文译）. 福利资本主义的三个世界 . 北京：法律出版社，2003：348.

[194] 郑丽娇 . 美国育婴休假政策之探讨 [J]. 政大劳动学报，2006，20：49-96.

[195] 郑连仲，全宝，孙克忆 . 关于我市"企业社会化"问题的调查研究 [J]. 齐齐哈尔社联通讯，1987（03）：52-56.

[196] 郑也夫 . 男女平等的社会学思考 [J]. 社会学研究，1994（02）：108-113.

[197] 中共中央关于制定"十五"计划的建议 [EB/OL].（2000-10-11）. http://money.163.com/editor/001019/001019_26401(1).html.

[198] 中共中央转发全国妇联党组 . 关于两个会议情况及一九八一年妇联工作要点的报告 [M]// 中华全国妇女联合会 ."四大"以来妇女运动文选（1979—1983）. 北京：中国妇女出版社，1983：38-39.

[199] 中国妇联 . 第三期中国妇女社会地位调查主要数据 [EB/OL].（2011-10-21）[2015-09-06]. 中国网：http://www.china.com.cn/zhibo/zhuanti/ch-xinwen/2011-10/21/content_23687810.htm.

[200]《中国妇女》思想理论部 . 中国改革与女人出路 [J]. 中国妇女，1989（1）：18-24.

[201] 中国统计年鉴 . 统计局，1996：733.

[202] 中华全国妇女联合会 ."四大"以来妇女运动文选（1979—1983）[M]. 北京：中国妇女出版社，1983：4.

[203] 中华全国妇女联合会 . 蔡畅邓颖超康克清妇女解放问题文选 [M]. 北京：人民出版社，1988：65.

[204] 中华全国妇女联合会编 . 中国妇女运动百年大事记（1901—2000）[M]. 北京：中国妇女出版社，2003：98.

[205] 中华全国总工会书记处办公室（编）. 中国工人运动文献汇编 [M]. 北京：

工人出版社，1955：188.

[206] 钟雪萍，任明．“妇女能顶半边天”：一个有四种说法的故事 [J]. 南开学报（哲学社会科学版），2009（04）：54–64.

[207] 重庆市妇联．工厂托儿所工作会议总结报告（初稿）[N]. 重庆市档案馆，档案号：1037–1–115，1954：90.

[208] 重庆市妇联．重庆市的街道托儿所在发展的基础上是如何巩固与提高的 [N]. 重庆市档案馆，档案号：1037–1–115，1956.

[209] 重庆市小学联．关于改进托儿间工作的意见 [N]. 重庆市档案馆，档案号 1032–5–808，1955：66–68.

[210] 曾华源，郭静晃．少年福利 [M]. 台北：台北亚太图书出版社，1999.

[211] 周玟琪．从劳工阶级动员观点比较台湾与瑞典的母性保护立法 [J]. 劳资关系论丛，1996（4）：131–170.

[212] 朱亚鹏．专栏导语：话语分析：理解政策过程的重要视角与方法 [J]. 公共行政评论，2015，8（05）：50–54.

[213] 祝西冰，陈友华．中国家庭政策研究：回顾与相关问题探讨 [J]. 社会科学研究，2013（04）：111–119.